一部帮中国父母
战胜养育焦虑的心理自助书

丰盈心态养孩子

（美）蒋佩蓉（Rossana）著

易新蕾 译

台海出版社

图书在版编目（CIP）数据

丰盈心态养孩子 / (美)蒋佩蓉著；易新蕾译 . — 北京：
台海出版社 , 2017.12 (2022.1重印)
ISBN 978-7-5168-1641-7

Ⅰ . ①丰… Ⅱ . ①蒋… ②易… Ⅲ . ①家庭教育
Ⅳ . ① G78

中国版本图书馆 CIP 数据核字 (2017) 第 270005 号

丰盈心态养孩子

著　　者：（美）蒋佩蓉　　　　　　　译　者：易新蕾

责任编辑：晋璧东　臧云举　　　　　　封面设计：田　可
版式设计：田　可　　　　　　　　　　责任印制：蔡　旭

出版发行：台海出版社
地址：北京市朝阳区劲松南路 1 号　　　邮政编码：100021
电话：010-64041652（发行, 邮购）
传真：010-84045799（总编室）
网址：http://www.taimeng.org.cn/thcbs/default.htm
E-mail: thcbs@126.com

经销：全国各地新华书店
印刷：三河市人民印务有限公司
本书如有破损、缺页、装订错误, 请与本社联系调换

开本：710×1000　　1/16
字数：340 千字　　　　　彩插：8　　　　印张：24.5
版次：2017 年 12 月第 1 版　　　　　　印次：2022 年 1 月第 3 次印刷
书号：ISBN 978-7-5168-1641-7

定价：46.00 元

全家一起服侍：从林家乐队到讲台的分享

活出水管式的生命，最大的受益者就是自己

通过参与戏剧演出，凯安的信心也随着提升

为千不仅是孩子们的爸爸，也是他们的教练

∧ 杀不死你的，会让你更强大

目录 CONTENTS

来自 MIT 的一封家书

这是老大凯文去学校报到以后发给我们夫妇的家书。时间过得真快，去年6月，凯文从 MIT（麻省理工）毕业了。虽然在写了这封信以后，他还写了其他家书给我们夫妇，但这封信当时给了我特别的感动，现在回顾的时候内心还是充满了感恩。

亲爱的老爸：

回想起跟你生活在一起的这些年，有一件事我仍记忆犹新。那次，你开车载我去Vons①，突然你要求我来换挡，而你一路上也没闲着，教了我有关平方根的知识。回想起来，我觉得这个场景充满了寓意，相当生动地描述了我们之间的关系：我坐在副驾驶座换着挡，想着我可以驾驶这辆车驶向任何我想到达的地方，而你安静地坐在驾驶座上转动方向盘。

你不单是我血源上的父亲，也是我的精神导师。很多跟你处在同一社会地位和家庭地位的人，面对我所做的事情，也许都会厌烦地甩开我，教条地说着："你完全应该做些比这有意义的事情。"但是你没有，你甚至全然放纵我那些不着边际的爱好。对于我喜欢的事情，你总与我一起乐在其中，这样一来我们父子俩就有了很多共同点。而且，跟大部分父母不同，你总是紧跟科技和潮流发展，打扮谈吐总是

---

① 美国大型连锁超市。

很有型，不至于看起来邋邋遢遢。这对于你这个年纪的人来说相当不容易呢，因为很多的父母心有余而力不足，虽然总想跟紧时尚的步伐，却总是以失败而告终。老爸，你成功了，你很牛。

我成长为现在的样子，你实在功不可没。你最伟大的地方在于从不因为事情太难而将我排除在外，而是选择带着我一起学、一起玩。你在向我传道授业解惑时所体现出的耐心让我受益匪浅，这不但让我增长了知识，胸襟变得宽阔，也让我懂得要耐心助人。你常向我推荐有关世界城市化发展的文章、TED①的视频，或是其他的一些知识。是你教会了我，对知识的追求不应该随着年纪的增大而停止；谢谢你，一直带我在知识的各个领域任意遨游，从不为我设限。

老爸，你绝对称不上完美。当然啦，这可不是一句批判性的话，而是一句带着我对你的浓厚爱意的话语。因为在我的人生中，你为我带来的正能量远远超过了你身上的那些不足。而且，你并没有将自己的缺点藏着掖着，而是时不时暴露出来，这样的你很真实。我会原谅你的那些错误，因为同样地，你接受并原谅了我的所有缺点。

现在的我离开了家，迈向了新的生活，我希望你可以感到自豪，不但是为我，更是为你自己。我们一起度过的这些年让我知道自己有一个多么难得的好父亲，还有一个多么有爱的稳定的家。有你这样的爸爸，我真的很庆幸，你完美地展示了什么是顶天立地的男人。我希望自己在交给你这封信的时候，能有足够的勇气大声对你说："我真的很爱你！"我去读大学的时候，一定会非常非常想念你。爸爸，谢谢你一路指导，让我成长为今天的样子，谢谢你为我创造的所有可能性。

儿子 凯文

---

① TED（Technology，Entertainment，Design），即技术、娱乐、设计，是美国一家私有的非盈利机构，该机构以它组织的 TED 大会著称。

亲爱的老妈：

很抱歉，当我离开的时候没给你写信。我一直避免考虑"离开"这件事情，直到到了美国，我才意识到，我真的离开了家，开始了新的生活。我对待"失去"的一贯做法就是假装看不见。但我确信，我离家前与你的那几番长谈，已经彻底地暴露了我对你们的思念。没错，在MIT，我非常想念你和爸爸。

妈妈，首先，感谢你对我持之以恒的鼓励。谢谢你让我知道，不管什么事情困扰到我，无论是想倾诉还是寻求意见，你都在我身后，绝对值得依靠。我知道，在未来我一定会想念那些跟你海阔天空交谈的时光，无论是关于女孩子，还是关于学校，又或是教育，甚至是中国这样的大话题。

我们聊的话题有多广？无论是在洛杉矶的小饭店吃着烤饼、喝着茶的午后畅谈（是一个叫公主还是什么的地方？时间隔得太久了，我不太记得那个店的名字，但很惊奇的是我记得那个地方的味道，记得那些烤饼的口味），还是后来我在写作《骑红色自行车的男孩》时，与你一边吃着味千拉面、康师傅的那些闲聊时光。在这样的语言交流里，我们对彼此都有更深的了解。啊，老天，我真是太想念你那母亲的智慧了。就在刚刚，我想到了一些事情，很自然地自言自语道："我要问问妈妈，也许她会知道怎么做。"可是之后，我才反应过来，现在我必须发邮件才能请求你的场外帮助了。妈妈，你的灵性和人际交往的智慧让我折服，我总是忍不住地佩服你处理各种不同状况时所体现的智慧。

第二，我感谢你指引着我走到今天。虽然我们有过争执，但是你对我的刺激也是我今天成功的催化剂。如果没有你的督促和帮助，我相信自己不会有今天的优秀品质。如果说我是小草，你就是功不可没的园丁。

　　妈妈，谢谢你在我性格形成的时期成功化身为指南针，并向我倾注了所有的爱。直到我离家千里之外才开始意识到，任何事情从有爱的妈妈口里说出来，是多么不同！家的温暖是其他任何地方都无法比拟的，我希望你从未后悔做一个全职妈妈，因为我想你知道，这一切对我来说是多么重要！

　　现在呢？我真希望你在这里，在你和老爸曾经生活、学习过的MIT。老实说，现在我决定了要主修机械工程，我常常会想到你。今天我们在参观机械工作室的时候，我不知不觉地开始回忆你曾经说的话，甚至能够想象我正在跟从你以前的脚步！我觉得这很酷。其实我想表达的是，你在我生命中的影响不可磨灭，虽然你现在不在我身边，但是我知道你的心跟我在一起，疼我、爱我、想我一如往昔。妈妈，我也希望你知道，虽然我不经常讲，但我非常爱你，我的心也一直跟在你身边，想着你、爱着你。

　　妈妈，谢谢你帮我成长为今天的样子。

爱你的凯文

丰盈心态养孩子，养出国际竞争力

每次读佩蓉女士的书稿，我都难以释手，最吸引我的是书中许多生动的故事。像许多西方作者的写作风格一样，佩蓉女士并不将自己的观点强加给读者，而是用生动的故事来激发读者对问题的深思。

接受过中西方良好教育、毕业于世界名牌大学的佩蓉女士，如今她有3种身份：商务礼仪专家、家庭教育专家和美国麻省理工学院（以下简称MIT）前中国总面试官。对于绝大多数中国的学生和家长来说，显然最后一种身份更能引起他们的注意。在今天，怎样才能进入一所理想的大学，是每一个学生和家长最关心的问题。前不久，我在北京四中接待一位来自欧洲国家的教育部长。各国教育的差异是我们必谈的话题。谈话间，我开玩笑地说，如果说我们两国的教育有什么共同点的话，那就是都不能令国民满意。他笑着补充说，这一定是所有国家的共同特征。因为国民总是对教育，或者说是对未来的投资有着无限的期待。

今天，不论是哪个国家，对教育的投入都是历史上空前的，但往往得到的结果却是国民越来越多的不满意（确切地说，是越来越高的期望）。为什么会是这样呢？我想其中一个原因就是，在信息高度发达的今天，人在进入学校接受教育之前已经不再是一张白纸，学生获得的信息愈来愈丰富，知识背景愈来愈复杂，差异愈来愈明显，个性愈来愈鲜明，对教育的需求也愈来愈多样化，而我们的学校能够满足这些吗？更重要的一个原因是，受教育的主体是孩子，而操纵教育的却是我们这些成年人。我们习惯用成人的意志主宰孩子的发展，甚至剥夺他们自主发展的意愿。我们能够从他们的角度思考问题吗？我们真正理解他们吗？这是各国教育所面临的共同问题。十几年前的一件事我至今仍历历在目：一个两年前毕业的学生的家长来找我，希望我给她推荐一所最好的补习学校，因为她的孩子退学了。我当时惊讶得目瞪口呆，因为我清晰地记得，她的孩子两年前考进的是令所有学生羡慕的名牌大学。而在即将升入大学三年级的时候，他却对母亲说："我已经为你们学了两年了，现在我要重新考大学，为我自己的兴趣学习！"我想，在尊重孩子个性化发展需求方面，不论是学校还是家长，我们应当向西方学习。

佩蓉女士在书中谈到的美国大学的招生方式，我认为值得许多学生和家长思考。前不久，一则新闻报道说，一些中国的家长为孩子考SAT上补习班，一年开支竟达几十万元。我想这其中一定有些家长没有搞明白西方大学与中国大学招生方式的不同。他们可能认为，分数越高，大学录取的可能性就越大，在升学竞争中就越具优势。不可否认，中国大学的招生是这样的。然而，佩蓉女士告诉我们，西方大学招生不完全这样。差别在于，我国大学录取标准基本上是一维的，而西方大学的录取标准是多维的。我们对考试分数几乎到了无限崇拜的地步，而对于西方的大学来讲，在申请者成绩"过了'门槛'以后，就需要看其他内在的品质是否匹配了"。用佩蓉女士的话说，申请大学就像相亲一样，申请者的分数达到基本要求后，起决定性作用的就是其他的因素——申请者的自我认知、目标、品格和价值观、与大学风格的匹配度等，尤其是书中所提出的4Q。那些名牌大学的录取标准绝不仅仅是知识和能力，更不仅仅是考试表现出的那些能力，更不会将成绩的等级做过细的划分。"当我们一味去量化和分类孩子的才能时，我们会渐渐'迷失其中'。"况且，作为高一级学校，选拔学生更应考察学生发展的方向和潜力，而不应当仅仅盯在以往的成绩上。这就像婚嫁择偶一样，如果你仅仅根据一项标准去选择对象，那么等待你的很可能是一场悲剧。

佩蓉女士以其另一种身份——家庭教育专家为读者提出的建议，我认为更有价值。她是3个孩子的母亲，有着一个人人羡慕的幸福家庭，她平日里的一些工作，是为一些年轻的父母在生活和家庭教育遇到困惑时提供义务帮助。作为MIT的校友，她的工作（包括他们夫妇为中学生科技发明提供义务咨询服侍）正是在履行着MIT的使命——让世界变得更美好。她定期举办家庭教育沙龙，地点就是她家。有次聚会中，几位年轻的母亲流着热泪表达了她们对佩蓉女士的感激。聚会在佩蓉女士家庭乐队的热烈表演中结束。这个聚会的全部过程诠释了一个家庭教育的基本原则，我认为也是最重要的原则，那就是家庭成员之间建立在理性基础上的亲情和关爱，胜过一切教育的技巧。我这里所说的理性的亲情，是指父母对孩子进行正向引导的强烈意识。家庭生活中的任何一件小事都包含着教育因素。我认为，这是当今许多年轻父母最缺少的素养。例如，书中有一个故事，讲的是佩蓉女士的母亲带她们姐妹去舞厅。佩蓉女士写道，这次经历令她"永生难忘"，成为她"在社会公益领域受教育的起点"。书中还有一个"蚊子的故事"，这个故事生动地说明了他们夫妇是如何将家庭营造成一个学习组织的。而今天的许多家长都在抱怨孩子对学习缺乏兴趣，我希望他们能从这个故事中得到启发。我曾将包括这两个故事在内的书中的其他案例讲给我的一些同事和朋友，我是想告诉他们，在家庭生活中，教育的机会无处不在，问题是，身为父母，我们有这样的教育意识么？

让读者分享作者从亲身经历中通过反思而得出的经验，是佩蓉女士独特的表达方式。反思的精神也许是MIT的教育给予她最宝贵的财富。尽管今天她不再从事与她大学所学相关的专业技术工作，但是优秀的教育在她身上所激发出来的智慧、热情和精神，使她今天能够在更广阔的领域里发挥作用。这正好说明，优质的教育所培养的不仅限于某一领域的专门人才，它还能使人不断产生超越，使人能够在社会和生活的方方面面产生影响力，实现更大的价值。技术教育的背景、关注教育问题的热情、身为母亲的生活经历、在帮助和服务他人过程中所积累的经验，以及身为面试官对年轻人观察的视角，构成了佩蓉女士的教育理念。这使得她在书中所提出的所有原则和建议都不是空泛的。我最后要提及的是佩蓉女士为所有读者提出的一个最重要的问题，那就是一个家庭的核心价值观。不同家庭可以在核心价值观的表述上有所差异，但其中也必然有一些共性的内容。因为健康、善良、坚强、负责、乐观等，一定是每个家长都期冀能在孩子身上看到的优秀品质。但是遗憾的是，由于种种原因，我们对家庭教育的核心价值观，以及对一个家族的文化传统已经忽视和淡忘得太久了。我痛心地看到，许多家庭中的品德教育几乎是完全荒废的。应当说，佩蓉女士今天将这个问题提出来是非常及时的。家庭教育的核心价值观以及由此形成的家族的文化与传统，不仅决定着一个家庭当下的生活是否幸福，还决定了这个家族的未来能否基业长青、富过三代、五世不斩。

家庭教育的核心价值观最终会映照到父母对待子女的教育方式上。佩蓉所提出的丰盈心态养孩子，是一种增进亲子关系融洽的心理战术上的游刃有余，是一种源于真爱孩子的教育自信，更是一种关注孩子成长过程远胜于注重结果的开放从容心态。《丰盈心态养孩子》将教你学会明辨自身教养的是与非、利与弊，将过去的枷锁抛到脑后，对未来的挑战了然于心。

父母别慌，丰盈心态养孩子，才能养出有国际竞争力的孩子。世界很大，属于孩子的舞台也很大，让孩子活出自我、活出他们的最大值，父母才能收获与孩子一起成长之路上的成功之喜。

北京四中校长 刘长铭

自序

改变自己的心态，改变世界

在伦敦威斯敏斯特教堂旁矗立着一块墓碑，上面有一段碑文："当我年轻时，我梦想改变这个世界；当我成熟后，我发现我不能改变这个世界，我决定只改变我的国家；当我进入暮年，我发现我不能改变我的国家，我的最后愿望仅仅是改变一下我的家庭。当我躺在床上行将就木，我突然意识到，如果一开始我仅仅去改变我自己，然后，我可能改变我的家庭；在家人的帮助和鼓励下，我可能会为国家做一些事情。然后，谁知道呢？我甚至可能改变这个世界。"威斯敏斯特教堂也是英国皇家的墓地，这里也埋葬了很多著名的文学家、政治家和科学家等。

其实这段碑文正应了中国儒家文化里所说的"格物，致知，诚意，正心，修身，齐家，治国，平天下"。

作为一个教育领域的探索者，这本书是我探索历程的记录。

成为最佳父母消费者

人生是场马拉松，生命的每个阶段都有其各自的特点，需要不同的应对策略。这本书中谈及的问题，我都是从父母而不是专家的角度去理解的。我陪伴我的3个男孩慢慢成长，做了10多年的全职妈妈，算得上是"专业父母"。这么多年来，这样的身份使我对家庭教育有着自己的看法和理解，也是"儿童教育"市场上各种各样为人父母哲学和理论的实验者和践行者。

从消费者的角度出发，如果我想要买一件衣服，我有可能会直接出门，选择路过的第一家店，不问价格直接将第一件看中的衣服打包带走，懒得与其他衣服比较，也不管它是否是最佳选择。这样做，我可能反而满意于自己的选择，因为我对其他的衣服不了解。快速地选择能节省我的时间，从而让我能把精力放到其他更有价值的追求上。或者我也可以这样做：看到别人穿了一件漂亮的衣服，直接上前问她购买地点，然后转身买件一模一样的。既然那件衣服穿在她身上效果不错，我想穿在我身上也应该八九不离十。当然，我还可以通过一番细致研究，通过查找、搜索、考察众多商店和款式，最后选择一件性价比最高的衣服。或者更进一步，我可以研究自己的体形，选定与自己肤色和气质最相配的颜色与款式，秉持扬长避短的原则，找到手艺最好的裁缝，用亲自选择的面料，做一套最能展现个人外在优势的衣服。

一个消费者可能非常抗拒穿红颜色的衣服，只因为她母亲喜欢红色，而她们母女关系恶劣；另一个消费者可能偏爱蓝色的，这也许是因为当她想选红色衣服时，她信赖的母亲认为蓝色更适合她。在衣服的选择上，有些理由是理性的，有些理由是感性的。随着"地球村"的形成，这一比喻逐渐适用于父母选择教育理论和方法的过程。父母"消费者"也会遇到那些令人迷乱的选择：在各种哲学思想、教育理论体系及具体的方式方法中，我要"购买"哪一套，并且如何去"购买"？

作为全职母亲，我没有时间去研究我所学专业的流体动力学、探索市场经济或运用最新算法来解决客户的问题。我成为一名学生，专心研究和了解我的孩子，学习"读懂"他们和他们的需求。我将自己的全部精力用在理解我家庭的类型、限制和需求上，并研究和"尝试"各种理论。比如，我花大量时间学习现在流行的各种教育哲学、心理学和教育方法。除了自己的几个孩子，我还通过担任学校和社区教学志愿者，长期对更多孩子进行观察和研究。我的专注点是，如何成为"最佳父母消费者"，利用各种教育资源去满足我家人的需求。在本书中，我将尽可能不带偏见和偏爱地引述一些研究和理论，但是我对教育的个人看法，必然建立在我与家庭的价值观上面。

作为父母消费者，我的目标是在这个日益全球化的世界中，从各种教育理论、方法云集的大杂烩中选择最适合我的孩子及其同龄人的理论方法。我自己曾在中国台湾、加拿大和美国就读，我的孩子们则先在美国的学校就读，并参加当地的天才儿童项目；到中国后，先后就读于本地的私立小学、重点中学及国际学校。作为MIT中国区的前总面试官，我与来自中国各类学校的申请者面谈过，他们来自全国各类民办学校、各省市重点高中，以及采用国际文凭课程（International Baccalaureate）、美国的AP（Advanced Placement）课程和英国的A级（A-Level）的国际学校。因此，我关于教育的经验建立在自身知识经验的广度及家庭需求的深度上，同时糅合了我一路的研究探索结果。

目前，大部分父母都被市场上充斥的阐述各种育儿理念及方法的书籍淹没了。1000个人眼中有1000个哈姆莱特，有些育儿专家自身也是摸着石头过河，有些专家的观点自相矛盾，有些专家甚至自身都缺乏养育孩子的第一手经验。有些全职父母确实在践行流行的教育理念，但是他们的孩子要么还小，要么因为自己过去的伤痛与负面经历，而选择让孩子不在目前中国主流的教育体系内成长，因此，缺乏客观的正面体会与洞察。这样的父母实践者给其他父母的建议偏于理论，缺乏实际应验。

焦虑使教育成为当下最火的行业

我遇到的那些数以万计的父母都希望自己的孩子有一个快乐的人生。因为他们的孩子大都是独生子女，使得他们没有"拨乱反正"的机会，生怕一步错步步错。这种焦虑使得教育业成了中国当下最火的行业，为人父母者不惜一掷千金，只为能帮助自己的孩子找到学业成功的最佳途径，而学业成功往往又跟将来是否能获得一份好工作、能否拥有幸福的人生挂钩。孰轻孰重，父母别无选择。有些父母认为，成功从来都不能一蹴而就，于是使孩子从很小的时候就成为各种教育理论和方法的试验品，"早教消费"愈演愈烈。一旦到了入学就读的年龄，升学压力疯狂地压到父母和孩子身上，于是父母疯了般地给孩子报读各种课外班，只为在重压下让孩子获得更多认证与技能，因为小升初的录取标准不能仅靠分数了，还要靠孩子的各种才艺与特长。一旦进入初中，这些父母随即抛弃孩子小学阶段的"兴趣"，尽心尽力地让孩子成为考试专家。拜高考所赐，很多高中生一直都在郁闷、叛逆和放纵等各种负面情绪之中苦苦挣扎。这时，很多父母和学生就转而求助留学中介，想换一个环境在国外重新开始。在孩子整个成长过程中，父母始终处于紧张焦虑的状态，总在担心自己的孩子能不能得到最好的，总是害怕他们会落于人后。这种典型的"难民心态"早就应该摒弃了。今天的父母更应该用一种丰盈的心态去教育孩子，耐心下来，放松自己的神经，给孩子足够的时间和空间去成长，关注更本质的东西，把眼光放得更长远些。只有这样，才能给孩子真正的快乐，而自己也才能真正享受人生。

父母在孩子教育上的焦虑，也是因为父母对于孩子的成长、教育，以及人生没有完整的长期规划，有的只是被动的见招拆招，只想解决当下最直接和最迫切的问题。

育儿就是育己，是自我救赎吗

我与广大父母面对面地交流、微博交流，以及我参加的各种讲座、电视节目及广播节目，激发了我很多奇怪的设想。举例来说，父母当中，最习以为常的一种说法就是育儿就是育己，甚至是自我救赎。在我看来，这一观点有些奇怪，因为从未有人可以在即将被淹没的时候实现自我救赎，这时需要有外界的干预。对于溺水之人，即使抛给他一个救生圈，也需要有人能指引着他安全游往岸边，"指引者"是必需的。同样，溺水的人也救不了另外一个溺水的人，只有真正会游泳、会施救的人才有那个能力。

如果说为人父母是一个运动项目，那么跟其他运动项目一样，它同样不仅需要理论，更需要实际训练。就像我不可能通过读书学会游泳，即使我可以通过分析其他专业选手，就"如何游泳"做一个精彩绝伦的演讲或是展示，或是写一本令人信服的书。然而，除非我身体力行，否则我永远都无法体验在水下，我要如何呼吸才能不使水灌到鼻子和肺里。同理，我虽然非常清楚自己给予孩子的应该是完全无条件的爱，但除非我曾经得到过这样的爱，否则，我无法给予他人。对于那些我从未经历过、从未获得过的，我也没有能力给予他人。再加上平衡各项教育需求的复杂性——各项需求似乎永远是两极对立的，所以，"为人父母"绝对是任重而道远。我们需要平衡自由与责任、爱与管教、创造力与掌握基本知识、热情与毅力之间的关系。而在这一过程中，我们往往很容易走到一个极端，简单地将其他人称为不负责任的父母，这恰恰才是过于简单化和危险的。很多孩子就是被极端的教育方法带大的。父母们需要的，不是更多理论家，而是更多本身就是过来人的教练与导师，来装备和提高父母在家庭教育这条路上的分辨能力与实践能力。

有些教育理论者或专家总是教条主义地对父母说，一定要给予孩子无条件的爱和接纳，而一旦他们的学生反过头问，为什么这些理论有时不起作用时，他们不是帮助可怜的父母找到可能出错的地方，或是教给他们如何在日常生活中正确地运用那些原则，而是强势地指责困惑无助的父母不是好父母，没有正确地运用他们那些"万能理论"。这样一来，似乎就在暗示其他人是更好的父母。最终，求助者只好莫名其妙地离开，不但没有得到帮助，反而受到了指责，回家以后只能继续压抑自己的情绪与困惑，劝勉自己"更耐心一点"，直到有一天实在压抑不了了，然后爆发，收拾后果，继续压抑……自始至终没有得到能够处理内心根本问题的帮助。

今天的家长最需要什么

当下家长们最迫切需要的不是更多理论，也不是更多个案研究，而是切实帮助他们了解养育、教给他们如何做好准备的指导。新生代的年轻父母们掉在理论的海洋中，一边苦苦挣扎，一边困惑地向其他同样困惑的父母们寻求"秘方"。他们没法指望能从父辈手中学些什么，因为那些旧的方式与他们从专家那里学习到的理论有着最直接的对立冲突。作为父母我们真正需要的是有着清醒头脑的教练，由已经成功上岸的父母引导我们渡过难关，如此才能为下一代服务。我们需要的不是那些零敲碎打的分阶段的专家咨询，而是既能从长期计划出发，又能解决日常生活中各种实际问题的智者。

因此，我希望我的这本书它的角度和视野能够比较广，横向包括国内、国外的教育，纵向包括育儿过程的不同阶段。这些收获建立在我跟先生常年在社区里为年轻群体做辅导和为母校MIT做招生面试工作的经验之上，也受益于我们养育3个儿子的实践，尤其是已经读MIT的大儿子。因为是理工科出身，我比较喜欢理智地分析，系统化地了解与客观地比较，而不过度依赖感觉、朋友的建议或者过去的传统来行动。这本书中有关出国留学的部分，为那些想出国留学的青少年补充了跨度很大的背景知识，强调了父母必须提前考虑所有教育途径的优劣然后再选择。我特意不去讨论与分析一些发展得还不成熟、"另类"的、尚未被国内主流社会广泛接受的教育体系（通过某些非主流教育体系获得的学分不被中国的院校或是雇主所认同，这些少数人的选择在中国因为还缺乏可信度高的监督和认证，没有获得与国外相同教育体系的待遇，使得从这些体系毕业的学生若想出国留学，其选择会局限在少数院校，而难以从欧美主流大学中选择）。这些"非主流教育体系"尚缺乏明确的发展路线，不能实现与主流社会有效的接轨。

希望通过本书，读者朋友们能获得五大收获

在这本书中，我重组了4Q这一章的内容。根据每个方面的特征，我扩展了理论方面的内容，以及如何在家庭教育中培养孩子在学校教育中所欠缺的那一方面。第二辑讲的主要是如何准备为人父母这一历程，如何发现和诊断自身的问题和缺陷，如何处理原生家庭带给我们的问题等内容，然后用一种健康的、不被以往负面经历与创伤影响的方式抚养子女。我希望我的读者们能够获得以下收获：

（1）父母如果选择西式教育，让孩子直接出国上大学，绕过高考的约束，

可以通过本书看到出国留学要面临什么样的挑战，而不是盲目地放飞年幼的孩子，觉得让他们自由发展就能成长得很好。现在很多从西方输入的早教理念被父母们全盘接受，却发生了严重的文化接轨问题，因为这些"个性化""让孩子自由"的育儿理念建立在一个宽松、民主的社会环境与教育体系的基础上，跟国内的应试教育体系水土不服（对于经过国内严厉管教、在批评教育下长大的父母，他们很容易从一个极端跑到另外一个极端，即完全不愿意给孩子任何约束或批评）。不是所有父母都有足够的能力让孩子长大以后不必就业，因此，对于大部分家庭来说，最后还是需要解决孩子的就业与生活问题，至少能够让其心理健全，并能养活自己。在经济下滑的欧美国家，中国公民还是要面临竞争非常激烈的就业环境，而回国就业也会面临同样的教育认证的挑战。自由长大的西方孩子不一定会比国内长大的孩子少一些迷茫或更知道自己到底想要什么。孩子们还是需要父母的管教和引导，父母不能因为害怕失去他们的爱就对他们百依百顺。国内的家庭教育常常会过度女性化和感性化，缺乏男性化的理智与分析。因此，父亲们需要用他们的理智、分析能力与冒险倾向来平衡母亲们丰富的情感与呵护。

（2）对于选择让孩子在国内就读的父母，他们中有很多继续笼罩在过去升学压力的阴影里，焦虑地鞭策孩子考高分去重点学校，让各种各样的课外班和学业压力继续摧残孩子的灵魂。其实，父母们需要了解的是如何帮助在高压体系内的孩子们减压，而不是施压，同时不要因为忽略孩子其他方面能力的装备而削弱他们以后在社会里工作、创业的竞争力。

（3）孩子还在幼儿园或小学阶段的父母们，可以参考本书前面写给要出国留学的青少年的内容。了解孩子青少年期间要面临的一些教育问题，父母能够避免只关注眼前年龄阶段的盲点和误区，也许能少走一些需要很大精力来掉头或弥补的弯路与伤害。国内的父母还需要思考如何在高考环境下跟学校互补，不为了冲过高考这个狭窄的瓶颈而牺牲孩子的学习主动性、创造力与激情。记得我刚刚开始学习开车时，既紧张又焦虑，视线总是不敢离开地面，以此来确保自己是开在既定轨道上的。我越是紧张，便越是关注眼前的几平方米路面，越是容易毫无目的地向左或向右闪避，对小错误的反应也就更激烈。然而，随着我开车的经验越来越丰富，信心也大增，注意力更易集中在远处道路上。我的注意力越是集中在远处，我握住方向盘的手就越发坚定。当我面对路上的小坑小石时，就不再惊慌失措。为人父母也是如此。你的目光越是长远，在为子女指引方向时，你就更能看得真切，因为你知道，现在某些微小的矫正真的不需要，或者没多大的意义。

（4）对于那些打算将子女送到国外接受教育的父母来说，他们有必要更好地了解在那些令人费解的学院应用论文背后，海外高校对申请者的需求是什么。同时，他们也必须意识到，成绩固然重要，但是成绩不是一切，如果仅有一张好看的成绩单或是测试分数，你可能会惊讶地发现自己那么优秀的孩子竟会被海外的顶尖高校拒之门外。为了让孩子有更多更好的选择，我希望你能花更多时间在孩子身上，多了解他，帮助他认识自我，帮助孩子学会管理自我生活，选择自己感兴趣的课程，变得有责任心，能对社会做出贡献，而不是狭隘地将一切定位于孩子未来的就业、住房和婚姻等问题上，使孩子最终成长为一位社会的消费者而不是做出贡献的问题解决者。无论经济环境好坏，世界上最好的公司总是求贤若渴，人才是不会沦落到找不到工作的。退一万步讲，即使找不到一份理想的工作，真正的人才也总能运用自己的创新力，创造出属于自己的一片天地。而父母的责任，不是迫使子女拿到那些额外分数，而是使其心甘情愿地运用自己的天赋、才干和兴趣去改变世界。而这些天赋、才干和兴趣，需要在你的帮助和指引下才能得到发展。

（5）希望这本书能够成为一本值得年轻人参考的书。多年来，我都担当着母校MIT及所在社区的志愿者。我见过形形色色的青少年，听他们述说过各种各样的困惑，了解他们对未来的设想，懂得他们内心的挣扎。他们试图与父母沟通，思考着如何圆梦。我一直特别喜爱朝气蓬勃的青少年，特别是从我们夫妇开始为青少年提供咨询帮助以来，这样的感情更是与日俱增。鉴于我与家里几个青少年儿子的良好关系，我相信有一些建议能帮助年轻人更好地了解自我，了解自己想要的教育，以及想要实现的梦想。尤其是如果你想出国留学，那效果更佳。但就算你从未将留学列入计划选项，我也希望通过这本书，能使你停下一直奔跑的脚步，好好地思考你真正想要的生活，以及如何通过教育实现自己的梦想和期望。改变世界的人从来都是年轻人，他们有冲劲、有理想，愿意为实现自己的美好理想而直面风险，做出牺牲。而那些年长的人历经岁月的磨炼，往往变得胆怯或疲惫不堪，不再敢于做出改变。这种改变的诀窍就在于如何将理想和激情转换成一些建设性的事情，更重要的则是记得一路保护你的梦想和能量，这样等到机会降临时，你才不会将自己的梦想和激情抛诸脑后，被一张饭票或者稳定收入死死圈住。

用丰盈心态养育好下一代

中国正在以惊人的速度发展，经济的高速发展曾经是建立在廉价劳动力和制造业上。如今一个国家的竞争力是立足于未来的技术和科技的创新。因此，我们既不应该否定传统，也不应该毫无选择地捡起西方已经淘汰的一些不合时宜的教育理论来教育我们的下一代。相反，我们应该审视自身的文化和传统，结合东西方最好的教育理念，将下一代培养成为最好的他们。展望未来，我们的目光不应该局限在如何赶上西方国家，成为世界第二大经济体，以及很快就能成为世界第一大经济体的国家，我们应该学着如何承担起相应的责任。人类当下面临的问题规模远超先辈的预期，我们需要培养最优秀的一代人来解决这些问题。让我们将过去的枷锁打破，拥抱未来的挑战，从今天起，用丰盈的心态好好地教育我们自己，以及我们的下一代。

蒋佩蓉

第一辑
丰盈心态成就孩子最棒的 4Q

绪 论

为母校MIT面试这么多年，每年总是遇到同样的问题：申请者那么多，优秀的孩子那么多，而一流大学的名额那么有限，为什么各个学校总是录取同样那几个孩子，然后去抢他们呢？要是每所学校都分配几个，不是更好吗？我向招生办的朋友们问过这个问题："我们不用非得争取这些被每所学校抢的学生，把他们的名额让给其他候选人，不可以吗？"然而，得到的答案总是："我们当然要争取最好的学生，希望他们来我们学校就读，以后他们成功了或出名了，他们就是MIT的'品牌'，而不是哈佛或耶鲁的了！"原来，名校也在寻找毕业后会有成就的人，要把自己学校的"品牌"挂在他们身上啊！于是我开始去了解和跟踪研究这些被各个名校争抢的学生们的共同点，想要知道是否拥有了这些品质的孩子，无论有没有去名校上学，都迟早会成才。研究之后，我得出的结论是：这些"被争抢"的孩子身上都拥有很高的4Q商数，即IQ（智商）、EQ（情商）、CQ（品商）和AQ（逆商）。

IQ（智商）：拥有高智力很棒，但拥有智慧才是无敌的。智慧无法生而有之，但每个人都可以通过自身的努力而获得。我认识的一些充满智慧的人，来自被世人忽视的偏远角落；许多看似聪明的人却令人避之唯恐不及。

EQ（情商）：我们不但要理解各种情绪，更应该理性地管理好自己的情绪。情绪与生俱来，理性需要后天的教化和培养，懂得思考的人都能习得理性。情绪总是试图蒙蔽我们的双眼，遮盖我们的理性，而智慧却能增强我们的意志去驯服自己的情绪。当我们能理性地处理情绪问题时，真正的幸福才会降临。如若成为情绪的俘虏，我们会丧失管理自身的主动地位。

CQ（品商）：品格并不是天生就有的，但可以通过后天的训练最终内化成个人的价值观。没有谁一出生就有责任感，但那些被训练过品格的人，即便他身患残疾，也能肩挑重责。好品格能通过潜移默化传递给孩子。我非常喜欢我的导师萨利·克拉克森曾经就如何培养好品质说过的话："如果只是随意从二楼阳台往后院撒下一把种子，那就别期望来年能收获一个美丽的花园。好的园艺家深深懂得，只有经过施肥、浇水、除草、修剪，确保花木不会受到杂草的侵袭，花园才能成形。每个人的内心世界都是一座花园，孩子的心更是如此。"

AQ（逆商）：健康的依恋感发生在童年时期，良好的独立能力则是个体成熟的关键。许多成年人在童年时期的依恋需求得不到满足，由此产生的长期焦虑剥夺了他们寻求释放的勇气。还有的成年人从未走出过父母的羽翼，始终笼罩在如同监牢一般的父母之爱里，使得他们对自由的渴求变得沉默而扭曲，失去了发挥个人潜能并从中获得满足的机会。用亨利·梭罗的话来说，"有些人生活在平静的绝望当中"。那些在童年时期缺失安全感的孩子耗尽一生只是为了得到一种安全的错觉；那些从不敢越雷池半步的孩子们，穷尽一生都未曾品尝过活着的真正喜悦。该独立，还是去依附？取舍的困惑和烦恼仍在恶性循环。所谓大智慧，便是在这样的困惑中，懂得何时该专注地坚守，何时该勇敢地放手前行。

当我们一味地对孩子的才能进行量化和分类时，我们会渐渐"迷失其中"。每一个孩子生来都是独一无二的。用呆板的商数去量化孩子的成长，对他们是不公平的。4Q测试只是一种简单的多维衡量方式。然而孩子的成长过程从来不是一维的。对孩子"天赐的才能"，作为父母应当倾注心血加以发展，但更要让他们多维立体地活出自我。虽然4Q都很高的孩子确实很优秀，但父母也不能拿4Q当作孩子的紧箍咒，急功近利地训练他们，非要让他们获取所谓的"竞争力"。玛德琳·莱文在她的著作《教好你的孩子》中有一段相当发人深省的阐述：

从古至今，大部分孩子的渴求几乎未曾改变，那就是：爱、支持、领地、责任……培育孩子的法则就如同生物编码一般简单明了，从未变更。如果一个孩子不曾感受到被关爱和被重视，即便有再多的额外补偿，他们获得成功的可能性依旧微乎其微。

凯恩在九年级时从零基础开始学习低音大提琴，升入十一年级后，他已经是低音提琴部的主提琴手了，能够去诠释高深的乐谱。这得益于在多个摇滚乐团担任鼓手的历练，他甚至能在其他低音提琴手缺席时独撑场面，诠释出应有的曲调和节奏。凯恩的音乐导师是阿姆斯特朗先生，他曾经鼓励指导我家的老大凯文创作了一首交响乐曲，而在此前，凯文对乐器知识知之甚少，更没有系统学习过任何古典音乐的乐理知识，只是在十一年级时疯狂迷恋上了古典音乐而已。

有一次，凯恩参加了一场精彩的管弦乐演出，我们全家出动为凯恩加油助威。音乐会结束时，阿姆斯特朗先生走过来与我们握手，祝贺凯恩表现出色。借此机会，我向阿姆斯特朗先生请教了一个困扰我许久的问题：凯文曾抱怨我没有像别的父母一样，在他小时候强迫他学习钢琴；他认为如果能从小就开始高强度练习，有日积月累的音乐基础，那么他今日想作曲时，就不至于落后别人太多。我问阿姆斯特朗先生，我当年的做法是否欠妥，影响了凯文音乐方面的进程了吗？谢天谢地，阿姆斯特朗先生的回答如同一颗定心丸，将我从疑虑和内疚中解救了出来。

他告诉我，在他20多年担任音乐教师的生涯中，他曾遇见过很多天资聪颖、积极进取的学生。有的孩子自幼练习，内心充满旺盛的兴趣，能够坚持日复一日的练习，克服旁人难以忍受的枯燥乏味，努力使技艺日臻完美，小小年纪便成为乐队席上的老手，这属于天道酬勤的范例。还有的孩子虽然迟迟"起飞"，但当他们爱上音乐，即使从零开始，也能很快后来者居上。这是因为他们开始学习时心智和体格都更为成熟，对动作技能的模仿力更强，对乐曲的领悟更为透彻。

阿姆斯特朗先生还告诉我，学习音乐早晚并不重要，重要的是那种为音乐"沉迷"的感觉。凯恩在演出中以他的表现证明，音乐如同种子一般，已经在他的心底破土萌芽，没有任何力量可以拔除掉了。这样的感觉，我也曾有过。在28岁时，怀着老大的我开始练习架子鼓；随后在36岁时，怀着老三的我开始学习萨克斯风。无论做什么，只要热爱，永远不晚。

4Q是从那些"出色"的孩子身上总结出来的，但那些"超能小孩"还有一个共同点：都生活在一个有爱的家庭中，拥有着和睦的亲子关系。父母的爱，永远不能基于小孩才能的高低而分出多寡。从一开始，我们做父母的就可以通过自己的言行让他们明白，我们的爱是无条件的，并且永远都爱他们。

对于孩子们来说，勇敢地抛开那些你的父母认为很重要，但其实既肤浅又乏味的活动吧，不管它们是竞赛分数、奖杯，还是那些象征着成功的外部肯定。孩子们，请抛开它们，去追寻那些真正有意义的实践活动吧！

智商
Intelligence Quotient

智商理论篇

智商与智慧商

关于高考，常听说这样的故事：两个高中朋友，因为高考相差几分，一个落榜留在老家农村继续务农，另一个幸运地考取大学，毕业后留在都市成为写字楼里的白领。两人一生的命运永远被那几分改变了。

很多国内的父母和学生也会带着对分数的绝对认定来申请美国大学，他们相信成绩和分数代表一切。但是，每年却有很多 GPA（Grade Point Average，平均成绩点数）全A和SAT考满分的申请者被拒在名校门外，然后很多人会惊讶地追问："为什么这么优秀的孩子会被拒绝，到底要什么样的天才学生才能被这些学校录取啊？"

如果申请者只有很好的成绩和分数，但没有其他特点，会有一些大学录取，但是要进入美国一流大学其难度还是比较大的，因为美国名校的录取标准只是把成绩和分数作为门槛，而不是对"优秀"的定义。申请者的考试分数过了学校设置的门槛以后，招生办就会去寻找他的其他亮点。如果分数远超过门槛，但其他亮点不够的话，还是会输给别的分数虽然低却过了门槛，而且有更多闪亮特点的申请者，因为他们更吸引招生办的注意力。

因为国内的考试制度，很多父母和学生在教育过程中把衡量一个人是否优秀的标准锁定在分数上面。我们需要重新为"优秀"定义，"优秀"包括一个人的全部，而不只是一个代表性的数字。

除了负责考试分数和背资料的左脑以外，孩子心、身、灵的每一部分也需要平衡发展。

我家老大凯文是一个典型的"健忘者"。有个故事里说曾有一位有名的科学家，因为太认真做实验而忘记参加自己的婚礼，我们觉得凯文长大后很可能就是这样的。凯文小学二年级时，学校举办了一次全社区范围的"发明竞赛"，要在每年级选出杰出的发明。凯文很兴奋，他想利用这个机会来发明个什么东西来帮助他减少"健忘"带来的痛苦。他设计和制作了几种提醒模式发给不同的同学试用，然后根据他们的反应再做修改，最后设计出他认为比较完善的一个"个人提醒系统"。在我们做父母的看来，他努力的样子很可爱，但他的小发明也实在简单得可笑，至于获奖，我们没有抱任何期望。然而，凯文居然获得了二等奖！我们非常惊讶，甚至不太相信地问他：在发明展览会中我们看到了好几个很复杂的发明设计，为什么这些复杂的没有被选上，但你的却被选上了呢？凯文认为，因为他的妈妈和爸爸不是博士，没有帮他……看来裁判们也能够看到谁的发明有父母的帮助，谁的没有。很多孩子参与竞赛时，父母会提供各种帮助，因此一个孩子单靠自己的力量发明出来的东西就显得难能可贵。

望子成龙的父母在培养孩子的过程中，容易忘记或忽略一个基本原则：让孩子在每个生命阶段做适合他年龄的事，因为那个年龄阶段过了就再不会回来。以后想要弥补时也跟当时的情况不同了，会费劲很多。

那些在竞赛中交出复杂发明的二年级学生，他们的父母以自己的能力代替孩子（表面上看是善意的帮助），使他们不用付出努力和汗水就获得荣誉，从而剥夺了孩子在竞赛中的成长和体验。孩子在发明过程中所锻炼的独立思考能力、抗挫折能力、创造力和自我掌握感，这些无形的品质是孩子一生的财富，而奖杯很快就会被人遗忘。

老二凯恩在小学二年级时，老师在家长会的时候建议我们让他跳级。凯恩的思维反应比较快，很容易感到无聊，因为他的大脑需要不断收到新刺激。课堂上，其他同学还在答题，他一早就写完然后无聊得开始捣乱。但我和先生很清楚，他在智商发育比较迅速的同时，情商发育比较慢，常常不知如何表达他的情绪，导致他容易生气和焦虑。我们在大学时代都认识跳级的神童同学。大家喜欢在做作业的时候找他们帮忙，因为他们超级聪明，很会做题。然而，因为情绪表达不成熟，他们在大学里却无法顺畅地和同级朋友交往，幼稚的处事方式也经常闹出笑话。学业上的成功，因为跳级而缺失其他人生经历，使他们的抗挫折能力比较脆弱，容易产生焦虑。对于这样的神童，我们是持同情态度的——他们的人生本来可以更丰富和从容的。

所以在凯恩成长的过程中，虽然老师不止一次提出让他跳级，但是我们坚持让他和同年龄伙伴一起"慢慢"成长，拥有正常的童年。我们运用各种迷宫、猜谜、数学游戏等满足凯恩大脑的需要，同时让他有足够的时间和空间，以自然的速度发育身、心、灵。因此在凯恩成长的过程，他没有被贴上"高智商"的标签，我们也不允许他去测智商，让他自己或别人对他有不实际和无用的期待。

如今凯恩已经是高中生了，他认为自己是一个平凡的男孩子，学会了表达自己的情绪，拥有一群忠心的朋友。他常常告诉我，在他所在的国际学校，他显得比较优秀是因为他身边的天才太懒惰了。那些同学说自己智商很高，属于天才级别，但是却不愿意努力运用他们的天才来学习和成长，白白浪费了天赋。幸运的是，在凯恩的成长期间，没有人说他是天才，他知道世界上没有免费的午餐，只有用汗水浇灌的成果对自己才有意义。

孩子的智商来自父母本身的基因遗传，是我们无法改变的。但是让孩子能在他的各个年龄阶段经历他所应当经历的，则需要父母的智慧，这是父母可以通过努力做到的。我称之为父母的WQ（Wisdom Quotient），也就是智慧商。帮助孩子丰富而平安地去跑他人生的马拉松，父母要关注的不是智商IQ，而是智慧商WQ。

保护孩子被蚕食的睡眠

美国科普作家波·布朗森和阿什利·梅里曼在《让人震撼的育儿术》（Nurture Shock）一书中，列举了睡眠专家的一些剥夺睡眠对儿童智商影响的实验，研究结果令人震惊。

一组针对四年级和六年级学生的研究表明，剥夺一小时的睡眠时间将导致孩子在发育和认知的成熟度上相差两年。

将学前儿童的周末午休时间减至一小时，会导致孩子在智力测试中的平均得分降低7%，等同于铅暴露的危害。另一个相似的实验里，用单词来测试也显示出，睡眠时间减少后，得分也相应减少。

在美国明尼苏达州一所高中进行的实验研究，有超过7000名学生参加；在美国罗德岛一所高中进行的另一组实验有超过3000名学生参加。两个实验得出的结论一致：成绩得A的学生平均比得B的学生多出15分钟睡眠时间，而得B的学生比得C的学生又多15分钟睡眠时间。

通过使用核磁共振成像扫描人脑，神经科学家认为，过于劳累的人由于难以控制自己的大脑脉冲，很容易因为眼前的消遣而转移注意力，从而不能全神贯注于难度较大的长期目标，也容易出错。

大脑在晚间能较多地进入慢波睡眠，也就是无梦的深度睡眠状态，而人的记忆需要在睡眠过程中形成和巩固。换句话说，学得越多，大脑需要越多时间将学到的知识内化成长期记忆。

儿童的慢波睡眠长度大约是成人的40%。高质量的睡眠是儿童高效吸收记忆性知识的保证，如识记单词、乘法表，以及其他知识等。

睡眠的减少会影响大脑内部的积极情感相关区，使负面情绪感应区变得敏锐。一个针对睡眠时间减少对大学生单词记忆影响的研究发现，大学生能背下81%与负面情绪有关的词汇，如"癌症"等，但像"阳光""篮子"这样的积极情绪的词汇或中性词汇只能记下31%。

一个针对青春期孩子生物钟的研究表明，这个年龄段孩子的褪黑激素释放完毕所需时间比成年人所需时间大概多出90分钟，而睡眠周期也在同时结束。在美国明尼苏达州，学校大部分在早上7点25分至8点30分之间上课。推迟上课90分钟持续一段时间后，在1600名实验者中，成绩排名前10%学生的SAT成绩由原来的605～683分升至739～761分。除此之外，这些学生相比之前，学习动机更明确，沮丧的感受也相应减少。另有一个在美国肯塔基州莱星顿市开展的类似研究表明，更改时间后青少年的交通事故减少了25%。

到目前为止，并没有科学研究表明看电视时间的长短与肥胖之间存在必然联系，但是很多证据都表明睡眠的缺少与儿童肥胖存在一定关系。睡眠会使胃促生长素保持在低水平，这一激素会影响我们对饥饿的感知。与此同时，睡眠还能使皮质醇维持一个高水平，皮质醇的功能是抑制身体对更多食物的需求。大量研究表明，睡眠时间太短的学生在学业上的表现不如那些睡眠充足的学生。缺乏睡眠导致学生没有足够能量锻炼，而倾向于久坐。

无论是对日本一年级学生、加拿大幼儿园男孩，或是澳大利亚年轻男孩子进行的研究都表明，每天睡眠时间低于8小时的孩子肥胖的概率是那些平均睡眠时间为10小时的孩子的3倍。一份来自休斯敦公立中学的研究表明，每天少睡一小时，肥胖的概率增加80%。

相关研究还有很多。即使这些研究并不是在中国校园中开展的，但结果足以触目惊心。目前，中国的现状要严峻得多。

朱幕菊女士是教育部基础教育二司巡视员，在2011年12月11日北京钓鱼台的教育论坛上做了题为《调整教育政策，扭转不良竞争，政府可以大有作为》的报告，报告里提到：

    2009年，教育部为建立义务教育阶段中小学生学业质量的基础数据库，经抽样，在全国选取了140个样本县（市、区），对4.5万名三年级学生和5.2万名八年级学生进行了部分学科的学业测试与问卷调查。问卷的内容涉及中小学生的生活、学习、心理状况，教师和校长的观念、工作等。下面的一组数据集中反映了在现行教育体制下，以追求升学率为导向的激烈竞争所带来的一系列负面影响……

    学生睡眠时间：三年级样本中，全国31%的学生睡眠时间少于8小时；农村学校、薄弱学校和中部地区学校这一比例均达35%；八年级样本中，全国有77%的学生睡眠时间等于或少于8小时，中部地区学校这一比例高达82%，好学校这一比例高达82%。

胡平平，安徽省人民政府参事，在同一个教育论坛上的报告《改革考试评价制度，规范办学行为——减轻孩子们过重的课业负担》里提到：

    2008—2010年全国多个领域专家的团队在3年中分年度共计对17个省的义务教育阶段学生进行了大样本的科学抽样调查，下面以2010年对天津、辽宁、浙江、安徽、湖南、海南、四川和云南8省（直辖市）79个县1409所中小学的四、八年级学生的抽样调查结果为例进行剖析。

    学校周课时数超标现象严重，而体育、艺术类课程开设不足。

    体育课时数严重不足（按规定每周应为3节），四年级不足率达到了56.5%，八年级更是达到了76.0%。有8.8%的小学四年级不开科学课，8.3%的中学八年级不开艺术课。

　　中国肥胖儿童的速度正在以惊人的速度递增。在20年前，糖尿病还是一个不常见的疾病，但今天，中国的糖尿病儿童数量已超过美国，位居世界首位。即使我们的孩子懂得的知识越来越多，拥有的才艺越来越多，但是他们却变得越来越累、越来越不快乐。他们的书包一年比一年重，所以大街上小学生拖着拉杆书包越来越常见，装着越来越厚重的课本。

　　看了这么多跟睡眠有关的数据，以及睡眠对孩子的影响，我们不难看出，在一些情况下，睡眠的缺乏会影响孩子大脑的成长，对他们的情感发展和身体健康都有不利影响。这给我们为人父母者敲响了警钟——学校老师面对升学率背负着沉重压力，作为父母必须为孩子撑起一片天。如果改变不了学校和老师，那么我们家长能否坚定一些，保证孩子们每天8小时的睡眠？以下是我的一些建议。

　　（1）培养良好的生活习惯，培养孩子的时间观念，包括规律的起床、睡觉时间，以及吃饭、做作业、活动的时间。

　　（2）不停自问：最糟糕的情况会是怎样的呢？做好最坏的打算，这样一来，我们收获的只有惊喜。

　　（3）总体而言，男孩子的发育稍慢于女孩子。我家两个大人3个儿子，没一个人在小学阶段就出类拔萃。别担心，在小学阶段，孩子输得起。实际上，在任何阶段，我们都输得起。

　　（4）我见过很多小学阶段不怎么优秀，甚至要留级，但最终却后来居上的男孩子。我经常跟大家分享凯文的经历，凯文比MIT的同班同学大将近1岁，但这有什么关系呢？话又说回来，即使有别人在乎，又能怎样呢？

　　（5）为你的孩子制订一个切实可行的大学申请计划，并跟你孩子的老师沟通，因为老师都希望学生投入百分之二百的精力在学业上。接着为孩子制定一些学校缺失的教育内容，通过家庭教育来补充给孩子。这些内容包括：懂得如何使用时间、如何放松；懂得与亲朋好友相处，享受户外活动；学会餐桌礼仪、交流技巧；乐于参加体育锻炼、艺术活动，并发展艺术爱好；有意识地培养批判性思维，找到解决问题的方法；乐于做家务、助人为乐，为家庭成员制订挑战目标；能从失败和探险中学习，如此等等。这些都是通过家庭教育可以做到的。

（6）既然现在获得大学文凭的终极目标是得到一份好工作，那么在孩子读书时多为孩子留心工作和实习机会，使其获得工作经验，即使没有工资也没什么关系。事实表明，很多实习生在大学毕业后成功留在了所实习的公司。一旦你的孩子较早地获得工作经验，那么，在工作中习得了各种好习惯的他很快便能如鱼得水地投入工作中。或者，也说不定他就是明日的比尔·盖茨或史蒂夫·乔布斯。

正确答案不是唯一——批判性思维

有一个发生在美国普林斯顿大学的真实故事。著名科学家爱因斯坦为学生们做一个物理学讲座。演讲结束后，一位学生举手提问爱因斯坦，问他是否知道千米和米的单位换算。让所有人大跌眼镜的是，爱因斯坦神色自若地回答："不知道。"这位学生满脸讶异，不敢相信这位创立了相对论的大科学家竟然连这么简单的换算都不清楚。爱因斯坦不以为然地说道："年轻人，我的大脑是用来探索宇宙的浩瀚与神秘的，我不会用它去储存人人随手便能从百科全书上找到答案的零碎知识。"

网络的出现，使知识变得唾手可得，只需要在搜索页面轻轻键入几个字符，再按一下回车键，各种信息便铺天盖地袭来。知识更迭更为迅速，学习不再是单纯的知识获取与死记硬背。

走过最初的工业时代，经历过信息时代，现在该做好迎接创新时代的准备了！创新时代的领袖将不再属于那些能更快识记知识、存储知识的人，而是那些求知若渴，有终身学习习惯，懂得如何学、何时学、何处学，懂得如何处理新知的人。要成为后者，仅仅依靠从学校习得的"求同思维"是远远不够的。

诚然，求同思维可以帮助我们找到考试要求的正确答案，但永远无法教会我们独辟蹊径地解决新问题。如今，我们的孩子需要学着以发散的、触类旁通的、有条不紊的批判性思维去解决那些未来世界可能遇到的问题。

在凯文要读高中时，我们全家做了一个决定，让他从北京当地学校转学去国际学校。因为在当地高中，学生需要花大量时间做题，为高考做准备，而国际学校的学生能够相对自由一些。我和先生认为，在高中阶段，死记硬背的学法不能再使用（当然，这要基于在小学和初中时期，孩子已经打下了牢固的学习基础），因为在孩子们成年前，有必要培养出他们更高层次的思维习惯。成年后，大脑发育变缓，思维习惯已经形成定势了。当然这并不是说，一旦思维习惯形成定势，我们就无法做出改变。但改变一个坏习惯比形成一个新的好习惯，花费的精力要多得多。

学校课堂难以教会学生批判性思维。但是，批判性思维又渗透于每一个教室、每一门学科，无论是数学、英语、历史，或是文学、心理学，还是经济学。在中国，一些有远见的学校开始致力于引导孩子习得批判性思维技能，但更多的中国学校仍在忙于给学生设置题山文海，他们被高考指挥棒弄得晕头转向，实在空不出时间也分配不出精力来帮助孩子循序渐进地养成批判性思维，建立起好的思维习惯。

所谓创新，便是"聚点为面"。换句话说，就是通过独辟蹊径的思维，找出看似没有联系的零星信息中的关联点，得出新方法，解决老问题。要做到"聚点为面"，需要善于多角度思考，而这可以通过有意识的训练来培养。

一谈及中西方教育的不同，很多人会脱口而出：两者的最大差异就体现在批判性思维和创造力上，拿这个两个词汇当作标语警句来批判中国的教育体系。但我认为我们需要做的，是静下心来思考学校的功能是什么？学校应该扮演何种角色？玛德琳·莱文（Madeline Levine）在她的著作《教好你的孩子》中便有提及：

除了教授知识和帮助孩子应付考试，学校还应具备其他一些功能，如充当培养劳动力的恒温箱，为学生参与民主活动提供沃土，做文化和思潮的发射机。当然最基本的愿景是希望学校能成为培养孩子学习技巧、兴趣、美德，并增强自我认同感的最佳阵地。简单概括来说，教育系统应激发每位学生的潜能。但事实上，教育只简单地为社会经济的发展培养人力。譬如，20世纪50年代，学校培养了一批正襟危坐、死记硬背知识、从不违背老师指令的人，并得到了社会的热捧。不同的教育体系都有着各自的优缺点。那些毕业于着重灌输服从思想学校的学生在未来的工作中往往更忠于公司，但普遍缺乏创造力和批判性思维能力。但这种教育体系再也不适用于如今这个全球知识经济急速发展的时代，解决问题的能力、创新能力、适应力、有见解等，远远比只知道正确答案要重要得多。因为在当代，正确答案并非唯一。

中国教育的长处是培养孩子的知识记忆能力，以及答题能力。这两种能力对于各种教育体系来说都相当重要。但除此之外，我们更需要培养他们独立解决问题并能快速适应各种挑战的能力。这样一来，批判性思维和创造力的培养就显得尤为重要。要达到这种培养目的，我们首先要透彻地了解批判性思维能力和创造力到底是什么，如此我们才能取长补短，结合中西方教育的精华，将之运用在对孩子的教育上。

著名教育学家、心理学家爱德华·格拉泽在1941年提出了批判性思维的概念。何为批判性思维？批判性思维应具有3个功能特性：

（1）具有以深思的方法对成人的经验范围内所发生的难题和问题进行思考的态度。

（2）逻辑调查和推理方面的知识。

（3）运用这些方法的某种技能。

批判性思维要求个体能持续不断地去检验相关的知识、证据和信念，并从中得出结论。这一过程包括以下要素：

- 确定自己的信念和问题。
- 收集所有相关信息。
- 确定相关的潜在前提和假设，包括那些未阐明的或是被忽视的。
- 准确澄清、解释并评估数据和论据。
- 判断事物各组成部分之间的逻辑关系。
- 得出适当的结论与概括。
- 找机会检验上述结论与概括。
- 提出支持的方式或解决问题的方案。
- 根据前面的过程，调整或重建自己对特定问题的结论。

卓越批判性思维全美委员会对于批判性思维给出的定义如下：

> 批判性思维是指思维洞察、分析和评估的过程。它包括为了得到肯定的判断所进行的有形或无形的思维反应过程，并使科学根据与日常常识相一致。批判性思维者会多角度收集材料：口头或书面表达、想法、观察、经验及推理。批判性思维以智力上的标准为基础，这些智力标准不仅包括素材分类，也包括清晰、可靠、精确、准确、中肯、深度、宽度、逻辑、重要性，以及公平等要素。①

在我个人的经历中，我认为很多年轻人对"批判性思维"有所误解。因为批判性思维中包含"批判"二字，而我又提倡批判性思维，所以有的年轻人便用一种"批判"的方式问我问题，以为一旦问出一个与"批判"带些关系的问题，就能证明自己是个具备批判性思维能力的人。然而，实际上大部分原本要

---

① 发表于 1987 年夏季第八届"批判性思维和教育改革"年度国际会议，参见网址：http://www.criticalthinking. org/pages/defining-critical-thinking/766。

向我咨询解决方法的问题，更像是在批评我的为人，怀疑我性格的完整性，而不是质疑我的假设或者某个特定的问题。当第一次在讲座后的提问环节遇到这种情况时，我很是吃惊，但还是坚持用合乎逻辑的方式见招拆招。但这些"逻辑拆招"使得提问者多多少少变得有些情绪化，或者产生不舒服的感觉。为什么会有这种误解呢？也许处处带有竞争性质的教育使人误以为，成功的学习就是自己比别人懂得更多。

有的年轻人在讲座后的提问环节提出一些自以为展示了自身"批判性思维"的问题，而实际上却令他人感觉遭到了人身攻击，同时暴露了自己的无知，白白浪费一个明确认知和解决具体问题的好机会。

还有一个误解：很多学生以为，在面对面试官时，必须显得像个考官，用提问的方式让面试官了解他们的智慧，同时展现自己的批判性思维能力。但这样做往往事与愿违，非但没有展示出智慧，倒是会让面试官看到他们的无知与粗俗。其实，有的学生这么做违背了批判性思维的一个基本原则：睁大双眼，放开心态，避免失去客观性。

莱斯库姆斯对于批判性思维的定义也许能为我们拨开迷雾：

> 在哲学的框架下，根据批判性社会学理论，人们普遍理解批判性思维与有担当的社会责任有关，包括民主参与度、开放的心态、能承受各种不同的声音并做出相应的修改，且愿意促使他人进步。[①]

"批判性思维"中的"批判"是中心词。关键在于，它并不意味着"反对"或"负面"。事实上，在需要多人通力合作解决复杂问题时，批判性思维的作用更加明显。因为问题越复杂，解决起来就越需要多种观点，确定和挑战所有的假设，找出所有已知和未知的偏见，收集各种数据，提出最佳解决方案。没有互相信任和对于新思路的开放性，批判性思维的过程是走不

---

① 瑞斯库斯，B. W.，《成人教育中的临界概念分析》（2008）。

长远的。

对于批判性思维需要怎样的心态，美国教育部是如此定义的：

积极的思维习惯能塑造个体倾向于培养批判性思维，需要有追随真理的勇气，有远见，有开放的心态，对解决问题有系统的办法，有好奇心，公正，判断力成熟，有推理的自信。[①]

批判性思维的发挥过程建立在苏格拉底启发式提问法的基础上，启发式提问是由希腊哲学家苏格拉底创立的科学提问法。该方法与其他随意问问题的方式不同，是通过一系列有目的的、系统性的问题达到自己的特定目的，其中包括：

- 教学。
- 揭露问题。
- 揭露假设。
- 区分已知和未知。
- 以特定的方式追求某件事的真实。
- 分析问题。
- 主导或指挥一场讨论。

苏格拉底的启发式提问法在我家的对话中经常使用，尤其是饭桌讨论时间。我们的问题通常分为以下几种类型：

- 为什么要这样，或为什么不这样呢？
- 你是如何得到这个结论的？
- 你得到这个结论的基础是什么？有什么可以支撑该结论的证据吗？

① 《全国大学生学习评估：教学、学习、评估能力鉴定》，美国国家教育数据中心94-286，美国教育部，爱迪森·格林伍德（编辑），萨尔·卡拉略（完善）。另请参阅：《批判思维：专家对教育评估和指导目的的意见整合报告》。美国教育资源信息中心。文件号：ED315-423。

- 那些不支持你说法的人持什么观点？

- 如果有了结论，那么在遇到相关问题时应该如何解决？

- 为什么这个问题跟我们的讨论有关？

- 有没有另外一种看待这个问题的方式？

在批判性思维发挥作用的过程中，启发式提问法能很好地推动讨论的进行。提问者需要根据以下两种假设提出问题：

- 我有可能会出错，所以我需要明白更多信息。

- 我手上有一些相关信息，也许可以帮助你理顺思维，看问题更为透彻。

任何事情都是对事不对人。在应用批判性思维的过程中，或与他人就某个话题进行辩论的时候，我们必须清楚地知道自己的偏见。最重要的是保持开放的心态，陈述所有的事实和证据，保证不遗漏任何重要因素。最后，要认识到自身的动机，保证足够的冷静，避免因情感纠葛而丧失观点的客观性和合理性。因此，当讨论激烈化时，有必要叫"暂停"，让大家发热的头脑冷静一下，给彼此多一些理性冷静的思考空间。

当一组人一起实践批判性思维时，好处就是在这个过程中，你的沟通技巧能自然而然得到长进。因为你必须认真思考自己的问题和答案，展示证据，质疑自己的偏见和假设，这使得你必须逻辑缜密，能清晰地让他人理解你的观点。

运用批判性思维的次数越多，在整个思维过程中你就越能控制好情绪，而不是让个人偏见影响你的讨论。然而，个人的偏见无论再怎么小心避免也难以根除。深入了解自身与他人的不同见解能帮助你更好地认清事情的本质，使你的想法不被个人偏见、个人动机和情感所影响。虽然事实是客观的，不以人的意志为转移，但表达方式却是可以被改变的。

越少运用批判性思维，就越容易受到暴民心理学的影响。试想一下，当大众都慌慌张张地跑向一个方向时，你会不会出于本能地跟着他们一起行动，还是首先思考现状，然后收集信息、评估信息，再做出明智的决定——是否需要跟着人群走。在这个世界上，太多人只会盲目跟从，他们受内心的紧张感和焦虑感驱使，生怕落后于人，但也许最后才能发现，前方是悬崖。

多运用一些批判性思维能帮助你和家人避免盲目跟从社会潮流。在做出任何决定之前，你可以先参考一下家人的价值观和家人对未来的展望。只有这样，你才能做出符合你价值观的理性决策，而不是毫无头绪的率性而为。毕竟，个人感受有时候也具有欺骗性。

有兴趣更深了解批判性思维的家长可以参考《批判性思维：带你走出思维的误区》这本书。

小心论文抄袭

两个孩子的"学术抄袭"事件

弗雷德是我的儿子凯文在北京读初中时所在班级的班长，外号叫"万事通"。这孩子涉猎颇广，文体兼修，每次考试他都能拿全校第一名。凯文跟弗雷德是密友，凯文相当钦佩他。初中毕业后，凯文去了北京的国际学校，弗雷德则前往美国接受高中教育。在他俩的同窗时光里，我也了解了弗雷德这个孩子和他的妈妈相处得也很好。两个小孩成为挚友的同时，两位母亲也建立了友谊。

最近我去拜访她，了解到这样一件事情：在进入美国高中就读第一学期，弗雷德要写一份音乐研究论文。弗雷德是一位信息搜索能手，他在网上搜集了相当丰富的资料，经过几天的整理、消化后，他信心百倍地完成了堪称"完美"的论文和PPT。在国内，弗雷德的作业总是能毫无意外地拿到高分，不难想象他当时有多么自信满满。但事与愿违，老师以"剽窃"为由直接给他的论文判了死刑。不仅如此，他还被叫到办公室接受了一次相当严肃的谈话。在西方，学术剽窃是个非常严重的问题。也许有人会抱侥幸心理：万一老师没有发现论文中的抄袭成分呢？要知道，西方每个学校都有一套反剽窃软件，老师可以将学生的文章输入后直接由软件来检查是否有抄袭的成分，并列出有嫌疑的部分。

我再来说说凯文的遭遇。有一次英语论文作业，凯文的一位朋友要求凯文将自己的论文发去给他看看，以便借鉴如何动笔。于是凯文将自己的论文用word文档形式通过电子邮件发给了他的朋友，以为他只是参考一下思路而已。但最后，凯文却吃惊地发现这位朋友竟然一字不漏地复制了他文章的两大段，并且没有注明出处。这个事情的后果就是他朋友的论文得了F，也就是不合格，而凯文也被列入了"奖学金资格剥夺"的黑名单，理由是"涉嫌协助他人进行学术造假"。无独有偶，凯文的学业竞争对手也因为同样的事情而被列入黑名单。凯文和他的强劲对手，都没有被学业难住，却因为对朋友的信任及热心肠而被牵连，丧失了获得毕业生奖学金的机会。

对于弗雷德而言，他完全没有意识到这样做会产生严重后果。在中国时，他的论文写作都是依靠复制粘贴网上的资料进行的。也正因为他非常擅于准确无误地整合最完整最详细的信息，所以他的写作一直都能拿高分。然而，在美国，弗雷德这套复制粘贴的手法就行不通了，不但不会得到赞誉，还被认为是故意的欺骗和学术上的不诚实。其次，复制粘贴代表他并没有将相关资料理解消化，不懂得用自己的语言和表达方式来罗列观点。

在这件事后，弗雷德正直无私的个人形象遭到了老师和同学们的质疑。好在弗雷德就是弗雷德，他开始尝试着将以往的训练和经验抛诸脑后，脚踏实地地从最基础的步骤开始学习如何正确地进行论文写作。不幸中的万幸，弗雷德的老师也采取了不知者无罪的态度，利用一些课外时间指导他如何正确地写作研究型论文。功夫不负有心人，高中第一学期结束时，弗雷德在这堂课上得了C+；到了第二学期，他将成绩提高到了B；最后在高三那年，他终于得到了A。弗雷德实在很幸运，论文得高分并不是重点，重点是他又重新赢回他人的信任，恢复了自己的名誉。

从此，弗雷德也懂得在美国如果再按照过去的复制粘贴方式来完成作业，会被认为是作弊。弗雷德的母亲在儿子调整学习习惯的同时，也从一开始的不理解到最后非常尊重美国学校的学术传统。

这一切是为什么呢？

答曰：中西方教育的不同侧重点：模仿与承袭。

在我看来，中西方教育的不同侧重点造成了上述的"怪象"。

中国的教育模式要求孩子们模仿得越正确越好。如果让学生去原创与众不同的论文，可以说是一项巨大的挑战。

我的小儿子凯安目前在北京当地学校读书。他在写数学作业时，根据老师的要求，他需要在答题时先用完整的句子重新表述一遍题目给出的已知条件。因为这样做要写不少字，他常常很晚都完成不了作业。在我看来，在答题时复述问题完全是"无意义的重复劳动"，但当我让凯安直接写上正确答案时，凯安拒绝了。因为如果不遵循老师要求的答题规范，他整个题目就得不到分数，即使最后答案完全正确也不行。于是，他大部分作业时间都花在规范答题格式上，而不是得到正确的解题答案。在英语课上，老师要求学生将课文一字不漏地机械背诵，确保在考试时能直接选中正确答案，而不是在课文的语境中学习新单词，再用新单词来造句进行记忆。这种模仿为主的学习过程，无意中培养了学生习惯性地照搬照抄的坏习惯——抄就会正确，并且抄得不能有任何误差。

这种注重模仿的教育所面临的困境是：如果以雕塑做比喻，那么中国的教育就相当于要求学生一板一眼地完全模仿复制那件无与伦比的艺术品"大卫"。模仿得越像，分数就越高，老师并不管学生是否正确运用了锤子，在作业过程中有没有用错工具。只有在拥有完美范本的前提下，学习者才能交出完美的模仿作品，然而不要期望学生在这个过程中有超越性的创作。日积月累，终于有一天，老师交给学生一块石头，要求他在不做任何借鉴的前提下，按照自己的想法创作，学生极有可能一筹莫展，不知从何下手了。

西方教育又是什么样的呢？在西方，学生进入高中阶段后必修的一门重要课程就是"图书馆使用培训"。图书馆的工作人员会向学生们介绍"杜威图书分类法",教他们如何利用图书馆来查阅相关信息,如何用脚注或文献目录来正确引用资料。

而随着网络资源在研究论文中引用比重的增加,很多学校在九年级(相当于国内高一)就开课讲授如何正确借鉴和引用网上资源,尤其是来自维基百科的资源。同时,老师还会教学生使用网络或者电脑程序里自带的软件,帮助学生正确引用已有资源,比如,微软的word文档工具箱里的"引文工具",以及一些新型的学术论文过滤与校勘软件等。

西方的学校也不会单纯地通过一场考试来检验学生是否认真听课,而是通过在整个高中阶段学习者所完成的科学论文、社会学习报告、英文论文来衡量,检验他们是否懂得如何正确利用图书馆资源来完成论文写作。当论文中出现了不正确的脚注、引用资料来源不正确、忘记标注引用来源时,论文得分会大打折扣。在修改稿中,学生就必须严格按照格式修改论文,直到能正确无误地完成这份研究报告。

学生论文的得分主要来自以下几点:第一,在写作过程中如何找到最可靠的原文来充当参考资料,这关系到作者在这项研究中有何收获,以及得出了何种结论;第二,作者如何用简单易懂的语言来展示这些资料。

这样看来,如果要将西方的教育比作雕塑的过程,那么这整个教育体系更像是教会学生利用工具来进行雕塑:每项工具的功能是什么,应该如何使用工具。等掌握了雕塑工具,老师就会采用放养式教学,任由学生进行自由创作,只是在过程中必须注明灵感来源。作品评价手段也更倾向于考核学生是否通过观察、学习前人的大作,利用手头的所有材料,做出了原创的"大物件",至于作品的美感和雕刻技巧,这便是后话了。

理想的高中生论文是什么样子

学习正确写作学术论文只是最基本的能力,你还将从论文写作中学习到更为重要的批判性思维、创造力,以及其他重要的技能。而这些能力,都是提高个人、公司，甚至国家竞争力的重要因素。

首先，一篇理想的高中生论文应该引用数量丰富的参考资料，并分析各种观点，最后得出自己的结论。

对于老师来说，在高中阶段及大学初级阶段，应该教会学生以下3个步骤的论文写作基本格式：

简述：论题陈述，陈述即将展开讨论的观点。

正文：主题句，通过整合一两份参考资料得出的一个事实性观点。比如，一篇讲述电池带来的巨大影响的论文，那么第一个关键句可以是一位专家就电池对环境造成巨大伤害的陈述，同时列举出数据来支持这个论点。如果引用正确，格式规范，那么复制粘贴相关资料是可接受的，即使你直接从前人的论文中引用论据都行。接下来，作者应该分析引文中所认为的影响，同时将这个观点与文中其他观点进行对比。整篇文章会有不同的对比段落，比如，第一段是赞同，接着就是反对的观点，或者首先列举出电池在不同地区所带来的不同影响，之后分析哪个影响才是决定性的因素。最后，将这些观点与论题陈述进行对比。

结论：简单总结文章列出的所有观点，同时写出作者最后得出的结论。最后，如果你没有将文章与论题陈述进行联系，那么可以再次进行补充说明。

因为论文种类多种多样，有说明文、议论文等，因此以上所说的只是最基本的学术论文写作框架。但万变不离其宗，写论文的目的是鼓励学生阅读大量的参考资料，最后糅合自己的学识和理解，得出自己想要表达的结论。换句话说，论文是培养学生分析某个特定主题的能力，以及如何利用前人的研究得出自己结论的能力。

在论文写作的过程中，作者并不希望所有参考文献的观点或者数据都相差无几，因为只有存在不同的观点，才需要通过阅读大量的资料，最终找到有说服力的参考资料。这在有明显正反观点的论文中体现得更直观。通过在文中论述、对比各种观点，最后得出的结论才能更让人信服。在这个分析总结的过程中，批判性思维得以形成和锻炼。需要重申的是：这一切都建立在采用正确的写作格式的基础上。

写论文的收获是什么

在写论文的过程中，能培养作者什么技巧呢？

(1) 查找及规范引用参考资料的能力。不是可获得的所有参考文献都能在论文中使用。比如，学校并不将维基百科里的资料列为可靠的参考文献，即使里面所提供的资料正确无误。更不用提百度或谷歌等搜索网站了。为什么呢？因为这些网站里的资料并不是由行业内的专家编写或者修正的，无论可信与否，人人都有权对相关问题进行修改添加，而且网站的资料并不永久存在有效。在学术领域，第一手资料是指由科学家撰写的科学文献；第二手资料是指通过分析科学家的数据，或者进行采访后写出的文章；包括维基百科在内的所有百科全书式网站被公认为第三手资料，因为这些网站的版主和编辑既不是专家也不是能直接接触到第一手资料的人，他们只是参考第二手资料后得出结论而已。

(2) 优秀的搜索技巧。搜索技巧不是天生的，而是来源于后天的学习和反复训练。今年，我在担任北京一所学校的小组发明大赛导师时，就发生了一件遗憾的事。参加发明大赛，第一步就是学生首先需要通过多方搜索，确认自己的发明前无古人。开始的时候，作为导师的我们想当然地认为所有学生已经做过这个步骤，所以当所有队伍万事俱备，只需展示成果时，我们一行人才去了学校。让我们既惊讶又难过的是，学生们的很多发明已经在美国市场上出现好多年了，他们所做的一切都成了无用功，真是太可惜了。当我们询问学生的搜索过程时，才知道他们仅仅在赛前用百度进行了搜索。他们在汉语搜索系统中没发现类似产品时，便默认为自己的发明是还没有面世的新生事物。但就目前而言，中国的技术和创新并不领先，仅仅用中国本土的搜索工具、用汉语来搜索名词，得到的结果不可能是理想和完备的。学生应当将汉语的搜索名词转换成英语，然后用英语的搜索工具如"谷歌"或"必应"来确认自己设想的东西是否已经面世。其实，只要学生掌握了如何正确使用关键词和多种语言来搜索目标，就可以避免以上的遗憾发生。这种搜索技巧完全可以通过学习正确地写作论文来获得。

(3) **分析各渠道的资料、辨别资料正误的能力**。论文的可靠与否取决于以下几点：大量的例证、多样的数据采集方法、可行性分析。假如人得了重病，是随便找个医生开点药呢，还是多查医生的资料，随后跟他之前的病人多了解情况，最后再判断医生是否值得信任、是否前往就医？这与做学术分析异曲同工。草率的研究在学生时代也许并不会造成很大的负面影响，但是当研究者修读到博士学位，或者当负责公司的一项新发明、新产品时，草率研究带来的后果往往代价深重，有时甚至是致命的。

(4) **对主题内相关资料进行相同点与不同点交叉检查的能力**。论文所研究的问题在同龄人的学术领域是如何评价的？哪些人持有不同意见，那些不同意见又是什么？这些参考资料是否过时，是否有更新的进展？调查做得越细，研究者对这个主题的理解才会更完整。

(5) **通过分析各项数据确认主题思想的能力**。学会用简单的语言阐述自己的思想，也就是重写，这是学习写作的第一阶段。首先，重写需要人首先阅读已有资料，然后记下那些重点词汇和句子来构架主要观点。随后，重写要求作者丢开前文的框架，利用笔记中的重点词汇和句子，加上个人色彩来重新组织整篇文章。在这个练习过程中，重点词汇的使用训练了学生辨认和归纳文献主要观点的能力，随后按自己的方式表达观点，而不只是逐字逐句地抄写。

(6) **整合信息，按自己的方式将信息重新组合**。有多种方法可以帮你更加清晰和有条理地将信息进行分析，如：列清单式的总结、蛛网图、维恩图（如下图，前两个都属于蛛网图法，最后一个则是维恩图示法）。

蛛网图

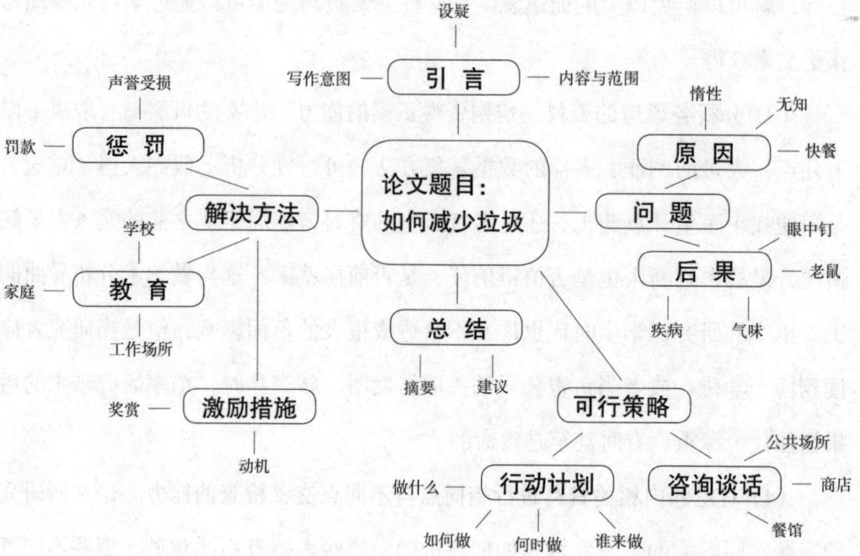

设疑

写作意图 — 引 言 — 内容与范围

声誉受损

惩 罚

罚款 —

惰性　无知

原 因 — 快餐

解决方法

论文题目：
如何减少垃圾

学校

问 题

教 育

家庭 —

后 果

眼中钉

老鼠

工作场所

总 结

疾病　气味

激励措施

奖赏 —

摘要　建议

可行策略

动机

公共场所

做什么 — 行动计划　咨询谈话 — 商店

如何做　何时做　谁来做

餐馆

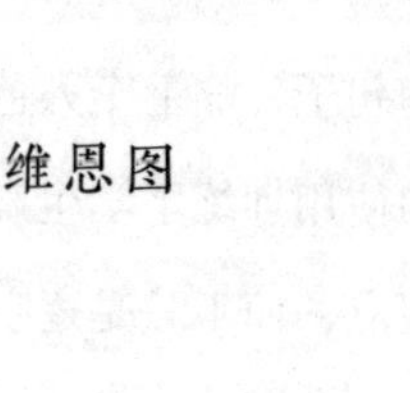

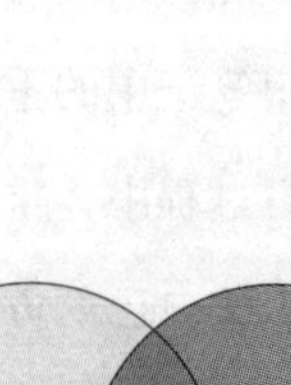

维恩图

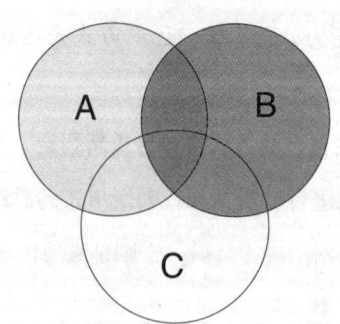

A　B

C

哪种方法都很好，但你需要找到最适合自己的那种。熟能生巧，当你越来越熟练以后，就可以不费吹灰之力去获得、消化、组织、分析，以及交流信息。这便是做研究、形成自己的思维方式和观点的第一步。

(7) **对于特定事物进行批判性思考，然后形成个人意见和结论的能力。**一旦你已经收集了足够资料，并且已经用一目了然的方式将其分析组织好后，你就可以开始分析手头所有的信息，认真考虑，最终形成自己的观点。

(8) **提供足够论据支撑自己的结论的能力。**你可以先写一个简单的总结性陈述，或者一个相对详细的大纲，接着加入适当的参考资料和引用来支撑自己的论点。

(9) **用他人能看懂的语言来清晰有效地写作的能力。**最传统的方式是写论文，但现在有越来越多的多媒体形式可以传达信息，如PPT、录像，甚至动画都可以。孩子们在小学时开始进行简单的写作，到中学阶段时，开始挑战更长更复杂的论文。如此一来，他们才能更为得心应手地用自己独特的方式来有效表达自己的思想。

(10) **向他人推销自己看法的能力，当别人有不同意见时可以辩论的能力。**有句俗话"茶壶煮饺子，有嘴倒（道）不出"。我们做研究的时候，一定会得出一些新的见解与知识，此时就需要运用一些必要的表达技巧，将观点列举出来，并用事实支持说法。这有助于培养研究者用正式并有趣的方式来展示自己的观点，并赢得他人的信任。企业家有个说法叫"电梯游说"，是指生意人利用搭乘电梯时大约30秒到2分钟的时间向风险投资家和天使投资者简短介绍自己的产品、服务、机构及价值主张，推销自己的生意理念，在短时间内就打动他们并筹得资金。大多数成功的大企业家都是"电梯游说"高手，史蒂夫·乔布斯就是其中的佼佼者，他主持的产品推介会每次都受到全球数以亿计的"果"粉追捧，全球的媒体也都蜂拥而至。

(11) **保持开放的心态。**这是个日新月异的世界，新技术、新信息层出不穷。有时候，我们需要与他人公开辩论，不断学习时刻变化的论题，因为信息更新换代极快，根据不断出现的新知识，我们的观点需要不断地修正。

有的人认为创新是灵光乍现，意味着巨富、名望还有成功。其实，创新是不断提高解决问题的能力的过程，需要对前人的工作进行持续学习和再创造。

如果中国想成为创造力领先的国家，首先要做的就是培养孩子懂得如何搜索原始材料，以及训练孩子将原始材料转化成自己的思想和观点的能力。这种能力在学生刚刚开始学习论文写作时，就应该作为论文写作的要素开始着手培养，而不是在大学毕业后，当旧习惯已经成为一种潜意识行为时方才改变。毕竟，改变通常会带来剧痛。

创造力所需要的发散思维

创造力指数和发散思维

IBM曾经对全美1500名CEO做了一次调查，结果显示：创造力是衡量孩子未来领导能力的首要指标。在当今世界，我们面临各种问题，需要具备全局眼光又有创新意识的人才。培养出身心健全、品行正直的后代是父母的责任。不仅如此，父母也希望孩子能具备足够的能力，能从容地面对将来的挑战。

2010年7月10日出版的美国《新闻周刊》曾刊登一篇名为《创造力危机》的文章，文里引用了创造力领域权威机构的研究成果。文章中提到：

1958年，泰德·施瓦茨罗科（Ted Schwarzrock）还是个8岁的小学三年级学生。当时有位名叫保罗·托兰斯（E. Paul Torrance）的教授正在做一个有关创造力的研究实验，泰德有幸成为其中一员。泰德至今仍清楚地记得当时一位心理学家递给他一辆小消防车玩具，然后问他："想想看，怎么改造一下这个玩具，让这个玩具更好玩？"泰德还记得听到自己的回答后心理学家那兴奋的表情。他们指出泰德具有"非同一般的立体透视感"，还具有"综合各种元素，创造有意义产品的能力"。

创造力的公认定义是：人创造前所未有的、具备实际使用价值的事物的能力。创造力其实是发散思维（想出许多独特的主意）与聚合思维（将这些独特的主意结合，以生成最佳解决方案）的综合运用。在泰德和其他孩子参与实验之后的50年里，研究员们一直对这些孩子进行跟踪调查。

"托兰斯测试"在后来成了评定创造力的最佳标准。通过"托兰斯测试"可以衡量出某人的创造力指数。更惊人的是，"托兰斯创造力指数"能够有效预测小孩在成年后的成就。在"托兰斯测试"中表现优异的孩子，长大后都成了社会的精英人士。

如今泰德已成为一位成功人士，他在医疗领域的革新成果比比皆是，其中包括便携式呼吸器、皮肤抗炎药，他还分析出了耐抗生素细菌的形成过程。泰德回想以往，感慨道："小时候我并未觉得自己是一个有创造力的人，可是现在我知道，正是我骨子里的创造力成就了我现今的人生。"

如果创造力指数能有效地预测孩子未来的成就，眼下的智商测试为什么还是这么吃香呢？目前的教育体制基本基于聚合思维和智商测试模式，而这些测试只能反映出孩子的聚合思维能力，也只能展示出孩子在该特定领域里的表现。选择按保守模式教养孩子，虽然不一定对孩子有益，却是风险最低。

"对立统一"思维在创造力培养中的重要性

吉姆·柯林斯所著的《基业长青》中有一个"对立统一"的理念，其核心思想是认为自然界的任何事物都包括阴阳相互对立的两个方面，而对立的双方又是相互统一的，这与中国传统的道家观点相近。

近来，公众媒体对教育问题展开探讨，父母和教育业者在这个过程中分成了意见相左的对立两派。其各自主张分别为：快乐教育对基本教育，国学教育（研读《三字经》《论语》等古籍）对西方教育（以蒙台梭利教育法为代表）。双方对己方的观点推崇备至，极力打压另一派的观点。可是在我看来，这两种观点其实是共生的，因为倘若一方缺失，另一方的理论根基便会失衡，也会失去意义。应试教育培养出的聚合思维让人具备较强的知识获取能力，但是缺乏能运用知识的批判性思维能力。这样的思维模式只能培养出一台台"信息存储器"。父母和教育业者，为什么不能采纳"对立统一"的思维模式呢？

创造力=发散思维+聚合思维

此外，要开发人的创造力，也需要人协调、充分地运用左右脑。

全脑使用法

以下是同样摘自《创造力危机》一文的内容：

当你面对一个需要解决的问题时，起初你会按自己熟悉的方式思考，看看是否能轻易找出答案。这时候多半是人的左脑发挥功用。倘若不能轻松解决问题，人的左右脑就会一起工作。右脑的神经系统开始在大脑的信息库中搜索与问题相关的模糊记忆信息。在脑海深处潜伏着的大量模糊信息常被人忽视，可是在左脑那里却能发挥作用。左脑借助这些信息能探求出未见的模式、其他的含义及高度抽象化的概念。

一旦搜索到与问题有些微关联的信息，左脑便会死死地锁定该信息，防止其从脑海中溜掉。这样的记忆搜索系统必须像调节速度极快的倒挡齿轮那样，以极快的速度从散焦搜索模式变化到聚焦搜索模式。顷刻之间，大脑就会把这些不相干的信息碎片串接起来，形成一个新的信息单元并存入人的意识层。这就是人在顿悟时发出"啊哈"的感慨的那一刻大脑里实际的反应过程，这个过程常会伴随着惊喜的情绪，因为这些对大脑来说是新奇的信息。

接下来轮到大脑来评定生成信息的价值了。是否有必要按这样的思路继续下去呢？创造力的产生需要发散思维和聚合思维不停地相互转换、相互融合，将新信息、旧信息及之前忽视的信息结合起来。富于创造力的人很善于整编自己的大脑，使其进入转换模式。创造力越强，头脑的转换互动能力就越强。

目前国内的教育体制，让学生们成天泡在题海之中，似乎要把孩子的神经通路封闭起来，使其变为永久的聚合思维模式。孩子成年之后，由于大脑成长速度急剧放缓，思维进程也会沿袭儿童和青春时期所接受的固定模式，已经很难进行发散思维了。这也许会影响整个国家的创造力指数，甚至会影响未来在全球的竞争力。

有种误解认为，训练孩子使用左右脑就是让他们习惯于双手双脚并用，或者是让他们既学习数学又学习艺术。其实，这误解了全脑运用的实质含义。我认为时下的教育体制几乎是在排他性地集中开发学生的左脑。即便是艺术学习或所谓的"右脑开发"活动大都也是在学校和课外班中进行的，其实质还是左脑的技能性训练。如果我们想让孩子既有创造力，又有学识、守纪律，就需要为他们提供更好的条件用于发散思维能力的开发，让孩子们多做些能运用右脑的活动。但同样不能走极端，为了培养孩子的发散思维能力，就把所有的规程和基础知识抛在一边，这也不可取，因为这些知识是不可或缺的。我们需要做的是改变目前只重视聚合思维教育的现状。

创造力人群的特质

美国有位研究创造力的权威学者名叫森特米哈伊（Csikszentmihaly），在其划时代的著作《创造力》一书中提到：

富于创造力的人，其身上常有两类相互矛盾的特质并存，他们会根据情况适时地调整自己的策略。这类人常会有如下的表现：

精力充沛，但常很安静，处于休息状态。

聪慧，同时也挺天真。爱玩耍，但也守纪律。

一方面充满想象力，富于幻想；一方面又是位彻头彻尾的现实主义者。

性格是内外向平衡。

非常谦卑，也非常自信。

倾向于摆脱性别角色的刻板样式（富于创造力的女性趋向于更为强势，富于创造力的男性则会更加敏感并善于表达自己）。

让人感觉既反叛又独立，但也会勤奋地掌握所属领域的专业知识。比如，他们首先会努力学习微积分的知识，成为该领域的高手，然后再打破数学的陈规，创造出新的定理。

非常热爱他们的工作，可同时又有极冷静的事业观。这种对事业依附但又超脱的态度，能激发出他们内在的活力，也是他们职业生涯必不可少的一个要素。

为人率真而敏感，不掩饰自己的痛苦和喜悦。

如果孩子在"托兰斯测试"中得分较低，是否就意味着父母无法培养其创造力了呢？答案是否定的。因为创造力测试不同于智商测试，智商是无法改变的，但创造力指数是绝对可以提升的。

培养孩子创造力，第一步是做父母的要改变自己的培养目标。我们的目标不是培养出一批"听话的小绵羊"，而是具备敏锐判断力的人。要训练孩子的判断力，他们首先得学会信任并服从自己的父母。一方面是信任服从父母，一方面是逐渐学会自我判断。看起来有些矛盾，其实是让孩子学会在矛盾中保持平衡，这要求孩子需要掌握一些必备的能力，就是学会自制和放弃暂时的满足，还需要培养坚强的意志力及制订长短期目标的能力。当小孩长成少年，他最需要学会的是自问："根据我目前的情况，我该如何选择、该如何行动呢？"孩子不能把做判断和做决定的权利转让给他人。男孩天生有冒险的冲动，但时间一长便缺乏恒久的毅力去坚持；女孩生性渴慕安全的港湾，不愿冒险，但是长久坚持的忍耐力更强。因此，要培养孩子的批判性思维和判断能力，我们必须清楚地了解他们的性格、心态和动机。这样，孩子们在面临选择、学习自问的过程中才会运用恰当的思维模式。

培养孩子创造力的建议

面对我国目前的教育体制，我们父母该怎样培养孩子的创造力呢?下面是一些实用的建议。

（1）给孩子提供足够的时间和空间用于玩耍。

（2）孩子玩耍时要偶尔引导一下，而不是让他们总是自顾自地"自由活动"。

（3）帮助孩子养成从有益而不是有害的事物中寻找乐趣的习惯。比如，要是孩子喜欢玩电脑或网络游戏，父母可以引导他去玩具有教育意义的游戏，让他们在玩中亦有所思、有所得。

（4）在学习新事物的过程中，被动接受和亲身实践是不可或缺的两个方面，要鼓励孩子多动手实际操作。例如，孩子喜欢音乐的话，既可以去听别人演奏，也可以自己试着学习一门乐器。

（5）鼓励孩子敢于冒险。如果孩子喜欢冒险，就引导孩子做有益的冒险尝试。不要让孩子去做有害的冒险活动，比如，去赌博或从事危险的体育活动之类。

（6）与其因成功而奖励孩子，不如因努力而奖励孩子。当孩子尝试新事物，努力想超越以往的成绩，试图以不同的方式来处理同样问题的时候，就是该对他予以嘉奖的时候了。

（7）让孩子学会在面对压力或挑战时仍能从容不迫。引导孩子在做事的过程中，树立一个相应的"快乐目标"作为完成任务的奖赏，从而增强自己对痛苦的忍耐力。例如，如果孩子能将每天长跑的距离从1500千米提升到2000米，那么在周末的休闲时分他就能吃到一份特别的小点心。要是孩子学会弹奏一首新的钢琴曲，并且第二周便在全家及客人面前演奏助兴，那么孩子就能受邀和家人一起去唱KTV。

（8）帮助孩子直面恐惧，战胜恐惧。让他们知道有些事情尽管心里会不安，但还是要去做。比如，父母同孩子一起去学习一种新的运动、乐器或语言，不怕出丑。

（9）不断尝试新鲜事物，正如前文所述，父母和孩子免不了要经历不少失败。让孩子明白失败是很正常的，但我们可以不断地从失败中总结经验。

（10）扩大全家的兴趣范围。我们会鼓励孩子尽可能多地阅读各类书籍，包括科技、体育、经济、地理等。这会帮助孩子们选择自己善长和感兴趣的领域深入钻研。

（11）培养发散思维能力。在我们3个孩子的成长过程中，我和他们的爸爸与他们一起做过很多锻炼发散思维能力的游戏。

创造力需要毅力

学钢琴的苦与乐

我学习钢琴的经历是一个典型的中国式故事。我4岁的时候，父母就开始让我上钢琴课。我父亲是在战争年代成长起来的，虽然他深深喜爱古典音乐，却没有机会学习乐器。为此他时常因自己不会弹奏任何乐器而感到遗憾，所以在我和妹妹出生后，我们就不得不学习乐器。

我至今还记得每周上钢琴课时提心吊胆的样子。被逼无奈的我每周要进行长时间的技巧训练和手指练习，那真是既无意义又烦闷的事情。我尝试各种方法逃避练习。我依然记得妈妈绕着庞大的钢琴追我，试图让我坐下来练习的情景。还有许多次我藏在学校的树丛里，不愿回家练琴。当我回家见到钢琴老师时，她总是摇头，知道我没有练习她布置的作业，就用铅笔打我的双手，再要求我抄写好多页曲谱作为惩罚。

到加拿大求学后，我仍然被父母要求继续学钢琴，为了得到最高级的证书，我还要继续上钢琴练习课和音乐理论课。当时我已经打算好，一旦拿到最高级别证书，就立刻放弃钢琴，再也不碰这个玩意了，从此永远摆脱钢琴给我带来的痛苦。

在我考到钢琴10级的时候，奇怪的事情发生了。我疯狂地喜欢上了流行音乐，每周总是虔诚地收听流行歌曲排行榜前40名的歌曲。也就是在那个时候，我原来的钢琴老师因为太忙，就把几个学习积极性较差的学生分派给她的儿子指导。我至今仍记得第一堂课的情形，他要我告诉他我最喜欢的流行歌曲，接着就在钢琴上逐一弹奏这些流行歌曲的旋律。他使我有机会练习自己喜欢的流行歌曲而不是那些古典的钢琴奏鸣曲。之后我发现练习多年的弹奏技巧对我弹流行曲非常有用。由于已经有足够的技巧，同学们花数小时才能拿下的歌曲，我仅用几分钟就会弹了。这激发了我积极主动地练琴的热情。同时，参与校园合唱队和音乐剧，给我打开了关于百老汇歌剧和爵士歌曲的全新世界，我能够自己演奏这些旋律，这实在太令人兴奋了。

今天，我对父母当初强迫我学钢琴充满感激。现在，我的孩子们若想听喜欢的流行歌曲，只要告诉我，我就会到互联网上搜寻曲谱，然后用钢琴演奏给他们听。实际上，寻找曲谱供我们的家庭乐队练习已成了家人在一起时最喜欢做的事情之一。

一项实验：陶艺作品与天分

上面这个听起来冗长而毫无新鲜感可言的故事和创造力及教育体制有什么关系呢？我经常看到那种极其擅长自己的技艺或专业的人，他们不仅有天分和创造力，而且能够勤勉自律地磨炼和完善自己的才能，以求把自己的事做到最好。

美国的一个陶艺班进行过一项实验。这个班一分为二：一半是最有天分的学生，另一半是剩下的学生。有天分的学生被要求提交出届时他们所能创作出的最好作品，关注的主要是质量；其他学生要求每天至少完成15件作品，只看数量，不论质量。

到学期末，两组学生的作品集中到一起，要求评审老师从中挑选出最好的作品。结果让所有人大吃一惊，最好的作品居然全都出自天分较低的那一半学生。为什么会这样呢？原因就在于4个字——熟能生巧。天分较低的学生通过反复实验，从错误中学会了什么管用、什么不管用，而天分较高的学生一门心思盯着质量，追求完美，结果他们没有经历过多少失误，自然就不能像别人那样从失误中学到东西。

MIT的非正式校训

MIT的非正式校训是：努力工作，努力玩。我们凭直觉就能明白这个道理，如果一个人不知道怎么好好玩，他就不可能喜欢他的工作，他的努力也就坚持不了多久，或者无法产生长期的效果。令人吃惊的是，整个学院有超过30%的学生是亚洲人。在东方文化里，我们很早就知道，只有刻苦努力才可以精通某项技能。

不过，我孩子的许多同龄人是在西方教育体系中长大的。在他们早期的成长过程中，没有人要求他们掌握九九乘法表或知道如何阅读，因为这些技艺强调重复性，乏味无趣。

在我的孩子体验过中西方两种教育体系后，我有了自己的看法：想要让孩子的创造力蓬勃发展，就必须让这两种表面看来矛盾对立的体系相互融合，彼此平衡。

我要求孩子们刻苦学习，记住他们所学的汉语字词或九九乘法表。与此同时，我也试着通过编一些有助于学习的游戏，使学习过程变得更有趣。我们需要帮助孩子带点乐趣地完成一些重复性的记诵类学习任务，因为这是在为以后发挥创造力奠定基础。

我母亲曾经多次告诉我，她不能回答我为什么我必须按她的要求去做事，但等我长大了，总有一天我会感激她。有时，父母确实不太善于说明白为什么有些东西对孩子来说非常重要或不可或缺，但我们必须坚持自己的立场：我们的孩子必须信任我们，按我们的要求去做。

虽然中国式教育擅长培养学生遵守纪律，获得背诵和考试技巧，但我们在如何让孩子始终带着好奇心、探索心去看待世界，以及培养和发挥孩子的创造力等方面，还要向西方教育学习。以下文字摘引自一个朋友写给我的信：

> 创造力不仅跟艺术有关，它同涉及创造性观念的所有领域都有关，从科学、教育、医学、咨询、运动、娱乐、政府管理、音乐、商业、各种形式的艺术，到大多数人生活的各个方面——谋生、抚养孩子、培养爱好——一言以蔽之，创造力涉及生活中的每一件事。孩子们要尽情地玩，他们比大人更加懂得怎样玩，怎样在玩中忘乎所以、乐此不疲。孩子的本性就是在玩的愉悦里忘了自己。孩子们可以嬉笑不止，欢欣鼓舞，尽情玩耍，而大人就做不到这样。因为孩子不必为生活的现实和随着成年而来的责任而担心发愁——当他们在成长过程中对此有所准备后，那些责任会来的。其实全身心投入到玩耍里，具有创造性的观念才会迸发出来。

跑步者的高峰体验与孩童纯真

我为自己没有放弃练习钢琴而心怀感恩。现在，我时常在琴凳上坐好几个小时，陶醉在自己演奏的音乐当中，常常还得要人提醒我该吃饭或睡觉了。

长跑运动员都有过一种体验：跑了前头几公里后会碰到一面"墙"，到那里他们开始想要放弃，因为实在是筋疲力尽了。然而，经验丰富的长跑运动员都知道，如果坚持住，继续跑，过了那面"墙"，人就会有"跑步者的高峰体验"——愉快幸福感,这时之前所有的努力都是值得的。遗憾的是,许多尚在训练中的人过早放弃了努力,从未有过"跑步者的高峰体验"。

身为父母,我们愿意寻找鼓舞人心的资源,让我们的孩子对超验的存在有惊鸿一瞥的机会。这些资源包括让他们接触优美的音乐,带他们观看专业的运动比赛,以及接触某一特殊艺术或活动的大师等。在他们的儿童时期,让他们接触各种各样的活动和游戏,这样可以帮助他们发现自己的兴趣,并激发出相应的学习愿望。

在我们想方设法教导他们形成勤奋学习的好习惯的同时,还有一项艰难的责任——保护他们宝贵的创造力,使之与勤奋学习的习惯保持平衡。这要求我们保护孩子的天真,因为天真在儿童身上自然地存在着,却随着长大而渐渐消失。

现在国内的教育体系很容易在不知不觉中剥夺和抹杀孩子天真的精髓——信任、欢笑和快乐。由于过度的学习任务安排和过早地往孩子们的脑袋里塞满信息(我们还经常不知道为什么这么做),他们的快乐和创造力就被扼杀了。为了激发他们勤奋学习的劲头,打好知识基础,来自学校和家庭的学业压力令他们受到恐惧和焦虑的折磨,有的父母还设定严格的界限,禁止他们尝试新鲜事物、发展新鲜观念。他们不被允许失败,从而失去了从失败中学会理解自然规律的机会。

增进自由的"漏斗模式"

一些西方的教育人士对增进自由的"漏斗模式"很熟悉:起初先给小孩以较少的自由,在他有了负责的行为,证明他值得信任后,再给他增加自由度,这样操作起来更容易些。如果他们已经习惯了放任自由后,再去剥夺他们的自由,难度就大得多。

国内的教育体系强调遵守纪律和刻苦努力。如果在时间上留出空挡供孩子游戏和休息,同时在维护孩子的自发性和好奇心上做更多努力,相信我们的教育就能走在世界的前列。

希望新一代的父母可以充分利用两种教育体系的优点，培养出具有创造力的下一代。而这一代将在他们选定的职业中努力工作，在艺术、音乐、舞蹈、电影、文学、科学、管理、司法、教育、经济、环境等方面，给世界带来祝福。

跟逻辑思考对立的横向思维

在与人们对话的过程中，总会听到争论的人以"你这不符合逻辑思维"来批评对方的说法或思路。逻辑思维就是一步步链接、前后一贯的思路，让整个过程有条理、有根据，符合逻辑的往前推进。逻辑思考属于纵向思维，是一种对上听命、对下指挥的思路。大的组织需要逻辑思维才能顺利运转，因为它的思路和行为要求有条理、可预料、能遵守规律。

但是，当一个组织或机构需要创新的时候，逻辑思维就会限制创造力的发挥并阻拦创新思路的出现。因此，创新所需要的思维恰恰是与逻辑思维相对立的横向思维。

横向思维（lateral thinking）的定义源自著名心理学家、生理学及医学博士爱德华•德•波诺（Edward de Bono）教授。他著有《6顶思考帽》（*Six Thinking Hats*）。针对纵向思维（vertical thinking），他提出了看问题的一种新程式、新方法。"横向思维"也可以翻译成"侧向思维"，即突破逻辑思维或纵向思维的从上往下、直线条的思路而扩展范围，往宽处发展。横向思维不按照程序、顺序，以及从起点到终点的流程走，而是从侧面、横向的方面去考虑一件事。这种思路往往可以将看起来没有任何关联的两件事情连接起来，催生出一个新的想法或创造出一种新的东西，造成举一反三的效果。现代的很多创新都源于横向思维。这也是这个时代的孩子需要学会的一种创新思维。

国内的教育体系不允许横向思维的发展与培养，因为我们的学校强调要遵守统一的思路和规矩，以便协助课堂管理，另外还有高考制度对考生的过滤。

因此，如果家长想要培养孩子们的横向思维和创造力，就需要通过体制外或家庭教育来补充。

"连点成面"的T型人才

凯安从小就喜欢与他爸爸一起烹饪。凯文、凯安两兄弟相处时也喜欢一起煮饭。于是，当凯安告诉我们，他现阶段的梦想是成为大厨，我们也就不大惊小怪了。有一天，放学回家的凯安兴奋不已地告诉我们一个好消息：一位非常著名的演讲家费兰·阿德里亚跟西班牙大使一起访问了他们学校。对凯安来说，这位演讲家的生活经历很是令人鼓舞。他是一位享誉世界的大厨，他的旗舰店El Bulli餐厅位于西班牙，人均消费大概是300欧元。即使费用如此高昂，等位也排到了3年后，依然阻止不了世界各地的人想去一品美食的冲动。在经营餐厅的同时，费兰·阿德里亚还在哈佛大学开设了分子美食烹饪讲座的公开课，他的课堂堂堂爆满，坐满了愿意花大价钱学习他那无与伦比的烹饪技术的人。费兰·阿德里亚的专长在于使用液态氮作为汤底，将食物中的液体冻结成球形食品。这样一来，烹制出来的食物外皮干脆，内里汤水鲜美，从而为享用美食的食客们上演一场炫目的舌尖上的盛宴。他的泡沫食物也是一绝，在他的巧手烹饪之下，普通的汤汁幻化成拥有非凡体验的泡沫，入口即化，如棉花糖一般。他在讲座时将自己定义为"创新者"，而不是简单的厨师。他在烹饪领域的创新都来自于他对物理和化学原理的深刻理解。所以凯安深知，在未来世界，如果想成为一个有创新能力、受人追捧的大厨，那么现阶段必须学好物理和化学。

之后我们全家在网上观看了一些他的教学视频。在视频里，他的食客脸上自然而然流露出的着迷表情着实感染了我们。

有一年我陪同两队中国高中生到MIT参加Eureka Fest 的发明展示会，与来自世界各国学校的发明队进行交流。赞助本次活动的基金会还将为那些可能改变未来世界的发明颁奖。值得一说的是，曾经获此殊荣的一些发明真的彻底改变了整个行业。

在每支队伍上台展示作品时，我都惊讶地发现：这些发明并不能简单地归类为某个特定领域，它们几乎都是跨学科、跨领域的。我惊讶地看到人体组织的纸张打印；通过量子物理学和复杂的计算机算法，按照种植原则培养出人体的肝组织层，随后植入小鼠体内进行药物试验；按照微流体化学原理，使用户看到高放大倍率影像的电子显微镜，如此等等，不一而足。

在惊讶于这些发明者各种奇思妙想的创新之余，我也越来越同意费兰·阿德里亚所说的"创新的未来必定是跨学科的"。这是什么意思呢？这就是说未来的创新者必定是T型人才。

什么是T型人才？T型人才是指兴趣广泛，但对一两个特定领域有着专注研究精神的人。电影《赤壁》中的诸葛亮就是一个典型例子。他懂一些诗歌、懂一些音乐、懂一些武术，但最重要的是，对这些领域的广泛涉猎加深了他对人类本性的深刻洞察力，并最终成了一个军事谋略大家。达·芬奇也是一位能创造高超艺术品、能设计和制造复杂机器的人才。T型人才懂得将自身涉猎的不同领域予以充分连接，并最终服务于自己的专长。他们清晰地知道，当自己在专业领域遇到瓶颈时，应懂得及时寻求他人帮助来连接各个点，完成剩余部分。这也就是为什么未来的创新需要团队的通力合作，需要来自各个学科的知识人才的共同奋斗，而不是依靠一个人在实验室里单打独斗。单打独斗的时代早就结束了。

当能够取长补短的团队尚未组建成功时，大部分的创新都无法走入市场。T型人才首先要清楚自己的长处是什么，短处又是什么。谷歌创始人拉里·佩奇和谢尔盖·布林便是典型的例子。当这两位科学家决意将自己研发的搜索引擎推入市场时，他们就认识到自己需要雇佣一个懂得搜索科技，但更懂得运营公司的首席执行官，以保证公司在迅速扩大的背景下能持续稳定地发展。他们两人了解自己的短处，知道自己的长处在于保证公司科技的稳固进步，而公司运营则需要更专业的人才。稳妥起见，他们雇了另一位专业的T型人才来从事两人不擅长的部分，自己则继续专注于专业领域的研发创新。

如何培养T型人才

当孩子还小时，我们希望他们多才多艺。然而，当他们读高中时，为人父母者则需要帮孩子选择一两个他们最感兴趣的爱好，并不断深化，促使他们往T型人才方向迈进。人的兴趣如果太多，就会越来越疲于分配时间和精力，无法成为某个领域的领头羊。但如果孩子只擅长于某一件事，他的未来很容易局限在某一处，缺少内部连接。

我认为，小学和初中是探索与发现兴趣爱好的阶段，而高中则是"修剪"的阶段，高中的孩子应当懂得去选择最核心的兴趣点深入开发，并使之成为自己的最强项。

T型人才的另一个典型特征是他们能不断学习和追求新兴趣，永远都不会忘记或忽视培养自己独特的"核心价值"。这也就是为什么我们做父母的在看到孩子的独特优势时，不要小气，要多给予孩子正面反馈，表达我们的肯定，鼓励他们敢于自我增值、乐于学习新知识和勇于探索的精神。

T型孩子的培养是有技巧的，并且需要长期不断地观察和反馈。对于那些对任何事情都想尝试一番的孩子来说，我们一方面要接纳，另一方面也要鼓励他们适当放弃一些喜好，并深入培养另一些喜好。对于那些将所有时间都放在同一爱好上的孩子来说，我们则应该鼓励他们多尝试一些领域，拓宽兴趣面。

T型人才是所有顶尖高校和企业都渴求的人才，因为他们能跨学科操作，综合不同领域的知识，为创新带来新突破。

我先生曾与一群自信满满的企业家和颇具潜能的雇员谈及"对T型人才的需求"这一话题。他认为，如果T型人才虽然拥有个人兴趣与特长，却缺乏正确的价值观及良好的个人品性，那么这样的人才便如同脱缰野马，难以驾驭。一个人再怎么才华横溢，如果缺乏稳固的价值观和人生观，是无法在成功的道路上走得长远的。只有奠定了坚实的品格基座，一个人才能为自身及社会带来长期稳定的效益，并使之最大化。

所以，除了培养孩子的T型才能，我们首先要确定的是他们的个人诚信是否有着坚实基础，并不断将之加固。为此，他们才能在人生的道路上走得更远，并获得最终的辉煌。

有益处的网络游戏和资源

很多教育业者将媒体视为洪水猛兽，认为孩子应该彻底远离媒体，对此我不太认同，我更倾向于适当合理地运用媒体。不管是电子媒介还是书刊，本身都是中立的，对孩子的影响是好是坏取决于其内容与如何利用。如果父母将电子媒体视为保姆的化身，那孩子将会与机器而不是人建立起关系，这种结果是不言而喻的。

父母应当是孩子最喜欢在一起的人，不管是一起看电视节目，在社区散散步，一起玩电脑游戏，还是一起做家务，关键是"一起"。在准许孩子单独玩任何游戏之前，父母都应该与孩子一起玩玩，检验一下是否适合孩子。这跟用钱和其他工具是同一个道理。我家的原则是："凡事我都可行，但不都有益处。凡事我都可行，但无论哪一件，我总不受它的辖制。"

与其担心电子媒体带来的负面影响，父母不如成为孩子使用电子媒体的守门人和指导者。与其放任孩子在网上与同龄人讨论最近的流行趋势和一些"必玩事项"，我建议父母采用"主动入侵战略"，为孩子找一些寓教于乐的网站。与其让孩子浪费时间在iPad上切西瓜，为什么不让他读读《国家地理》杂志或是玩一个蕴含物理知识的游戏呢？

我想抛砖引玉地推荐一些我的孩子小时候用于学习提高的小游戏。虽然今时不同往日，孩子们的喜好也在不断变化，但是经典永不过时。以下信息并不完善，但我相信，我们必能拥有越来越多的选项。

值得父母陪伴孩子一起玩的电脑游戏（美国）

2~8岁：电子书有《祖母与我》《尼克莱的火车》《贝贝熊》。游戏有 Fatty Bear，Jumpstart Preschool，Crayola Magic 3D，Freddie The Fish，Putt-Putt，Land Before Time，Busytown，Amazing Animals，Pinball Science。

为方便感兴趣的读者查找，我直接用了游戏的英语名称。请注意，这个游戏清单已有17个年头，罗列的电子游戏是美国小孩喜闻乐见的，也是在美国家庭长盛不衰的亲子游戏。当然，时至今日，有些游戏也许已经消失了。

对孩子有益的教育性质网站（英文版）：

（1）http://www.scratch.mit.edu

由一群MIT软件教授发明的学习软件编码的游戏。通过页面右上角的按键，可将页面的文字转化为简体中文。孩子可以通过玩游戏，学习写编码的基本原则，非常酷！在空间里有一个名叫Egpyt的小男孩的优秀作品，简直令人赞叹。

（2）http://www.arvindguptatoys.com/toys.html

这是一个印裔美籍父亲为自己孩子创造的网站。里面的虚拟玩具能帮助你和孩子度过一整天的亲子手工活动，一边玩，一边建立亲子关系，一边学习科学原理，三赢！

（3）http://www.howtoons.com

这是两个 MIT 校友免费为孩子们学习科学而设计的漫画网站。每个漫画教孩子一个科学概念，让孩子在轻松欢乐中，以玩的方式学习。学习科学是最好玩的活动了！

（4）http://www.worldwidetelescope.org/Home.aspx

微软的天文望远镜，帮助你去探索浩瀚神秘的宇宙。

（5）http://htwins.net/scale2

天文学网站，这个网站能让你感受宇宙之大。

（6）http://www.mathblaster.com

数学网站，这个网站能让数学给你的孩子带来新一轮的脑力大冲击。

（7）http://www.googleartproject.com

美术网站，这个网站能让人瞬间穿越到17座著名博物馆中观看名画，70亿像素的照片、软件的缩小放大功能让用户感觉比站在画面前看还清楚。

（8）http://www.brainbashers.com

这里面的内容有拼图、数独、游戏、谜语，不但可以将自己的大脑训练得更为敏锐，还能帮助你度过午后的无聊时光。

网络公开课

网络公开课是指基于资源共享原则，利用网络无远近、交叉串联的功能，在开放大学团队的主导下，通过电脑虚拟空间来营造网络公开课程。现在，在全世界已有225个国家和地区的参与者成为网络公开课践行者。

1. 部分很有影响的中文网络公开课

（1）可汗学院，网址是http://open.163.com/khan。

可汗学院（Khan Academy）是由孟加拉裔美国人萨尔曼·可汗创立的一家教育类非营利组织，主旨在于利用网络影片进行免费授课，现有关于数学、历史、金融、物理、化学、生物、天文学等科目的内容，教学影片超过2000段，机构的使命是加快各年龄段学生的学习速度。

（2）公开课视频课程，网址是http://www.gongkaike.tv。

一群坚信"教育应该免费，知识应该分享"的中国志愿者，他们广泛收集哈佛、耶鲁等世界名校的公开课，并进行对比整理，挑选出最优秀的中文字幕版本，使中国网民得以零距离地接受哈佛、耶鲁等世界名校名师的教育，志愿者的目标是通过互联网等技术手段，使教育为更广泛的人群服务，而不是少数成绩优异的学生。

（3）新浪网的哈佛耶鲁公开课，网址是http://edu.sina.com.cn/video/gongkaike。

从计算机科学到心理学，从欧洲历史到线性代数，通过新浪公开课客户端，同学们可以把来自哈佛、耶鲁、MIT，以及TED等全球顶尖学府和机构的免费最新公开教育资源揣在兜里、装在包里。

（4）网易公开课，网址是http://open.163.com。

网易已正式推出"全球名校视频公开课项目"，首批1200集课程上线，其中有200多集配有中文字幕。用户可以在线免费观看来自于哈佛大学等世界级名校的公开课课程，内容涵盖人文、社会、艺术、金融等领域。网易公开课翻译平台的目的是践行互联网精神：开放、平等、协作、分享，让知识无国界！

2. 部分很有影响的英文网络公开课

（1）MIT，网址是http://ocw.mit.edu/index.html。

MIT是免费开放教育课件的先驱，在它的网站上，提供了1800门课程的课件与作业PDF格式的下载。作为一所知名的理工科院校，在它的公开课程访问排行榜上，"物理：经典力学"、"计算机科学导论"和"线性代数"3门课程排名前三甲。MIT在中国建立了镜像网站，把所有课程翻成中文。

（2）加利福尼亚大学伯克利分校，网址是http://webcast.berkeley.edu；http://itunes.berkeley.edu。

加利福尼亚大学伯克利分校提供的课程和视频讲座，始自2001年秋季学期，涵盖了从哲学、人类学到物理学、统计学，同一门学科有若干个版本。如果想跟踪教授布置的作业和课堂笔记，可以点击该教授的网页，通常教授都会从第一堂课起留下网址。

（3）斯坦福大学，网址是http://itunes.stanford.edu。

（4）普林斯顿大学，网址是http://www.virtualprofessors.com/directory/university/princeton。

（5）哈佛大学，网址是http://www.extension.harvard.edu/open-learning-initiative。

（6）耶鲁大学，网址是http://oyc.yale.edu。

（7）加州理工学院，网址是http://features.caltech.edu/features/287。

3.英语高校认证网络课程

（1）edX（包含MIT、哈佛大学、加利福尼亚大学伯克利分校），网址是https://www.edx.org。

2005年，哈佛大学和MIT联合创建了一个在线的免费开放大学课程项目：edX。课程的形式主要由在线视频、网页插入式测试，以及协作论坛组成。学生上完课程后会获得一个不同于全日制大学的技能证书和成绩。

（2）Coursera（免费在线大学课程，共有16所大学加盟，其中包括斯坦福大学、普林斯顿大学、加利福尼亚理工学院、宾夕法尼亚大学），网址是https://www.coursera.org。

Coursera是由斯坦福大学教授 Andrew Ng和Daphne Koller创建的，该网站旨在同顶尖的大学合作，帮助他们创建在线免费课程，课程以计算机科学为主。Coursera的运作模式是注册上课，有固定的授课时间和家庭作业等，任何人都不需要付费便可以收听到顶尖的计算机科学课程。

在介绍了这么多有益的网站之后，我还想和父母与孩子们说一句：要明智地设定限制条件，学会掌控电子媒介，而不是成为电子媒介的奴隶。

智商应用篇

游戏化的学习更有效率

我的朋友 Yu-Kai Chou不仅是一个成功的创业者、TED 讲座的讲员，他还是作者，更是行业内很受人尊重的游戏心理专家。在《游戏化实战》一书中，Yu-Kai通过八角行为分析法说明会导致一个人沉迷游戏的8种驱动力。

在这些驱动力中，有他用"白帽驱动力"形容的正面驱动力，如给人使命感、成就感、创造力和社交带来的归属感，还可以让人有所有权或荣誉感。同时，也有他用"黑帽驱动力"形容的负面驱动力，比如，对未知的好奇、逃避惩罚或损失、等候稀缺的机会或物品，或者拥有所有权、社交影响及关联性。

你知道你孩子爱玩什么游戏吗？他玩游戏的驱动力是什么呢？游戏本身其实是中立的东西，关键是作为"大脑营养师"的父母如何利用游戏的驱动力来引导孩子玩对他有益处的游戏。

孩子在童年的时候，他的学习就是玩，因为从周围世界获得的一切知识都是通过满足好奇心的探索而玩出来的。很可惜的是，到了小学以后，学习原本应该也是很好玩的，但却因为升学压力和教室秩序管理的需要，变成产生压力和负面情绪的工具了，失去了它本应有的"好玩"的魅力。如果家庭教育扮演的角色是学校的互补，我们需要帮助孩子重新把学习的乐趣带回到他们的生活里，使家庭生活的点点滴滴尽量游戏化，让做作业、做家务、餐桌讨论、礼仪训练、建立和达成目标等，成为好玩的游戏。从这个角度来看游戏化家庭生活的细节，Yu-Kai 的8个驱动力可以成为我们很好的指南。

（1）可以将完成一页计算题设计成跟定时器比赛的紧张游戏，赢的人能升级到下一页的挑战，并最终赢得"胜利点心时间"。

（2）对于孩子好奇而我们不知道答案或者没时间好好回答的问题，可以在笔记本上记下来。以后大家可以开展一个"寻宝游戏"，为这些问题搜索资料，然后在餐桌上"献宝"，分享自己发现的信息，进行一场精彩的餐桌讨论或辩论。

（3）扫地也能变成一种游戏，给孩子带来成就感，尤其当我们把这个"家务"游戏级别化，让他每完成一件就能升级到上一层时。

（4）培养一个新的礼仪或习惯也可以成为一个游戏，父母与孩子们比赛，看谁能连续坚持7天并最终建立一个新的礼仪或习惯。

（5）我们家的3个孩子通过"铜牌／银牌／金牌／白金牌"的游戏，在8岁时就通读完英文圣经。每次升级后，他们都能获得一套乐高机器人。爱玩的爸爸经常是家庭生活游戏化的带头人，他总能把一件枯燥的事情变成挑战大、完成以后很有成就感的游戏。

（6）在为孩子选择电子游戏时，我们可以让他自己下载，也可以陪他寻找有益又好玩的游戏。我们可以陪他一起玩、一起从游戏中受益，也可以让他凭自己的判断能力下载游戏。当你的孩子觉得无聊时，或者你需要他安静地自己玩、不要来打扰你时，或许他会去切西瓜、玩愤怒的小鸟，或者玩植物大战僵尸这类中立的游戏，也可以玩"王者荣耀"这种玩一点可以满足社交需要但玩多了也会上瘾的游戏。其实，我们也可以引导孩子去玩能培养他思考和创新能力的"我的世界"、能学到物理学原理的"弹球科学"、从小学就能学会编程的Scratch。此外，孩子可以在一些手工网站上用垃圾做玩具、学习数理化，还可以在一些美术网站上看到世界最有名的博物馆里收藏的美术品。《有益处的网络游戏和资源》一节提到了这类游戏网站的地址。同样是玩游戏，因为有了你这个"大脑营养师"的引导，陪着孩子一起玩、一起探索神奇的网络世界，结果会完全不一样。

就像每个时代流行的东西一样，能够抓住人心的东西肯定有它的魅力。与其排斥或妖魔化它，不如去了解它，利用它来做有益的事。家长们，我们是否需要开始动动脑筋，迎接挑战，让家庭生活和学习中的游戏变得好玩又有益呢？

在家训练孩子的批判性思维

运用苏格拉底式提问法

因为国内的教育系统花费大量时间和精力在更注重聚敛性思维的考试技巧上，所以我们做父母的难以期望学校去培养孩子的批判性思维能力。如果家庭教育不能填补这个缺失，那么，我们孩子思考问题的方式极有可能被僵化。

为人父母最重要的任务就是保护孩子的想象力，以及探索未知事物的欲望。当他们发问时，需要引导他们远离那些简单的非黑即白的问题，训练他们能够逐渐问出有质量和有深度的问题。这也就是为什么在演讲结束的交流环节，大部分演讲者对发问者表示赞许时，会首先肯定他们的问题："这是一个很好的问题。"我和先生在家也经常这么称赞提问方。一旦养成勤于发问的习惯，孩子的自信就能得到巩固，在未来的生活中才能问出更多好问题。

苏格拉底式提问法之所以能成为一个伟大的教学方法，是他发现直接给出答案会使孩子没有足够的时间自己处理信息，而回答一个富于启发性的问题则会引导孩子独立地花时间去全面思考，最后自己得到答案。这个过程需要的时间比较长，随着越来越多的信息被拉进来参与得出结论，大脑需要创建新的神经元连接并深化原有的神经元连接。当孩子最终自己得出答案时，他便能"内化"这份感悟，使知识变成自己的"洞察"。

两年前，小儿子凯安对那些飞进屋子，破坏家庭聚会的蚊子深恶痛绝。他问我为什么上帝会造出这种毫无正面存在意义的生物。当时正沉浸于大富翁游戏的我们没有精力去思考这个问题，但我们没有简单地跳过不提，而是将其记在我们的思考"停车区"，就是将所有目前没有机会讨论的问题集中在一起，等之后有时间了再统一解答。之后，寻找这个问题答案的任务被分派给了凯安和我，从而引发了我们俩之间的一轮讨论：

首先，我们质疑了"蚊子没有正面作用"这一假设，于是先出动寻找能支持或是明确反对该说法的资料。经过一番查询之后，我们发现，蚊子对于植物的授粉有积极意义；除此之外，它们在食物链上是其他昆虫和青蛙的食物，蚊子的灭绝会破坏食物链，引发一系列严重后果。这两项数据首先推翻了"蚊子没有正面作用"这一假设。

让人惊讶的是，调查还揭开了我们之前并不知晓的事实。比如说，之前我们以为世界上就存在一种蚊子，但其实在世界上蚊子的种类超过了3500种，而会叮人的蚊子只占一小部分，且这些都是雌蚊子。

我们之前还假设蚊子之所以叮人是因为将人血当成食物，这一认知也在调查中被推翻。原来蚊子叮人是因为需要血液中的蛋白质分子进行产卵，而最佳血液并不是来自人类，而是老鼠或水牛。然而，城市中人类的数目远远超过老鼠与水牛，所以它们选择叮人类。

蚊子叮人之后，我们之所以会觉得痒，是因为蚊子在吸血时其唾液会混在血液里，阻止血液凝结，这样一来，蚊子便能吸取足够它们产卵的血液。之后人体肌肤的免疫系统启动，保护我们免受这些外来物的入侵，从而产生了痒的感觉。这也就推翻了之前"蚊子的叮咬只会带来负面作用"的认知。

在整个查证分析的过程中，凯安一直都兴致盎然。虽然他提出的"蚊子无用论"被推翻了，但在求证过程中，他又提出了新的问题，比如：为什么其他的昆虫没有这个能力？为什么雌蚊子非要选择这种方式产卵？为什么蚊子不叮咬其他生物呢？这些问题又引导他进行更为深入的研究。总之，关于最初的问题，最后我们得出的结论是：蚊子并不是一无是处。于是，我们决定想一个万全之策将蚊子赶出我们家，妥善处理那些飞进家门但并非一无是处的家伙。

这次调查之后的夏天，凯安与我找中医进行了一次拔罐治疗。因为凯安身上有湿气，拔罐后他的皮肤上出现了黑色的瘀血。凯安记起来，他的研究并没有涉及蚊子吸食人血后遗留在人体上的唾液与人体皮肤之间的反应。他很好奇能否在被叮之后马上把蚊子的唾液吸出来，这样是否能够及时避免蚊子唾液与人体产生反应，不再让人产生痛痒的感觉？他向医生讨教了自己的想法，医生回答说，虽然他没有试过，但是他认为这个方法很可能会奏效。于是，我们向医生购买了一套拔罐用具来实践凯安的想法——拔出蚊子唾液。医生卖给了我们一副小型拔罐器，并手把手地教我们如何使用。回家后我们就开始实验。令人兴奋的是，这个办法真的见效！

凯安用拔罐的方法来制止蚊子的叮咬所带来的痛痒感，整个过程他切实遵循了科学的实验方法：首先提出一个假设，随后制订步骤来检验这个假设，而最终的实验证实了他假设的可行性。

一个小小的蚊子叮咬问题引导着全家走上了科学探究之路，并找到了一种解决这种恼人问题的科学方法。如果我在一开始只是制止孩子的抱怨，简单地递给他一瓶清凉油，将他的问题视为对蚊子叮咬的抱怨而已（虽然一开始我确实认为他是在抱怨），那就不会有之后一系列的学习和调查了。其实，有很多这样的抱怨被我不以为然地忽视了，只因为我和他爸爸没有那么多时间亲自引领孩子们利用好这些可教育的机会。说到这里，也许有的父母会有疑问：这样的学习对于提高凯安的学习成绩有帮助吗？这能体现在他的大学申请表格中吗？答案当然是否定的。但这么做对提高孩子的思考能力和细微地观察生活的能力绝对有所裨益，至少现在我们找到了一种解决蚊子叮痒的科学方法。

以下是父母与孩子之间聊天时，我觉得需要注意的地方。

（1）培养孩子的好奇心和兴趣，在他提出问题时，多跟他善意地唱唱反调。我的孩子们都很喜欢别人跟他们"唱反调"，因为这能帮助他们将自己的想法理清逻辑，变得条理清晰，并使之反思到底为什么会这样想。二儿子凯恩在当地学校读书时，曾多次遇到了这样的问题：他在学校学到的许多东西都跟他之前所学的完全不同。面对前后教育的种种冲突，凯恩学会了以尊重为基础，综合比较种种观点、假设、证据，多角度出发，最后得出足以使自己信服的结论。在这个过程中，他学会了如何区分事实与未经证实的小道消息。如今，当他听到一些"宣称"时，他能自然而然地结合相关信息作出判断，而不是人云亦云。在经过多方辩论、调查、检验后，我们得出的认知才更能站得住脚。真金不怕火炼，但锤炼必不可缺。正因为如此，凯恩形成了自己的一套独立于老师和父母的价值观和信念。在家庭交流时，双方都应将自己的价值观和信念一一阐述。这样的谈话对于培养家庭价值观裨益良多，并能让家庭成员彼此尊重。

（2）如果你的孩子有一个新想法或者假设时，试着让他运用批判性思维能力去想想这个主意不成立的几种可能。如果不能运用，如何才能达到原始目的？科学方法的存在意义是为了证明事情是错误的，而不是证明其是正确的。如果你尝试了所有的实验方法都没能证明你的观点是错误的，那么很有可能你的假设是站得住脚的。这种类型的练习与发散性思维有关，又叫作"头脑风暴"，这样就不会在一开始就低头认错，乖乖认输，而错失深入下去的机会。

（3）开始于小想法，着眼于大主题。当孩子还小时，千万别妄想让他一口气吃成一个大胖子，比如，跟他探讨一些他根本就理解不了的主题，和他讨论一些他根本掌控不了的话题。放心，他们自有层出不穷的奇思妙想。我记得儿子们曾经问过如下问题：蠕虫会打哈欠吗？鱼是如何睡觉的？这些问题实在超过了我的回答能力，他们大约是在5岁的时候用这样的问题难住我的。

（4）在开始回答孩子的问题之前，在搜索相关问题的答案之前，鼓励孩子首先提出一个自认为合理的答案，这是培养他用科学的方法探讨问题的基础步骤。

（5）除了通过鼓励孩子发问来保护孩子的好奇心，我们还可以指导他们问一些有思想深度的问题。首先，我们要明确的原则就是：没有问题是愚蠢到不能问的。其次，那些并非简单的"是"或"否"就能应付的问题要比那些非黑即白的问题好上千万倍。当我们问这些具有"引导意义"的问题时，我们可以尝试将孩子的思维引至一个特定的方向，这是一个非常好的教学方法。检验潜在的假设和前提，对于引导性问题来说必不可少，因为批判性思维的基础就是构造牢固的前提和假设。如果这两者都是错误的，那么之后所有的询问和思考都是空中楼阁。比如说，你为什么认为鱼需要睡觉呢？这是为了引出"鱼是如何睡觉"背后的一系列问题。你认为鱼是如何睡觉的？这个问题会引导他提出假设，最后通过研究找寻答案。如果最后他的假设被证明是对的，那么他的成就感就会油然而生，也许会衍生一些他自己也想不到的问题。

（6）培养孩子独立做决定的能力，并教育孩子在做决定之前要三思而后行。种什么因结什么果，这不但能增强他们的批判性思维能力，还可以增强品格和个人信念。懂得如何做出明确决策，不但能对孩子的未来有重大影响，还能最终决定孩子在家庭、社会、国家中的影响力。比如说，孩子也许会问你："今晚做作业之前，我能不能先玩一会儿电脑？"如果对于电脑的使用，你并没有制定任何制度，那这就是一个跟孩子设立规矩的好机会。无规矩不成方圆，只有如此，你才能保证孩子应懂得保质保量完成当下最重要的事情。

你可以从这样的问题开始入手："你一天大概要完成多少作业？"接着，与孩子一起估算并统计出完成作业、吃饭、冲凉、读故事、洗漱、以及预计其他不确定活动所需要的时间。与孩子坐下来过一遍晚上的日程表，计算需要用的时间长短，从上床时间开始往前倒着推算。根据你收集的资料，让孩子自己决定哪些活动是没任何商量余地的、哪些是可以灵活分配的（作为父母，你当然需要说清楚你认为不可变更的事项及其理由，且理需服众）。接着，写下所有的必须事项，以及时间的具体分配。这个批判性思维过程的历练远比一个简单的"否"来得有意义，因为这样一来，就将孩子推到了主导地位，整个过程他都在不断地思考问题、寻找解决方案。当然，在这个过程中，为人父母者需要扮演好引导者的角色，用合适的问题来引导孩子找到最佳答案。

在家帮助孩子培养批判性思维的技巧

1.针对幼儿园阶段的孩子

（1）对比两张图片，看看有哪些地方不一样。

（2）猜猜我在想什么：每个人想想家里的某个物品。大家轮流提问，他只能用"是"或"不是"来回答，直到有人猜中这个物品，这样轮流进行。问题通常从物品的大小、位置、材料等。在车里、排队、无聊的时候，这都是既消磨时间又很有意义的活动。

（3）在日常生活中，要养成多征求孩子意见的好习惯：请他给出意见和选择的理由，让他分享他当天在学校与好朋友之间发生的事，还有他觉得为什么他的同学会这么做。在此过程中，去质疑他的假设和前提。我们家经常对彼此说的一句话是："不要假设，因为假设总是给你我之间制造状况。"

2.针对一年级以上的孩子

（1）尝试让孩子与家里的亲朋好友进行一场辩论赛，你可以在辩论中采取与平常相反的立场，这样能更好地锻炼他的思维能力。

（2）一旦孩子提出问题，请帮助孩子辨认、质疑并挑战那些未知的假设和前提，直到这成为一种习惯。与其用那些令人沮丧的随便捏造的答案，或是简单粗暴的"不知道"来应付孩子，不如跟孩子一起去找寻答案。如果你并没有足够的时间去回答问题，那么创造一个"停车区"，将那些没有搞清楚的问题收集起来，等到将来时间宽裕了再继续探讨。

（3）请你孩子的朋友到家中玩集体游戏，当孩子们齐心合力解决问题时，是训练孩子批判性思维能力的绝好时机。

（4）与孩子一起下棋或打牌。玩那些能刺激批判性思维的游戏，如数独、迷宫、解数学难题，或猜谜语，这些都是很好的选择。

3.针对三、四年级以上的孩子

（1）教孩子使用一些管理工具，如清单、表格、图形和图表，将复杂的事情分化成小单元的可消化的任务块，寻找和建立各个组成部分之间的关系。

（2）在争论中确定前提的稳固和万无一失。前提是已知或假定事实的基础依据。孩子在解决问题时，应当首先思考那些潜在的前提，并将这些稳固可信的前提转化为稳固可信的答案的依据。比如，我们说："抢救了这位女孩的医生是她的家长，但是她并没有叫医生爸爸。"这句话存在两种前提，一个是家长是医生，第二是医生并不是女孩的爸爸。很多人一听到这样的说法，第一反应就是那位医生是男的，当我们去质疑前提，便可以得出可信的结论：那位医生是女孩的妈妈。这里还有更多类似的例子：

两个父亲和两个儿子出去猎兔子。他们一共猎到了3只兔子，但他们每个人都带了一个兔子回家吃晚饭。这可能吗？

一个年轻女人扔了几枚硬币在一个乞丐的碗里。这个女人是乞丐的妹妹，但乞丐不是她的兄弟。这两人有什么关系呢？

每分钟一个细菌分裂成两个细菌。晚上5点，你把一个变形虫放在盒子里。下午6点盒子里满是变形虫。那么一开始盒子是半满的吗？

猫落在一个20米深的井内，假设每一天它往上爬5米，但是每个晚上它要滑下4米。那么它爬到井口需要多长时间？

一排有6个玻璃杯，前3个装满了酒，最后3个是空的。只通过移动一个杯子，怎么能让满与空的玻璃杯交替排列？

3个女人把自己的伞放在门前，在出门后其中两位妇女正确拿走伞的概率是多大？

（3）与孩子一起讨论报纸和杂志上的文章，问问他的意见，以及他形成这样看法的原因。然后问问他，别人可能持何种意见，以及他们为什么会得出那样的结论。看看他能否找到一些偏见，以及找到支持这种观点的事实。

（4）博物馆是一个保存了城市文化的美好去处。计划好足够的时间与孩子一起去特定的博物馆探宝吧。多花点时间在每个展区细细品味，用苏格拉底式的提问法引导孩子学习。

比如，北京的中国科技馆里面有很多不同的展览。每个展览都包含了很多的科学理念。如果我们用说教的方法把枯燥的知识展现在孩子面前，而没有把知识简单化并应用到生活当中，孩子很快就会丧失学习的兴趣。反之，如果我们能够用提问的方式，并提供动手机会让孩子体会展览中所蕴藏的科学理论，让孩子经过动手操作而跟理论发生亲密的关系，孩子不但会兴趣浓厚，甚至会因为一个展览而发散自己的思维并产生新的兴趣，主动去寻找更多受启发而萌生的问题。

有一次，中国科技馆里有一个和桥梁有关的展览。我曾经在国内学校担任志愿者，用一个学期的时间辅导五、六年级的孩子们在课外班中参与建桥比赛，我深知这个展览主题能引起孩子们非同一般的兴趣。这个展览提及了各种不同的桥梁，还有一些真实的桥梁影像资料（比如，旧金山的金门桥）和它的相关知识（何时建立、地点、高度等），但是却没有更深一步地分析和解释为什么会有这几种不同的桥梁，以及各种桥梁的优缺点是什么。

另外，这个展览还让参观者通过观察桥一侧如同彩虹一般的五彩线条，让人们了解到主要着力于桥梁中央的压力是如何被有效分散于桥梁各个部位，桥梁各部分是如何承重的。我们虽然能看到板桥、拱桥和吊桥，了解不同桥类的名称，但是却依然不了解为什么这些桥梁会被设置成不同的结构，用处在哪里，各种桥梁的优缺点在哪里。我在科技馆问了凯安如下一些引导性问题：

• 每一座桥都有功能。你能够观察到几种功能？（训练发散性思维，没有对与错，答案越多越好）

• 每一座桥都需要承担重量，重量可能来自什么东西或什么地方？（训练发散性思维，顺便让孩子用他的想象力编一个故事来给这座桥制造压力，比如海啸、大雨、洪水、闪电等）

• 重量会给桥梁有的部分施加压力，有的部分带来拉力。要是我们在桥的中间往下压，拱桥的哪些部分会承受压力，哪些部分会承受拉力？板桥和吊桥的情况呢？

• 什么样的材料适合承受压力或拉力？什么材料不适合，为什么？（训练发散性思维和批判性思维）

• 材料的形状跟它所能承受的压力大小有关吗，为什么？（可以把周围的一些材料拿来做试验）

• 什么样的形状比较适合承受压力或拉力？（训练批判性思维和搜索能力）

• 你会在什么情况下建立板桥、拱桥或吊桥？为什么工程师会选择在金门建造一个吊桥而不是另外两种桥？

• 在建造一座桥的时候，会有什么样的限制？比如：时间、材料、金钱，以及两岸的距离、地理、气候环境等。（训练发散性思维和批判性思维）

• 什么样的桥比较适合室内？什么样的桥适合室外？内外会有什么不同的因素影响你的设计？（训练发散性思维和批判性思维）

• 假设我们有两个岸（用4块砖头垒成的），你会建造什么样的桥？为什么？

从以上这些问题延伸到动手实验：回家用一次性筷子、胶水、吸管（也可以把纸卷起来代替吸管）和胶带，来建造不同的桥梁，测试哪一种桥梁能够承受最大的重量，然后改造最基本的设计，让桥梁能够更坚固，更经得起风吹雨打，更美观。

在家训练孩子的发散思维

创造力需要将看起来对立的两种思维结合起来。在解决问题时，一个人首先要用发散思维想出最多种可能的解决方法，然后再从中用聚合思维选择一个适合眼前情况的最佳答案。我们可以利用全家在一起的任何碎片时间玩一些发散思维的游戏。下面是一些建议：

（1）**扩大全家的兴趣范围**。鼓励孩子广泛阅读。我们家订阅了大量的杂志，内容涉及科技、体育、建筑、商业、经济、地理和时事新闻等。整个家像是个大书房，到处都放着书，不仅有时下流行的，还包括古往今来的世界经典名著。全家人一起听各种音乐，现代的、摇滚的、爵士的、经典的都有。全家人也经常一起观看体育比赛、参加体育项目，如网球、足球、棒球、羽毛球、篮球、滑雪、游泳、滑冰等。我们还常常一起看不同风格和类型的电视节目，既有供人消遣的娱乐节目、喜剧，也有题材严肃的戏剧、百老汇的音乐剧、管弦乐演奏和纪录片等。读者看到这些活动清单，也许会觉得离现实很遥远。其实，这些事情并不是在同一时间内同时进行的。在一段时间内，全家的兴趣可能都集中在某种新鲜的事情上，就会把其他事情先搁在一边，等最初的热乎劲儿一过，就又回到原来热衷的事情上。因此，我们家的孩子所获取的知识和信息范围很广，也有不少实践经验。这样，他们在处理问题时，常常会突发灵感。我的意思是，没必要样样在行，但要兴趣广泛。通过接触大量信息及活动，孩子可自行选择能作为自己特长而深入学习和钻研的事物。

（2）**培养发散思维能力**。我的3个孩子在成长过程中，和我们一起做了很多能锻炼发散思维能力的游戏。比如，在度假途中，在乘汽车、公交车或飞机时，和孩子一起玩文字游戏。玩的时候，可以先确定一个成语模式，然后大家轮流说出与其类似的一系列成语。如果是英语单词，就先定一个首字母，然后让大家说出以其开头的单词。有时会以一种家居用品为主题，时间限定在5分钟之内，让大家尽可能多地说出其潜在的各种用途。

（3）**从家里找一些问题，让孩子解决**。比如，我们住在北京时，在家的后院种了一些西红柿，需要为它们搭一些架子。我们夫妻跟老三凯安玩游戏，每个人在5分钟内把衣架拆开，为西红柿搭架子。又比如，为千买了一个iPad，需要一个支架。我们就比赛用乐高为 iPad 搭架子，最后选择一个既实用又美观的款式。结果，凯安的作品是最有创意的，不但能放 iPad，还能像变形金刚一样成为一辆车！这类解决问题的方法，能让孩子们看到一个问题的答案有无限可能性，也能开阔他们的眼界，从别人的解决方法上得到更多启发。其实，生活中的每个角落都充满了适合家人一起解决的小问题。只要我们努力寻找，勤于思考，不仅可以改善生活，也能帮助到周围的人。当解决问题成为一种生活方式，发散思维也就很自然地增加了。其他有名的发散思维游戏包括：

- 用报纸和胶带搭建最高且不会倒的塔。
- 用面条和棉花糖（或果冻糖）搭建最高且不会倒的塔。
- 北美很多学校会举办丢鸡蛋比赛。每个人用纸和胶带做一个保护性的外壳，把鸡蛋放到里面，然后从高楼的阳台上把鸡蛋和外壳一起往下丢，看鸡蛋是否能保持完好无损。很多学校每年还会变换材料，比如，会用吸管和回形针，或者纸盘和胶带等。每次丢鸡蛋比赛都在锻炼发散思维。
- 纸飞机比赛：用不同的方法和创意叠纸飞机，看哪一架能飞得最远。
- 搭桥比赛：用木筷子、冰棍棒和胶水搭建结构不同的桥，看哪一种桥能承担最大的重量。

这类游戏很多被称为"头脑风暴"游戏，为的就是让参与者在有限时间内针对一个问题或主题想出最多的答案。

在家训练孩子的横向思维

凯恩从小就对走迷宫、猜谜语、做数学题及玩绕口令这些游戏很感兴趣。我们也经常陪他一起玩他感兴趣的益智游戏，并向他推荐各种书籍和资源以挑战他。其中，凯恩最喜欢的是横向思维游戏。下文的内容是他从孩子的角度描述什么是横向思维，以及父母平时在家应该怎样培养孩子的横向思维能力。

以下是凯恩的举例：

一个男人正在一所戒备森严的监狱服刑并被严密监控着。一天他收到了妻子的一封来信。在信中，妻子询问道："我应当何时种后院的土豆？"男人很快回信道："亲爱的，不要在后院种土豆，因为那是我藏枪的地方！"不久之后，他又收到了妻子的一封来信："有人来将我们的后院翻了个底朝天，可是没见到枪的影子啊。"男人答道："现在你可以种土豆了。"

这个故事算得上是对横向思维法的形象诠释。不同于批判性思维或分析思维，横向思维侧重于用有创意的方法解决问题。上述故事里的那个男人，透过横向思维，将耗时费力的日常问题通过富有创意甚至不同于常规的方式解决了，还使得旁人为其聪明才智折服。其实你也可以做到！横向思维模式是培养创新能力和创造力的关键，但是很遗憾的是，横向思维模式难以在学校或者工作场合里习得。

横向思维模式可以化解为5个易于理解的步骤。在培养孩子的过程中，每一步都能通过玩一些简单的益智游戏来实现。我小时候与家人在长途旅行或是在餐厅等位时玩过很多这类游戏。实现这些，只需要记住一个关键：没有什么问题或游戏是愚蠢或者随意的，只有创造一个积极肯定的氛围，孩子才能学会运用横向思维的技巧。

第一步，随意想象

培养横向思维的第一步就是学会富于创造力、不拘泥于常规的思考。在"灵光乍现"的一瞬间，你的大脑也开启了横向思维的第一步。

"自由联想游戏"是培养横向思维的一个经典游戏。首先，一人给出一个词语，第二个人听到后迅速反应，在第一时间内给出大脑立刻浮现的词汇。比如，"蜜蜂"下面联想到"抓痒"，然后"洗澡"，然后"香水"，如此等等，这个游戏能带来一些笑话，或许是惊喜。还有一个常常让人忍俊不禁的游戏叫"故事接龙"，首先第一个人随意讲一句话，奠定整个故事的基础，接下来第二个人根据前一句话的内容进行故事接龙。最终成形的故事总是因为一些意想不到的内容而变得曲折丰富。在我家，另一个深受追捧的亲子游戏叫"疯狂LIB"，即一个需要填空的故事，填空时没人知道故事情节，空格处可以是一个名词、动词、形容词，甚至是副词。每个人按照自己的理解来补充词汇，产生新的故事，并大声朗读出来。这样一来，因为是随机填空，故事可能逻辑混乱却有很多笑点。下面是一个根据凯安的作文《拖拉的小狐狸》可以玩出来的"新故事"，在这里抛砖引玉。

拖拉的小____（动物）

从前有一只拖拉的小____（动物），它写____（名词）总要写好几个小时。

有一次，小____（动物）从学校回家，妈妈对小____（动物）说："我们今天要出去吃好吃的东西——____（名词）、____（名词）和____（名词）。"小____（动物）馋得口水都要流出来了，赶紧跑进屋子里写____（名词）。它只用两分钟就写完了，兴冲冲地跑到妈妈跟前说："我写完____（名词）了，咱们去吃东西吧！"谁知妈妈说："今天外边堵车太____（形容词）了，我们去不了了！"

第二天，小____（动物）从学校回家，妈妈又对小____（动物）说："快一点儿吧，我们今天要出去吃饭！"小____（动物）不理妈妈，回到屋子里慢吞吞写它的____（名词）。写着写着，还没写到半截儿，妈妈走进____（名词）对它说："你太慢了！我们要先出去吃____（名词）了！"

小____（动物）____（形容词）地说："哎呀，我不应该那么____（形容词），把____（名词）都拖掉了！"

我们玩了这个游戏，下面是我们的填空：

动物：老虎

名词：飞机

名词：电梯

名词：地毯

名词：杯子

名词：垃圾桶

名词：桌子

形容词：开心

名词：蝙蝠

名词：巨石

名词：iPad

形容词：可爱

形容词：好玩

名词：水瓶

产生的新"故事"：

拖拉的小老虎

从前有一只拖拉的小老虎，它写飞机总要写好几个小时。

有一次，小老虎从学校回家，妈妈对小老虎说："我们今天要出去吃好吃的东西——电梯、地毯和杯子。"小老虎馋得口水都要流出来了，赶紧跑进屋子里写垃圾桶。它只用两分钟就写完了，兴冲冲地跑到妈妈跟前说："我写完桌子了，咱们去吃东西吧！"谁知妈妈说："今天外边堵车太开心了，我们去不了了！"

第二天，小老虎从学校回家，妈妈又对小老虎说："快一点，我们今天要出去吃饭！"小老虎不理妈妈，回到屋子里慢吞吞写它的蝙蝠。写着写着，还没写到半截儿，妈妈走进巨石对它说："你太慢了！我们要先出去吃 iPad 了！"

小老虎可爱地说："哎呀，我不应该那么好玩，把水瓶都拖掉了！"

第二步，疯狂的头脑风暴

在大脑经过随机的、不同常规的锻炼后，还可以进一步激发脑内的疯狂因子。通过鼓励超前想象、夸张、逆转甚至是"歪曲"事实真相，可以在无形中锻炼人的思维能力。这一步对横向思维的形成至关重要，因为非常规的思维往往能碰撞出创新的火花。比如说，你可以与孩子一起创建一个单子，陈述所有最具挑衅的场景，然后选出最不可思议的方法，引导孩子的思维冒出一些新点子。比如，想象一下如果一颗流星击中我们的小镇，会引发什么后果？并设想各种不同的场景，要一个比一个大，最后制订一个灾难复原计划。通过这种"如果……那么……"的头脑风暴锤炼，父母与孩子的大脑都能跳出固有的思维模式，变得更为开放。

第三步，横向发展并比较各种不同的思路

到了这一步，大脑已经具备开放性思维能力，是时候暂时回归理性和现实了。毕竟，如果所设想的都是一些不切实际的幻想，那横向思维就没什么用了。因此在这一阶段需要学习如何扩大、筛选和比较各种不同的想法。比如，我们可以比较和分析唐山大地震与四川汶川大地震之间的不同，总结出在将来遇到地震时可以改进的相关做法。或者，也可以与孩子们一起玩那种需要找到很多处不同的"大家来找碴"游戏。这种类型的活动能使孩子懂得在现实情境中进行横向思考。通过分析评估不同情境下的优缺点，孩子的大脑就逐渐做好准备去处理现实中遇到的难题。

第四步，挑战你的想法

在孩子用充满智慧的方式评估各种不同场景时，他必须首先学会问"为什么"，这跟批判性思维非常类似。透过一种平和的方式，我们可以引导孩子们多问几个为什么，思考事物为什么存在，为什么要采用这种做事法则。这样

一来，孩子就会明白事物存在的本质。根据我的经验，这通常会自然而然地引发一些新思路，其目标是挑战固有的一切，而不仅仅是问题。比如，我们可以问，为什么椅子是4条腿呢？这真的是基于让我们舒服地坐着休息而设计的吗？理解这一点很重要，因为很多创新就是来自于思考一些他人从没尝试改变的问题。这种创新也是横向思维的一种表现。在我们家，关于椅子需要几条腿我们做了认真研讨和思考，结果现在最喜欢的电脑椅是一个没有腿的圆形运动球。

第五步，横向思维

理想状态下，当孩子掌握了上述步骤后，可以开始考虑横向思维了。通常来说，横向思维往往产生于时间紧迫状况下的头脑风暴。很多时候，问题的解决甚至是不经意或是开玩笑性质的。有助于加强横向思维能力的一个最简单、氛围最融洽的方法是：强迫自己在规定时间内想出尽可能多的想法。一个很好的亲子活动就是在5分钟内，想出一个具体物品，如一块砖或一个白色球的尽可能多的具体用法。

通过这一系列横向思维模式的锻炼，我们可以开始引导孩子解决横向思维难题了，这些往往要求孩子具有优秀的创造性思维。但是要记住，只有一个解决方案的智力游戏对培养孩子的横向思维能力没有帮助。横向思维往往会让人在一些相当"明显"的问题上提出不同寻常的解决方案，引导人思考一些从未注意过的问题，或是解决一些有巨大潜力的简单问题。总之，培养横向思维能力的最好方式就是尝试解决问题。其实，凯安的"用拔罐技术处理蚊子叮咬带来的痒痛问题"就是横向思维的一个例子。

与解决日常生活中的普通问题一样，要引导孩子多去挑战那些看似"伟大而正确"的前提假设，多问几个为什么，最后确定动机、条件和行动。在解决问题的过程中，避免轻易给孩子设定所谓的"正确答案"。

情商
Emotion Quotient

情商理论篇

情商的定义

即使从事工程技术领域的工作，一个人的成功只有15%靠他所拥有的技术性知识，而85%要靠管理技巧、个性特点及领导力。

——戴尔·卡耐基

情绪智商（Emotional Intelligence）的概念是由哈佛大学教授加德纳（Gardener）在他对多元智能的突破性研究中首次提出的，但直到卡罗索（Caraso）和萨洛维（Salovey）将这一概念运用于职场，在他们所著的《高情商经理人》一书中，情绪智商的概念得到进一步的阐述。而让情商（EQ）这一术语被广泛接受的是耶鲁大学教授丹尼尔·戈尔曼（Daniel Goldman）。戈尔曼教授在以下4个领域使用他的情绪智商测试来评估一个人的情绪智商，这4个方面是：

（1）自我认知度，能够识别并理解自我情绪及对他人的影响。

（2）自我管理能力，即在不同的情境中能够管理自己的情绪和应对刺激的反应。

（3）对他人的情绪感知力，在人际关系或人际网络中对他人的情绪能够感知、辨识并做出反应。

（4）冲突管理能力，能够运用一定的冲突管理和冲突解决方法来管理个人的人际关系。

戈尔曼认为，智商测试所要测量的推理和模式识别能力不会随着时间的推移而变化，与之不同的是，一个人综合的情绪满意度或情商能够通过培养而得到发展和提高。

现在北美市场有很多"情商教练"和情商课程，但是我认为，如果在家里父母能够在日常生活中潜移默化地培养孩子对自己情感的意识，学习梳理和管理自己的情绪，学习解读别人的情绪和做出良好的反应，还有学习如何解决和别人的冲突，那么高水平的情商就能成为孩子长大以后一生的财富与祝福。我也相信家庭才是一个孩子最佳的情商培养教室，而不是课堂，因为家人之间有相爱的亲密关系，能够近距离地学习如何管理自己的情绪，然后通过解决与家人的冲突来继续相爱。如果一个人能够在最亲密、距离最近的关系中学会正面地管理情绪，那么他在外面与别人远距离的相处会容易很多，甚至如鱼得水。

合作精神

合作实现突破

在一次培训课上，有一个故事给我留下了深刻的印象。

一个人死后，遇见一位天使，天使问他是否愿意经历一次天堂和地狱之旅。征得他的同意后，天使就把他带进一间大房子，说这里是地狱。只见房间里面的每个人都靠着墙壁坐着。在房子中央是一个大餐桌，上面被各种珍馐美味堆得满满的。不过，每个人都被一条不可跨越的鸿沟与桌子隔开。每个人手里都拿着一根长长的勺子，可以抵达桌子的任何位置，舀起桌上任何一种美味。然而，由于勺子太长，没有人能把吃的东西送到自己嘴里去，结果，在这房子里的每个人都忍受着饥饿却无法得到食物的折磨。这人看后很不安，就要求看看天堂是什么样子。

天使就把他带到另一间房子，看上去和原先那间一模一样。这个人大惑不解，就问天使是不是误把自己带回原来那个房间了。天使告诉他，这里确实就是天堂。他注意到这里的最大区别就是：每个人都乐不可支地帮助别人吃到他们想从桌上吃到的东西，每个人都替别人舀起想吃的食物。这个餐桌边刚好还可以坐一个人，这个人兴奋不已、迫不及待地要加入到他们中间去。

天堂和地狱的区别就在于能否合作。

在MIT，所有一年级的学生必须住在校园的集体宿舍里，以便更好地融入其中。不像别的学院那样按照专业或兴趣划分宿舍，而是鼓励人们互相交融。学校宿舍的设计使来自不同领域的学生彼此相邻地生活在一起：配有沙发和大工作桌的小休闲室散布于宿舍和校园的各个地方，紧邻着这些小休闲室的是销售零食、点心的咖啡馆和商店，使这些学生可以去闲逛，泡在一起聊天或用功学习。我记得当时作为一个一年级学生，最艰难的事就是找到足够的时间来睡觉，这不是因为我有太多的作业要做，而是因为我一直忙于认识那些充满魅力的人。我总是和一个来自希腊的化学专业的学生、一个来自牙买加的金融专业的学生和一个来自委内瑞拉的数学专业的学生聊到凌晨5点才睡觉。因为学校要求每一个大学生都必须加入一项由一位教授指导的研究项目，我就要去发现和了解大家正在努力进行的各种项目，还有正在他们头脑里酝酿的各种想法。

MIT提倡开放哲学。体现之一就是开放课件运动。在开放课件运动中，无论身处世界上什么地方，任何人都可以通过下载，免费在线获得MIT90%的大学生课程及作业。这一开放活动的结果不是老师和学生的创意被剽窃，而是大量的看法得到交换。不同领域之间的通力合作已经成为学院生活的正常状态。

我曾读到一篇关于安吉拉·贝尔切教授的工作的文章，她的工作需要她把自身掌握的知识和来自看似不相关领域，如生物学、电子工程学和纳米技术的专业技术结合起来。她能够这么做，是因为她和那些研究其他领域的人们生活在一起从而相互影响。

我自己的大学研究项目就是我的教授（他研究的领域是液体力学）和一个来自哈佛医学院的泌尿学教授之间合作的结果。具体来说，就是提出一个关于排尿过程的理论模型，以使我们设计出帮助失去膀胱控制力的患者的一些装置。

同样，远在纳米技术这个词流行之前，我就听说迷你机器人正在设计过程中，而且在机械工程师、医生和电子工程师之间成立了一个合作项目组，要把这些迷你机器人注射到血液中去检测和攻击癌细胞，并在其工作完成后自我销毁，通过尿液排出人体。

假如每个人只守在他们狭窄的专业领域，试图做到最好，而不花一些看似无用的时间和其他人交谈，了解他们在其领域正在做什么，就很难取得突破性进展。现在很多在科学上的重要创新突破都是建立在合作的基础上的。举例来说，人类基因组工程就是一次世界范围的合作，绘制人类基因，并在线出版绘制结果，与全世界的科学团体分享，这样新的医学突破才有可能以更快的速度得到推进。致力于脑科学的保罗·爱伦研究所也将其绘制人类大脑的全部研究成果在线出版，和全世界的人分享，这样更多的对于人类大脑的研究才能继续做下去。

这样的例子有很多。自由自在地和其他人分享和交换想法，努力取得更伟大的突破，超越个体竞争，实现通力合作，我们才能变得真正富有竞争力。

当我看着那些被MIT录取的学生档案时，我发现他们有一些明显的共同特征，就是不仅天资聪明，而且也是很好的合作者。他们中的很多人都提到这样的经历：他们在团队中处于领导者的位置，尽力做好一切，但同时他们也学会了授权、分享和信任，最终成为更好的领袖。另一些人，则把他们的成功归功于老师、导师和同学，这些人帮助他们在研究或竞争中变得出类拔萃。

乐于分享而不是以支付高额费用来保护知识产权的真正好榜样就是奥迪公

司。与海外其他汽车制造厂家（它们既想从中国庞大的潜在市场中获利，又担心多年研究和发展的成果外泄）形成强烈对比，奥迪公司决定在中国建工厂。它们不像别的公司那样，只在这里制造落伍的或被淘汰的车型，而是决定在中国生产最新的设计成果。结果令人惊异，它们的设计和技术不但没有被剽窃，而且获得了当地政府的支持，这使得它们得以比其他公司提前进入中国市场，同时也获得了消费者的信任。这些消费者在选择豪华车时偏向购买奥迪车，不管它们是在中国制造的还是进口的。过去的几十年来，奥迪在中国汽车市场始终是市场领导者。

关系可以是独立的，也可以是彼此依赖的或互助的。只有互助的关系是被视为健康的。

以做家庭作业为例，一个人不必和任何人一起合作就能完成他的家庭作业，让自己独立。他也可能决定同一个朋友合作，他做全部英语作业而另一人做全部数学作业，然后他们可以以一种依赖的关系互相抄写。结果考试时他们不能在他们互相抄写的科目上考好，因为他们没有花时间在那些科目上。健康的模式应该是这对朋友决定一起用功，讨论并解决他们所有的作业问题。这一过程可能要花费大量时间，因为大量时间要消耗在讨论上，也许还要消耗在争论不同的观点、针对某一特殊问题而提出不同的解决方法上。然而，最终的结果是两个人都在解决问题上获得更深刻的理解，而这是他们只靠自己所不能达到的。对参与者而言，比得到更高的考试成绩更宝贵的是合作经验，因为他们可以通过别人的看法来获得对一个科目的更深刻理解。

在西方教育体制里，这种通力合作现象大量存在，随处可见。

合作的好坏

我儿子曾经和两个搭档一起做一个数学项目，他们要就测量和计算覆盖人体的皮肤表面积的6种方法写一篇报告。虽然网上已有一些计算公式，但这个小组必须要提出自己的方法，要对小组成员之一的身体做一次实际的测量，然后加以计算，而且要就每种方法的误差幅度在报告中做出一些结论，以决定哪种测量方法是最佳的，并列举得出这些结论的若干标准，以及选择这种方法的若干理由。有些方法能迅速得出近似值，其他方法虽然麻烦，却可以得到更精确的结果。根据不同的目的，人们选择不同的方法。

我记得这个项目完成的过程并非一帆风顺，我看到儿子和他的队友争吵，他们在选择哪种方法、如何进行测量，以及如何进行计算等问题上发生分歧。不过，在争吵过程中，他们学会了欣赏别人的观点，并对解决问题的整个过程有了更深刻的理解。儿子的报告详细地反映出其测量的复杂性和过程性，因为最后被选出的方法与其说是一个，不如说是两个，这全看怎么运用。一个报告提供两个答案，而不只是一个答案，在以考试为导向的体制里，这可能会因其答案含糊而引起麻烦，但它更准确地反映了真实的生活。因为在真实生活中，含糊多于规范，而坚持所谓"正确答案"的人可能是个更顽固执拗、不懂得合作的人，因而对新观念也不够开放。

团队竞争是在一个竞争环境中培养合作精神的最好方式。不管是乐队演出比赛、机器人制作比赛、发明比赛，还是足球队之间的比赛，只要我们的孩子有机会在一个竞争环境中和其他队友一起工作，作为一个团队成员，他就会学到极有价值的合作技能。不过，为了学好这些技能，优秀的教练和指导员是必不可少的。

1. 好的合作的特征

（1）认为别人比自己好，总是能诚恳地接受各种教导、建议和其他成员的意见，认为没有什么主意是坏主意。

（2）欣赏自己的队友，并用言行表达出欣赏。

（3）总是在寻求双赢的局面，信心建立在团队一起工作的基础上，而不是自己一个人的努力。

（4）了解每个成员的优势和弱点，也知道彼此如何一起配合以互补，不担心别人的努力抢了自己的工作。

（5）对团队正从事的项目的兴趣既真诚又热烈，并发挥自己最好的状态和注意力。

（6）乐于和其他人分享荣誉，同样也分担过错，而不是试图把这一切都揽在自己身上。

（7）一个好的团队通常都有一个好的领袖，他激发每个成员尽其所能地发挥自身所长，且鼓励那些不像其他人那样有天赋或受到关注的人，帮助每个人做出最好的努力。好的领袖还充当团队的主人，一旦事情出错就主动承担责任。

2.坏的合作的特征

（1）抱怨的、消极的、嘀嘀咕咕表示不满的态度会伤害一个团队。

（2）想迅速蹿升为"明星"的、以自我为中心的做法，会破坏团队的凝聚力。

（3）团队成员之间的竞争将破坏团队内部的信赖和友情，因为关注点不在于一起工作以击败另一个团队，而是致力于彼此之间的对抗。

（4）"不惜一切代价获胜"的思想会使一个团队的道德完整性分崩离析，也不会促进公平竞争。一旦一门心思全放在获胜上，而不是把整个过程当作学习机会，那么团队中的每个人就都输了。

在课外活动中培养高情商

学生需要课外活动

一所理想的教育机构，既能使学生们深入学习，又能提供大量或严肃认真或轻松活泼的学习机会的地方。然而，由于学校资源有限，教育者总是不得不面临在深度和广度之间做选择。虽然也有一些例外，但总体而言，西方的学校更容易偏向"重视辅业，轻视主业"，它们给学生太多的自由和空间而参与过多的课外活动，却没有让他们把阅读、写作、数学这些基本课程打牢。与此相反，东方的学校更偏向培养单向度的学生，从而令学生缺乏广度，因为他们一门心思全放在学习基础知识上。

近来，在教育改革的大背景下，随处能听到关于课外活动的讨论。对培养能和兴趣不一的各色人等打交道的全面人才而言，这确实很重要。当我们培养友情时，无论是在社交环境还是在商业环境，我们都在寻找共同点。两个职业背景不同的人如何发展彼此的关系呢？必须有共同之处。课外活动就给我们提供了这样的机会，使我们能在专业范围之外培养和继续发展兴趣。这样一来，我们就能在周边其他人身上找到更多共同之处，同时也能在盛大的社交场合，成为风趣的人，让别人愿意和我们交流。

再没有什么比课外活动更能培养情商的了。关注心灵和情感的科目在学校里被当作"软"科目，这些科目的效果难以衡量，却在更深的层面上影响着我们，如音乐、美术欣赏等。

让我们设想一下，身处一个社交场合，想要和一位陌生人做一番交流，进而结识他。假如你所知的全部内容都仅限于你在学校所学的科目，你如何能有足够多的有意思的话题跟他交谈呢？这时，如果有人说起他刚刚在一个博物馆看了毕加索的画展，情况会如何呢？你能尽力参与并提出足够聪明或有趣的问题使谈话继续下去吗？你能评论毕加索的立体主义绘画作品，并告诉其他人为什么你不喜欢它们吗（并不是因为它们看上去不好看）？如果你清晰地表达出你不喜欢立体主义风格的理由（它代表现代生活的碎片化），指出毕加索道德混乱的个人生活进一步证明了这一风格的破产，那就为这场气氛热烈的讨论添加了养分（这会让那个陌生人对你另眼相看的）。

参与课外活动，获取更加广泛的教育机会，这些能使学生有能力与具有不同的经济、社会、民族背景，以及拥有不同兴趣爱好的人从容相处。这种课外活动并不能带来直接的分数奖励，但要求学生必须有足够的兴趣和主动性，有更多业余时间的投入。

投入并乐在其中

许多中国父母误以为让孩子多多参与课外活动，只不过是为了在入学申请时有更多资本，让负责招生的人看到一份长得惊人的活动列表，被那些名目繁多的活动所感动。其实，参与活动的多少并不重要，关键在于学生是否投入并乐在其中，到底有多享受这个活动，在这个活动中沉浸得有多深。

每年都有很多MIT的申请者是高中时所在学校的学生会主席。然而，参与学生会的意义并不仅仅让招生负责人欣赏他们的头衔和对他们的"领导能力"留下印象，因为招生负责人更看重的是他们参与了什么样的活动。

比如，两个学生会主席都会在他们的申请中体现出他们对某次活动不同的权衡态度。一位主席的目的是获得大多数选票，以赢得一场广受瞩目的比赛，然后就在职位上消耗他的任期，沿用老一套办法运作同样的活动，使诸事有所进展即可，并以此维持其个人地位。

而另一位主席上任时只有很少的学生参与率（我们称之为"校园精神"的东西），士气低迷，学生会举办的活动通常只有10%的学生参与。但他努力工作，想出种种新计划，列出需要从社区商家寻求赞助的事项，并以发起倡议和做广告的方法吸引他们赞助，进而提高活动质量，同时采用"营销"手段推广活动，吸引更多学生参与。在他离任之前，参与学校活动的学生比例提高到60%，以前遗留的500元负债也被消除，财政收支恢复了平衡。

很明显，第二位主席比头一位干得更投入，也更快乐，他兑现了上任时的承诺。

为什么名列前茅的美国大学花大量的时间审阅申请人的书面文章、推荐信，还要进行面试，原因就在于此——为了得到这位学生更充分、更全面的信息。

在中国的大城市有更好的学校，有更好的老师、规划、设备，也更容易找到辅导老师和额外的资源，诸如实验室和从事研究的教授们。如果一个学生从一所农村地区的学校提出申请，他可能根本接触不到这些资源，因此他的申请只能在他身处的环境中进行评估，以了解他在多大程度上用好了他所能接触到的资源。

搭舞台与"500强"主管

课外活动还特别利于培养那些所谓"软性"的情商技能，如团队协作、领导和创造的能力；与人协商、沟通、解决冲突的能力；直面逆境、勇于面对的能力，以及在更大的社群里和人打交道的能力等。

比如，我妹妹曾经负责设计和组装学校的音乐剧表演所需要的舞台布景。表演"明星"们在台上表演并享受观众的掌声，她却花大量时间在舞台后面，费尽心力地搭建舞台布景。她列了一个所需材料和工具的清单，学会在有限的条件下工作，包括有限的预算、有限的志愿者（因为绝大多数人想在音乐剧中抛头露面，而非默默无闻地隐身幕后）和有限的时间，当然还要顾及安全。

作为整个团队的协调者，她需要授权和分配各种必须要完成的任务。当团队搭建舞台的首选材料（能产生更好的效果）过于昂贵而必须用便宜一些的替代品时，需要她去协商、折中；当团队成员不能兑现他们原先的诺言甚至退出时，需要她加强团队协作；当其中一些团队成员受到骄傲的演员们（他们自以为具有真正的"明星"天赋）的不友好对待而不高兴时，需要她运用技巧去化解冲突。总之，如此一来，她就学会了如何当领导者。她还学会了如何与社群外面的人一起工作，比如，寻找合适的小贩提供建材，谈成最划算的交易，找到乐于捐助材料的赞助人，如此等等。她还学会了极具创意地使用他们有限的材料来缓解紧张的预算，学会了和戏剧教练、学校领导沟通。最终她完成了整个设计，成功地搭建了一个舞台，给演员和歌手提供了一个很棒的表演环境，让他们发挥出了自己的最佳水平。在她投身于舞台搭建的整个期间，她还必须挤出时间完成她的化学实验、法语测验和生物解剖。

我妹妹告诉我，她在舞台搭建小组工作时学到的东西，甚至比她学过的其他全部课程加起来都更有用，更有助于她以后成功地担当世界"500强"公司的管理顾问和主管。正是从这一经历中获得的情商技能，使她有能力管理高达数百万美元的预算，和各种层次的人一起工作，无论他们是台前表演的明星，或是身在幕后、不为人所欣赏或注意的一般工作人员。

MIT的课外活动

从MIT官网摘录的下面这段话描述了大量的课外活动，这些活动在任何一所典型的大学校园都可以接触得到：

> 在MIT，学生们一起努力学习，也一起尽情玩耍。在这里，你能学会许多重要的课程——关于合作、协商、领导、移情理解、基于好奇心的探索，以及如何在通过物理学考试的同时过得开心——某种程度上，你将在教室外学会这些。
>
> 虽然学校的课业对MIT的学生来说很重要，但参与课外活动依然是常态，而非例外。近80%的MIT大学毕业生参加体育运动，有的加入各种校体育代表队，有的参加校内运动，有的加入俱乐部运动。超过430项运动受到学生运动联盟的认可，这些运动都不乏活力四射的参与者。
>
> MIT充斥着丰富得难以置信的学生团体——总数超过430个，每年还有新团体如雨后春笋般涌现出来。如果你没找到一个现有的俱乐部或组织来满足你的兴趣，你尽可以开创你自己的组织。在这里，你肯定可以找到你期待发现的团体：一份学生报纸、一支辩论队、一个广播电台、模拟联合国、学生政府、大学民主党、大学共和党……你大可以发挥所长。MIT还会提供一些相当独特的俱乐部：气垫船俱乐部、水下曲棍球团体、日本折纸艺术俱乐部、著名的巧克力科学实验室等。此外，还有科幻小说协会——全世界最大的科幻小说开架式图书馆之家，以及技术模型铁路俱乐部。这里首先定义了"黑客"文化，诞生了全球第一款视频游戏。

为什么要有这么多种课外活动呢？因为只有这样才能折射出社会文化的多元性，文化是一个国家的"心"。

丰富多彩的家庭活动

课外活动不一定是由学校组织，家庭也可以在假期组织些丰富多彩的活动。比如，我们有朋友每年暑假会计划一趟全家的"学习探险"。每一年，他们都决定明年的暑假所要去的一座城市或一个乡村，然后一起预备和计划一个礼拜的旅行方案。接着，在这一整年里，他们就会研究其目的地的历史、文化、地理、语言、习惯等，在他们去该地点旅行之前，他们可以尽其所能地学到大量知识。

比如，有一年，他们决定次年暑假去埃及旅行。那一整年，他们踏遍了整个北京，寻找能提供中东美食的餐馆，此外还对木乃伊及其他兴趣点展开多种研究。接下来，他们就要计划行程，一起学一些阿拉伯语。在他们旅行回来之后，他们还要搞一次聚会，向朋友们展示他们在旅行途中拍摄的照片，让孩子们对他们的旅行做一个简要的陈述，并阐述他们学到的东西，以及旅行中对自我的发现。然后，他们再找一座城市，重复上面的过程，周而复始，乐此不疲。

假如这种目标明确、精心策划让你觉得难以接受的话，你可以参加许多别的活动。

我们全家都想学街舞，但找不到一家训练班愿意接收我们这群年龄参差不齐的人，最后我们只好雇请一位私人教练来教全家人。我们曾经每年组织一次甘肃之行，去当地做一个星期的英语志愿教师。我们要做好一切计划，包括要住宿的宾馆、要带给学生的东西、准备讲授的课程、想唱的歌曲，以及想一起玩的游戏。在寒暑假期间，我们可以把旅行与社区服务、与亲朋相处和工作结合起来。

中国科技馆有相当优秀的规划人员，让孩子们可以把学习科技的过程变成一次有趣的体验。中国大城市的博物馆都有此类的规划安排，能丰富和深化孩子们对某种特殊目标的兴趣及知识。只要给你的孩子一个照相机，让他用电脑做一份PPT演示文稿，并组织他的一帮朋友，任由他们沉迷在一座妙趣横生的博物馆里（对男孩来说，他们多半会选择航空博物馆），然后就等着到暑假的结尾，为他们的报告感到吃惊吧。

学生可以到博物馆当志愿者，帮助游客介绍展品。还可以辅导小孩或者帮外出度假的邻居浇花，以换取报酬。还有许多学生交换培养计划，你可以送自己的孩子去一个完全不同的国家学习，学他们的语言；作为交换，这边也要接待一位来自那个国家的学生。如果你不想把你的孩子送出去太长时间，就接待一位交换培养的学生，让你的孩子当导游，向这位客人介绍你们所在的美丽城市。拜访一个福利院或一个贫穷的乡村，和你在那里遇见的人交朋友，开始写信表达友谊，同时你要寄信、寄杂志，甚至寄书去鼓励你的朋友。

不管是父母还是孩子，假期是拓宽受教育范围的理想时间。如果不仅仅囿于课堂学习的话，整个世界和每天的日常体验都能变成一段适于施行教育的好时光。可能性永无止境！

独立活动期

每年，MIT会划拨出整个一月份的时间，投入到独立的活动中。这段时间被称为IAP，即"独立活动期"（Independent Activities Period），这段时间不存在什么班级。每次IAP差不多有700个无学分活动和100个有学分活动，这些活动以其分类、创新精神及知识与乐趣的融合程度而互有区别。

在过去，IAP的选择范围极广，从电子微型传感分析和小马丁·路德·金设计研讨会这样的学分活动，到锻造简介和交际舞这样的无学分活动，应有尽有。一些更为人所知的IAP活动包括"神秘追捕""魅力学校""自控机器人设计竞赛"等。在我当学生的时候，最受欢迎的活动是由一位海洋工程技术教授推出的研讨会，他设计并建造了自己的深海潜水艇。最先登记的20位幸运学生享有特权，在IAP期间和这位教授一起潜入深海，学习深海潜水的同时开展海洋生物研究。由于不是那么爱冒险，我加入的是摇滚、摇摆舞和冰球俱乐部。

IAP如同"智力阳光"和新鲜空气一般，学生们可以自由地设定自己的教育日程，从事独立项目，与搭档协商讨论，或将全部时间都投入到研究之中。

像谷歌这样的公司也推行"智力阳光"的理念。谷歌公司的"20%规则"激发了这家公司很多产品的诞生，包括Gmail、Google News、Google Talk、Google Earth，以及 Google Sky等。

从事能产生社会效益的课外活动，需要有充分的时间和空间使其能从理论知识的追求中摆脱出来，转而不同程度地投入活动之中。中国的教育体制在擅长教授基础知识的同时，还需要留出足够充分的时间，允许学生自由地投入到自己的兴趣爱好中，以培养更重要也更难以测量的情商和通向成功的其他技能。

虽然有一些学校已经开始创办很多兴趣班，但是课堂给予孩子的时间和资源太有限，不能给学生们创造足够的自由和空间。只有当学生们积极主动地开始投入活动中，从失败和经验中有所收获，与充当鼓励者和指导者（而不仅仅是教书、讲课或指挥）的老师一起培养出种种"软"技能，课外活动才算成功有效。

学礼仪是提高情商的好工具

在北美，当你跟随一位礼仪培训师学习时，他很有可能还会教授你与情商相关的课程。这是因为，首先，情商代表了我们认知自身与他人情绪、管理个人情绪、解决冲突的能力。其次，提高情商的有效工具便是学习礼仪。在家庭教育中教授孩子礼仪，也是提高他们情商的好途径。所谓"礼仪"，便是通过对孩子的外在行为进行具体训练，使得那些礼仪的黄金定律，以及诸如尊重、体贴、诚恳等人类基本价值观内化为孩子的生活准则。

这些习惯一旦根植于孩子心中，便会成为他们性格的一部分。尊重、体贴、诚实应该成为一种生活方式，而不是一件只有在面见重要客人或是面试时才会穿上的"皇帝的新装"。以尊重、体贴和诚实之心对待我们最亲近的人，不要时刻戴着面具做人，只有如此，我们才能成功管理自己和家庭。

在我家中，孩子还很小时，我和先生便开始培养他们懂得感恩。一开始，我们通过赞许来外在强化孩子的习惯。在孩子懂事时，感恩之心已经融入了他们的生命，对于那些帮助和服务他们的人，他们从不吝啬用言语表达感激。因为他们也发现，懂得感恩的行为也积极影响了别人，大大提高了彼此人际交往的质量。一旦形成良性循环，外部的强化措施便可以逐步削弱，因为动机已经内化成为他们自身品行的一部分。

我们需要认可孩子的情绪，安抚他的情绪，了解和接纳他的情绪，但是要是孩子无法学会用他的思想和理智来管理和控制情绪，那么最后他和家人只能成为情绪的俘虏。自由是指有力量去做我们应该做的事情，自由更是有力量不做不应该去做的事情。

有些父母希望放手给孩子"完全的自由"，不愿对他们的品行做限制，认为那些规矩与限制会将孩子约束得像个成年人，从而令他们失去童年本应有的天真烂漫。然而，说"请""谢谢""对不起"，不是让孩子变成中规中矩的机器人。相反，这些看似"可憎"的规矩会让他们的童年变得更为愉悦，孩子终将发现，这样的他们更受欢迎，在这个世界中也更畅通无阻。谁会不喜欢一个有礼貌、善解人意且诚实的孩子呢？也有人会质疑：这难道不是虚伪吗？这难道不是用训练动物的手段来教化我们的孩子吗？当然不是！唯有如此，他们才能做最好的自己，得到最真实的自由！

我的孩子们非常受益于童年时代的训练，受益于那些被积极培养的好习惯，这种受益润物细无声，旁人却艳羡不已。当缺乏教养的人因傲慢无礼而与机会失之交臂时，良好的个人习惯和礼仪却为我的孩子们带来了机会，上帝也为他们开启一扇扇垂青之门。因为他们时刻向旁人传达着良好而积极的第一印象，让别人能够准确真实地了解他们。别人自然也愿意助其一臂之力，帮助他们实现梦想。

我的每个孩子在说"请""谢谢""对不起"时，因为个性不同，表达风格也各有不同。但他们都懂得一个道理：无论何种情况，无论对象是谁，都要发自内心地向他人表达尊重，并进行诚恳的沟通。

那些数不清的教化，会不会令孩子们忘记寻找快乐，蜷缩在害怕受惩罚的阴影里瑟瑟发抖？其实，你只需要在餐桌上聆听我们的孩子讲述他们的各种状况、和他们交流，你就会懂得他们才是世界上最会享受生活的人，因为跟他们在一起的人会体验到被尊重、会感到愉悦，而不是因为他们过度的自我（比如，喋喋不休、过度在意自己、害羞等）而阻碍了友谊的建立和交流。

我们全家在甘肃支教时，接待我们的当地乡民宰杀了家中唯一的老母鸡，在他们贫穷的家中给予了我们盛大的接待，而我们的孩子是餐桌上最受喜爱的客人。

当我们出席有很多CEO和嘉宾参加的技术论坛时，孩子们同样备受尊重。

对孩子的教育应当基于对他们无条件的爱和接受。因为他们知道我们无条件接纳他们、爱他们，这样当我们下达指令和约束时，他们才会信任我们，明白我们希望他们能够因为约束和规则而受益，希望他们能成为万事以他人为先，而不是受自然天性驱使只顾自己的人。

在高中最后一个暑假，凯文在一家绿色科技研究公司得到了一个实习机会。我们全家都非常关注环境问题，对于凯文来说，这次实习也有助于他加深了解实业公司如何大规模产业化地造福环境。实习第一周，这家绿色科技研究公司便举办了一个重要的论坛：来自国家电网、公用事业公司，以及多家世界500强公司的总裁们齐聚一堂讨论"中国对于绿色科技的需求及其发展趋势"。凯文作为会务，主要工作便是布置会议桌面，站在门口迎接贵宾，负责签到，分发姓名牌，添茶送水。这是份琐碎至极的工作。

不过，在中场休息时，借着为与会者添茶水和补餐食的间隙，他与财团精英畅所欲言。平时对科技杂志的广泛涉猎，以及在晚餐桌上的即兴聊天，让他对绿色科技有着比较多的理解。而他充满敬意的语气和提问时的自信满满，也引起了来宾们的注意，他们甚至向这家公司的老板问起这个给人印象深刻的年轻人。讶异的老板在中场休息时找到了凯文，希望能多多了解他。一番深入交谈后，她给了凯文另一个机会：与一群研究生一起解决公司6个重要研究项目中的一个。深思熟虑后，凯文选择了研究电动汽车的项目，这也是他最为感兴趣的领域。在2个月的短暂实习期里，他完成了整个研究项目，而这样的项目通常都需要研究生学历的人才。这2个月的实习，也让他下定决心申请大学的城市规划专业，而在实习之前，他原本打算主修新闻学或经济学。他的老板对凯文在工作中表现出来的品质、才能，以及对研究项目无与伦比的热情印象很好，为此，她写了一封充满肯定的推荐信帮助凯文申请大学。在我看来，这封推荐信让凯文受益良多，使他在申请大学的过程中更受名校青睐。但最重要的是，这次实习为凯文明确了未来学习的方向，点燃了他探索的激情。

如果凯文是一个循规蹈矩、习惯按部就班的高中生，当他首次面对这种盛大场合时，说不定会变得战战兢兢、畏首畏尾，乖乖地待在自己的会务桌旁，只盼着能毫无差错地当好他的实习员工。其实，我们之前的期望也不过如此。但最终，凯文凭借着自信和较高的交流技巧、对话题的熟悉与满怀的激情，在感染别人的同时，也为自己争取到了很棒的机会。如果他只是临时抱佛脚上几堂礼仪课，绝不能表现得如此落落大方、应对自如。家庭给予他的多年待人接物的训练，使得他不惧怕这样的大场面，并能如鱼得水。

机遇是可遇不可求的，当机遇到来时，因家庭教育而得益的孩子能紧紧抓住机遇，而家庭教育缺失的孩子也许都意识不到机会曾青睐过他。

做好朋友，找真朋友

我的成长经历让我习惯了独处。身处国外频繁搬家，让我如同候鸟一样四处停留。这样一来，我几乎没有长久的玩伴，友谊在我心中也成了一个模糊的概念。高三的时候，全家移民加拿大，在当时对华人移民不太友好的环境中，我形单影只地度过了少年时光。在家里，我的母亲总喜欢拿孩子进行比较，以激励我们更听话或者更努力地工作，"乖乖牌"的我也受到了妹妹们的排斥。

对于这种"成长的烦恼"，我并没有想太多。我在高中时的绰号是"斯波克"（源自电影《星际旅行》中的斯波克先生，他是个没有情感却高度理性的怪人）。我觉得自己不需要他人的陪伴或友谊，尤其是来自女性的友谊。我鄙视一切女性特质，认为感性是人的弱点。我非常排斥接受他人的帮助和给予。礼物对于别人来说，或许是惊喜，在我看来却是人情。这种情况从高中持续到我大学毕业。

进入职场，我发觉我与同事的关系也很奇怪。我把他们看成竞争对手，而不是团队伙伴。我看不起那些不如我的人，而面对有竞争威胁的人，我会下意识地努力击败他们。我无法成为他人的朋友，最糟糕的是，我也无法相信任何人。虽然表面看来我待人友好，但实际上我从不敢对他人抱有很大的信任。一遇到难题，我就想把自己藏起来。我总是怀疑别人的动机，怀疑他们是不是想从我身上得到什么。结婚后，面对"伴侣"这样的全新关系，我更是束手无策。我的先生觉得我把生活中的每一段插曲都变成了竞争，且不达目的誓不罢休，他甚至认为我不具备与人做朋友的能力。

后来我才了解到，人在成长过程中，不断地从兄弟姐妹、朋友同学、同事伴侣的交往过程中循序渐进地学习如何与人相处。我错过了自我发展中最重要的一个环节：学习如何成为他人的好朋友。

当我成为3个儿子的母亲后，我不希望他们重蹈覆辙。我希望他们在成长的过程中能成为彼此最好的朋友。现在看来，他们在成长过程中的确习得了发展健康友谊的能力，成为彼此最好的朋友。

不过，成为"好朋友"可不是一个简单的事情。如何才算好朋友？好朋友有衡量标准吗？怎样做一个好朋友？交朋友的技巧能够习得吗？在这些事上，我算是后知后觉的笨鸟，但这让我拥有更大的反思空间，去领悟"交朋友"这件事。

如果你和曾经的我有着同样的烦恼，下面的建议也许会有帮助：

（1）**友谊是个双行道**。在一段真诚的友谊中，应当学习如何给予，如何接受帮助。即使你是无所不能的"超人"，也需要适时示弱，允许朋友帮助你或者为你服务，不要觉得这是输给了朋友。

(2) 相互尊重。尊重你的朋友，意味着不在他人面前贬低他；意味着你愿意他光鲜夺目，并毫不掩饰地表达你的钦佩；意味着当他人攻击你的朋友，你会为之辩护，而不是乘机落井下石；意味着你接受他的不完美，有勇气指出他的过错。同样，朋友之间的相互尊重还意味着你们想对方之所想，求同存异，勇于承认自己的错误，而不是一味回避。

(3) 相互信任。当朋友信任你时，他也许会透露给你一些小秘密，或显露他的弱点、恐惧，或倾诉情感的脆弱。你应当懂得没有他的许可，你不能背叛这份信任，将这些秘密说给其他人听。相信你也希望能找到一个完全信任的人，在他面前摘下面具，以最真的自我示人，连同你所有的内心问题、自我怀疑、恐惧、弱点，以及你的笑声、逞强和你的优点。

(4) 相互忠诚。有一个星期五的晚上，我的儿子与他的朋友一起去一个青年团队参加活动。晚上凯文回家后显得很沮丧。原来在活动过程中，那些来自北京著名的国际学校的孩子们都以取笑凯文为乐，并将凯文塞到车上放行李的地方，整个行程都被关在那里。但对于凯文来说，最糟糕的并不是被关起来，而是他的好友不但没有为他辩护，反而加入了嘲笑他的队伍中。他为这种来自朋友的背叛而痛哭。作为凯文的父母，我们一方面告诉他随意嘲笑他人是一种粗俗无礼的表现，同时我们还与凯文朋友的父母进行了沟通，告知当凯文遇到不公平的事情时，她不但没有做到朋友应该做的事情，反而基于周围人的压力也嘲笑凯文。最后那个女孩向凯文道歉，凯文在心中也原谅了所有人。同时，他也学到了"交朋友"的重要一课：忠诚。犹太谚语曾说："身边聚集太多的人，也许你最后会毁在这些人身上，但是真正的朋友会比亲兄弟更亲密。"真正的好朋友在你遇到困难时不会抛弃你，即使你成了孤家寡人。

(5) 相互接纳。高中时代是努力展现自我的时期，高中生喜爱尝试不同的造型打扮，在草稿纸上反复演练最酷的签名方式。而这个时期也充满了迷惑，装酷有时候只是为了掩饰内心的恐惧和不安全感。而一份真正的友谊就意味着在这个世界上你有一个安全的海港，你能自由展示真实的自我，不用戴面具，也不是"候补队员"，你们也会无条件地接受彼此。这种友谊是无价的，这样的友谊能够让你成长为一个成熟、有安全感的成年人，而不会一味地讨好别人却死命地为难自己。

（6）有异性有人性。我最近学到一句很有趣的话"有了异性，没了人性"。意思是当朋友开始约会后，他们往往会忽略友谊这部分，和朋友们逐渐疏远。凯恩与他女朋友有一个协议，其中一条就是：他们在每个礼拜预留一两天的时间与自己的朋友们在一起，彼此不纠缠，彼此个性独立，有自己的交际圈子。这是我从自己儿子身上学习到的交友良方。

（7）懂得倾听。凯文和凯恩都非常有个人见地，喜欢畅所欲言。但同时，他们也懂得如何做一个好的听众，相对于快速说出自己的想法，他们更懂得放慢表达的速度，给别人倾诉的机会，聆听他人的看法。良好的倾听能力不仅是发展友谊的关键，也对个人的人生发展非常有利，现在好的倾听者越来越少了。

（8）慢慢地判断，快快地谅解。当你听到朋友的负面信息时，请给予他解释权，不要随便判朋友"死刑"。即使你目睹自己的朋友做了一些不好的事情，也应当以朋友之名善意提出，并给朋友一个台阶和一个改错的机会。能快快地原谅他人，更利于维持彼此的友谊。

（9）积极交友。物以类聚，人以群分。最好的朋友是充满了正能量的人，他们不会带来消极的不良影响。他们总是乐于与人分享生活中最好的部分，最有趣的点滴，而不是聚在一起怨天尤人，以打击取笑别人为乐。找到这样高质量好友的途径就是让自己也成为充满正能量的人，以此吸引同样特征的人。如果你总是抱怨，就会吸引同样性格的人，最终彼此更加不快乐。

（10）诚实不是伤害。作为朋友应该有勇气告知事实真相，即使有被误解的危险。一个犹太谚语曾说："朋友间开放的训斥也好过敌人的吻。"真正的好朋友会告诉你真相，使你勇敢地面对和处理自己的弱点，而不是用甜言蜜语对你阳奉阴违。虽然在接受的过程中，你会感到被朋友否定，但请记住，他是希望你能获得更大的幸福，因为在他心中，你值得。

　　成为他人的好朋友，找到自己的真朋友，交好朋友、真朋友是极端艰巨的事业，但值得我们用一辈子的时间来奋斗。从现在开始，不要浪费时间，找到一个朋友，然后努力成长为他的好朋友吧。当我们能够学会经营我们的友谊，交好朋友，成为别人的好朋友，我们的孩子也能够在我们的引导下交到好朋友，成为好朋友。而人生最幸福的事情就是能够拥有好朋友。

寒假，我们做什么

　　在西方，学生的圣诞及新年假期总共只有一周，除去购买和交换节日礼物、吃美食和放松身心，假期便所剩无几。相比之下，中国学生拥有差不多3到4周的假期。这意味着，除了吃喝玩乐，中国孩子在冬天拥有更为充裕的时间去参加一些有意义的活动。如果单纯要求他们都用来做寒假作业、上培训班，寒假就过得太累、太可惜了！

　　寒暑假根据时间的长短，可以被规划出不同的用途。暑假时间长，孩子们可以利用这个时间来提升自我；寒假时间短，节日又集中，我更赞成用于家庭活动和为他人服务。

家庭共处与招待宾朋

　　节日团聚是寒假的重头戏。节日团聚有两层意思：一是与大家族共处；二是招待宾朋。

　　当我听到"代沟"这个词时，不但觉得这是亲情的沟通障碍，同时也觉得这是一种文化的遗失。在我家，大家庭聚会是家庭活动的必选项。孩子需要有与祖父母们独处的时间（我的婆婆在北美工作，每年夏天都会与我们生活一段时间）。大家庭团聚意味着：孩子们有机会向老一辈学习，并为他们服务。

　　当孩子还小时，我的父母每年会与孩子们去世界各地单独旅行，这是属于他们的特别回忆。而当我的父母年老，身体状况限制了他们的活动时间，这时候就轮到孩子们自主安排该与祖父母怎样共同享受时间了。在过去几年，他们向外祖母学习了家族秘制的烹饪食谱，跟外祖父一起聆听他珍藏多年的古典单乐CD。他们从不担心没有话题。他们与外祖父谈艺术、文化、语言、笑话，甚至政治。他们也喜欢缠着外祖母问我小时候是怎样一个淘气的小女孩，惹出过什么样的麻烦。在孩子们的心目中，他们的祖父母是有着迷人的历史感的丰富世界，而聊天的过程不啻一场对历史的探索与挖掘。在祖孙两代的交流里，孩子们懂得了老人家曾在怎样的历史时期和历史背景下生活与成长，他们如何克服生活的艰辛，漂洋过海去新的国度开始全新的生活。所有这些，都能让孩子们弄清楚他们的根，并对家族史有着更深入的理解。

有一年冬天，孩子们说服外祖父母教他们打麻将。老人一开始认为麻将与赌博有关，不愿意教授小孩。但经过最初的犹豫之后，他们还是当起了麻将老师。现在，全家人常在一起玩好几个小时麻将，单纯地享受游戏带来的挑战和共度的时光。打麻将成为了我家最受欢迎的消遣活动，而麻将机则成了孩子们最希望得到的生日礼物。这个游戏带给我们全家无数美好的回忆，孩子们也始终记得外祖父母是麻将大师，让他们意识到古人发明的这个游戏有多么精彩。

每个家庭都有各自的气质。去复制别人的家庭气息，或者完全隔断家族中一脉相传的文化并不明智。了解自己的家族史，为自己的家庭和种族身份而骄傲，是每个人成长过程中的重要组成部分，这比获得任何外部知识都更重要。这一切让他们有归属感，能培养大气的品质，并使他们在自我怀疑或遇到困难的时候更有信心。

寒假还非常适合培养孩子们好客的品行。假期开始前，我们通常有一个家庭会议，讨论我们想邀请来吃晚餐的客人，无论是孩子还是大人的朋友都可以。在北京这样的大城市，我们经常认识来自五湖四海的朋友，真可谓"谈笑有鸿儒，往来有白丁"。我们每星期都举办一两次这样的聚餐，孩子们与我们一起计划菜单、采购、做饭、招待客人。他们不仅因为尝试新食谱而兴奋，也因为遇到有趣的人分享有趣的故事而高兴。与宾朋交流，也会让他们阅读到新的书籍，观看新的电影，或思考新的问题。

窖藏与在路上

寒假真是最适合"窖藏"的季节！

但千万不要把自己藏成家中发霉的土豆。城市是一个个文化宝库。大至许多博物馆坐落其中，小至隐藏其中的宽街窄巷都充满了历史风味、民俗风情，等待我们去挖掘。我很喜欢带着孩子参观博物馆。博物馆真是一个伟大的地方，它为孩子们向各个领域的专家学习提供了很好的平台，而这个学习是免费或相当低成本的。而且，博物馆里那些热衷于个人研究的专家，也非常乐意花额外的时间和精力与他人分享自己的激情。去博物馆，无论你喜欢的是科学、艺术还是历史，你都能在自己城市的博物馆里找到宝藏。而对于身处小县城的孩子们来说，那些隐藏在市井间的历史、民俗、人文又何尝不能成为探索的主题呢？

寒假更是"出逃"的最好时期，来个家庭度假，摆脱日常的琐碎吧！

我们一家人常一起研究去哪里玩、要吃哪些特产、哪些著名地点非去不可。我们阅读当地的历史，通过与当地居民或酒店服务生聊天而深入了解这个地方。我们总是被他们的热情好客所打动，因为他们是多么渴望与我们分享他们的故事。有年寒假，我们计划菲律宾之旅，每个孩子负责一天的活动。我们负责给他们固定的活动经费，他们负责将我们大家一天的快乐最大化。凯恩开玩笑地建议，在他负责的那一天，他将用所有预算去一个私人会所享受SPA，让我们其他的人留在酒店看电视。而他的建议在1秒内就被我们拒绝了！我们都期待着为他人策划有趣的事情，以及等待他人给我们带来的惊喜。

付出与收获

我们的孩子通常会将他们的一部分压岁钱用在社会活动上。

我们曾资助过甘肃省的一所学校建立属于他们自己的图书馆。我们寻找好书，购买并寄送给他们。除此之外，还为其订阅他们喜爱的杂志，如《读者》《科普》《体育画报》等。能与资源缺乏的山区孩子共同分享自己喜爱的书籍和杂志，让我的孩子们感到了巨大的喜悦。有一年秋天，我帮助凯恩为孤儿院的孩子们购买乐器。那时候，凯恩每周都去这个孤儿院当志愿者。寒假里他组织我们与他的朋友去教孩子们如何玩乐器，大家一起筹备表演。能与小伙伴们分享他最喜欢的音乐，他真的很兴奋。凯安则为附近民工子女学校选购礼品，用一种有意义的方式分享他的压岁钱。无论你的年龄或兴趣是什么，当你有心想帮助他人时，你会发现，你能做的事情有很多，而需要你帮助的人其实就在你身边。

寒假也是用来体验工作和劳动的极好时期。我们的孩子会为邻居和朋友做零工以赚取一些零用钱。凯安为附近的人提供自行车清洗服务，其他人则为邻居打扫房间、洗车或者为外出度假的人照顾植物或宠物。邻居们都很高兴地为邻里之间的孩子创造就业机会。孩子们则可以用自己赚到的零用钱去购买他们喜欢的东西。

别忘记阅读那些因为功课繁忙而无法阅读的好书。列一个图书阅读清单，记得去购买或借阅它们。在家中，一家人穿着睡衣，一起阅读最喜欢的书，然后在晚餐时分享彼此的见解。了解每个人的学习内容，以及他是如何看待世界的，总是能让人获益良多。

在我家，寒假愿望清单总是很长：

（1）为我们的照片做一个短片。

（2）家庭成员一起排练一首歌。

（3）观看戏剧表演，并写下我们对这部戏剧的感受。

……

不算短的寒假，全家人可以做很多事情！需要的就是全家人一起开动脑筋，贡献智慧。这个宝贵假期是家庭教育中培养孩子情商的好机会，父母们千万不要错过。

情商应用篇

家庭是孩子最好的情商教室

情绪在前，事情在后

父母们，在教育孩子时，请不要带着自身的焦虑、恐惧或自卑的情绪。因为即使你花了100万在教育上，但如果带着那样的情绪，教育出来的孩子也会充满焦虑、恐惧和自卑、不快乐。如果你本身充满快乐，对自己、对孩子都充满信心，对未来充满希望，那么即使一毛钱都不花，也能教育出一个乐观、自信、高情商的孩子。决定孩子未来的，是父母的心态是否丰盈，不是钱包。

在孩子开始有情绪的时候，情商教育就开始了。就像教导孩子认字和算术一样，我们也可以帮助孩子用具体的语言来表达他们的需求和情绪。难点是，因为情绪不像知识一样可以量化，而且孩子的情绪跟我们的情绪是相连的，我们很容易受孩子的情绪影响。如果我们要正面地影响孩子的负面情绪，自己就需要有强大的内心，不被孩子的情绪所左右，冷静地接纳、了解、认识和梳理他们的情绪。

有一次，凯安的滑板在超市的停车场被人偷了。他找了很久都找不到，最后终于放弃，准备省钱买新的滑板。他存够了钱挑好了款式后，我们一起去商场购买，却发现他喜欢的款式全部卖完了。从商店出来，凯安大发脾气。我内心有100句"早就告诉你要好好管理自己的东西，活该"这类的话，但还是忍了下来，上前拥抱了他。我只说："真可怜，妈妈丢了东西也很自责。"过了不久，凯安扑过来用力地拥抱我，说："妈妈，我好爱好爱你！"有时候，作为妈妈就是要咽下责备的话，认可孩子的情绪。我有时做得到，有时做不到，需要继续努力！

　　曾有位网友问我如何处理孩子的情绪，她遇到的事情是这样的：孩子回家跟她说朋友偷了他的东西，妈妈马上教训孩子不能没有证据就随便论断别人。孩子就发火了，觉得妈妈不相信他，要妈妈走开。亲子关系由此闹得很僵。这位妈妈很内疚，问我要如何处理比较妥当。

　　我们做父母的很容易犯的错误就是太急着处理事情，而忽略了情绪。如果把次序颠倒过来，先处理情绪，事情就能被孩子自己解决了。比如，可以先观察、认可他的情绪："看来你很愤怒、沮丧、灰心……是吗？"情绪描述得越具体越好。用问题回答孩子也是对他的尊重，因为我们确实不能确定他内心是什么心情，然后给他时间和空间内省，了解自己的情绪。

　　当他可以表达他的情绪了，你只要坐在他旁边，抱着他（要是孩子年龄比较大了，可以握着他的手或拍着他的背）。当你默默地对他的情绪表示认可的时候，他就会很自然地把事情的过程倾诉给你听。在了解内容时，不要"告诉"，而是用好奇或关心的语气来"问问题"。这样一步一步地用问题引导他，你会发现他自己就能找到解决问题的答案。

　　当孩子在妈妈充满爱意的引导和提问下自己解决了人际关系问题时，他对自己的信心和判断能力就能渐渐强大起来，对朋友也能更容易理解和宽容，因为他已体会到了接纳、理解和宽容。虽然这样做不一定立竿见影，需要父母耐心地在日常生活中引导，但孩子将来会很"省事"，因为他不会产生更难解决的负面情绪。

　　因为你接纳了他的情绪，他会对你产生信任和信心，遇到什么事情，他第一个会找的人就是你，因为你是他安全的港湾。但是如果他觉得每次跟你说什么，只能听到你的教训，他对你的心就会渐渐地封闭，去找别的倾诉对象。

　　不要内疚，去跟孩子道歉吧，然后对他说你也在学习，下次你会用不同的方法，用更加尊重他的方法来帮助他处理事情。孩子的心很有弹性，因为他深爱父母，所以他会愿意再给你机会。改变次序，先处理情绪，再处理事情，你们就能成为贴心的朋友。如果做法不改变，坚持用自己习惯的方式，也许就是孩子叛逆的开始。

父母需要帮助孩子"点名",就是帮助孩子了解自己的情绪。这是帮助孩子梳理情绪的第一步。

孩子还小的时候,不能用言语表达,可以用一些表情符号或图片来帮助孩子挑选自己的心情。孩子会认字了以后,可以转用词语来形容。这些词语也会成为孩子将来写作文的"秘密武器"。

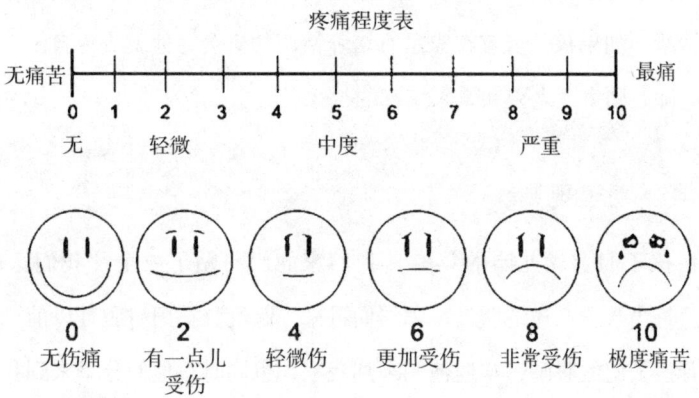

这是小儿科医生用来帮助孩子识别情绪的图。

还可以利用手机或网络上的表情符号来协助孩子用非语言的方式来认识和表达内心的情感。

当孩子可以用言语表达时,我们就可以用情绪词汇来帮助他们梳理情绪了。

这些词语包括:灰心、失望、焦虑、惧怕、无聊、伤心、绝望、无奈、无能、愤怒、仇恨、挫折、嫉妒、怀疑、尴尬、愧疚、羞愧、迷茫、难耐、难

忍、恐惧、害怕、惊心、焦急、焦躁、急躁、烦躁、担心、郁闷、担忧、烦恼、孤独、寂寞、枯燥……

梳理过后，确认孩子的心理感受，他是觉得没被接纳、爱、理解、聆听、尊重、重视……或者他觉得被错怪、误会、忽略、拒绝……

明确了孩子的情绪，然后才能接纳和了解，分析来源并适当处理。

情绪的存在是一个事实。当我们否定或不认可孩子的情绪，孩子就只能压抑。当孩子知道他的情绪是被完全接纳的，他就更愿意去学习如何梳理和管理他的情绪。如果孩子能够在家里有培养情商的机会，他就成为自己、同学、朋友、老师、同事、老板和未来家庭的祝福。

学会遵守规则

在孩子们上幼儿园的年龄，我们家的门口贴了一个"我们家的游戏规则"。每当孩子们邀请朋友、邻居们过来一起玩，在门口脱鞋以前，我会蹲下来看着孩子们的眼睛，欢迎他们来到我家，也同时跟他们分享来到我们家会有什么样的"游戏规则"。这可以让他们及其父母知道在这里玩耍是安全的，因为要是有事情发生，大家知道我会如何处理。同时，孩子们也知道，来我们家做客，我会对他们的行为有所期待。因为通常孩子们有不同的家庭背景，难免会有冲突。游戏规则，其实是一个长期友谊的担保，因为有公正才有长期结交的可能。要是学校因为各种原因无法帮父母训练孩子适应群体互动的规则，父母可以找几个跟自己有同样价值观的家庭，每周约几次让孩子们一起玩耍，然后父母们互相协助来训练孩子学会如何一起遵守规则。

为了帮助孩子们建立良好的群体生活习惯，可以找几个认同这个规则的家庭，每周在固定的时间让同年龄的孩子在这个规则的制约下一起玩耍。有几次我们因为孩子没有遵守主人家的规矩，心甘情愿地带自己的孩子离开了朋友家。

我们家的游戏规则

客人

客人的小朋友要玩一个玩具以前，需要先获取主人的允许，也需要等到主人把这个玩具递到手里，不能主动去抢。没有遵守的后果是玩具被没收，但5分钟以后可以再次礼貌地提出请求。

不随便打开已关的门、柜子或拉开抽屉。要是想进任何房间，需要先获取主人的允许。不遵守的话，主人有权利要求客人提早离开，安排下次再来。

在离开之前，需要在借用玩具之前约定归还的时间。无论是借出者还是借用者必须遵守约定期限，以讲信用。

准时在约定时间以前归还玩具。

主人

在客人还没达到以前，把不愿意分享的物品收拾起来。预备一些乐意跟客人分享的玩具等候客人。

当客人要求使用一个物品的时候，乐意分享已经预备好的东西。

帮助父母准备点心和茶水来招待客人。

孩子两岁时的"叛逆期"：该恐惧，还是该庆祝

孩子两岁左右的时候，在北美被很多心理学家称为"可怕的两岁"（Terrible Twos），但我比较喜欢称之为"极好的两岁"（Terrific Twos）。在这段时间，孩子开始学习"分离"。通常，他们的问题是：你从哪里停止，我从哪里开始。以前，他以为自己跟妈妈是一体的，因为没有妈妈，自己就无法存在。现在，他开始意识到，自己是一个个体。因此，父母说 yes，他就会说 no，因为他想试探一下他跟妈妈不同到底会有什么结果。许多人称之为"叛逆期"，

但其实应该是"分离探索期"。

作为父母，我们应该鼓励他去探索这个问题，尽量让他自己做事情。同时，我们也要保护他，不让他去做不安全的事。最好的方法就是学习"为孩子立界线"（参看《为孩子立界线》一书）。在界线范围内，允许他尽量探索，自己来；在界线以外就不可以，因为我们要保护他。在孩子尝试自己做事的过程中，他会经历失败，也会承担他的行为所带来的后果并从中得到教训，并且，因此学会对自己说"不"。这是孩子学习独立的第一步，在此过程中，他也通过承担自然后果而成长。

在养育孩子的过程中，父母一直在学习如何把握尺度。在这个阶段，父母需要把握控制的范围。太紧的话，孩子会更加叛逆，不然就干脆放弃自我，对父母百依百顺（这不是一件好事，因为孩子失去了自我管理的意识）。如果太松了，孩子就会变得放任，对别人的界线没有意识，以后跟同伴在一起的时候可能会过度自我，容易侵犯别人。

做妈妈的我们常常会因为孩子的"不听话"而产生焦虑和挫败，但如果我们能积极地看待这个阶段，能庆祝孩子开始独立，庆祝我们开始学习管教孩子的新功课并迎来新的自我成长的机会！我们成长了，孩子也能顺利到达下一个成长阶段，并让我们看到他们更惊人的改变。

"极好的两岁"是一个让人兴奋的阶段，因为我们开始看到孩子有了自己的性格和想法，能够跟我们互动了。因此，不要害怕"可怕的两岁"，而是把"极好的两岁"当作我们跟孩子一起成长的机会！

青春期：解读孩子的第二个"叛逆期"

从心理学的角度看，青春期被很多专家称为孩子成长中的第二个"叛逆期"，但就像上一章（关于第一个"叛逆期"）所讲的，这个阶段也可以被看作孩子的第二个自我成长的好机会。

从生理学的角度看，青春期是一个身体、情感和大脑获得最快速发展的年龄段。孩子的性器官也开始成熟。在这个关键的年龄段，一个原本依赖家长的儿童迅速发育，并成长为独立的成年人。就像毛毛虫破茧成蝶会有痛苦和挣扎一样，青春期的孩子成长为成年人的过程也少不了挣扎和痛苦。

世界卫生组织（World Health Organization，WHO）将青春期的年龄范围界定在10~20岁。这是因为女孩的发育一般要比男孩早（女孩大约从10~12岁开始，男孩大约13岁以后开始）。在中国，青春期一般指的是11~17岁。青春期包括几个小的阶段，每个阶段都会有不同的变化和成长。

前期

很多专家把10~12岁的孩子称之为"青春期前的孩子"（pre-teen）。在这个阶段，孩子的大脑和身体都在为下一阶段的快速成长做准备。研究表明，他们的空间认知能力和某些方面的推理能力在这一阶段会降低，而负责前瞻性记忆，比如，关于将来应该做什么的记忆，仍然在成长。很多在这个年龄段的孩子，他们的家长会发现自己的孩子比以前更健忘、更容易丢三落四。因此，趁孩子还没有进入所谓的"叛逆期"（跟我常有不同意见），我们要训练孩子管理时间的能力，以及如何使用不同的工具来提醒自己。此外，在这个阶段，孩子开始管理零花钱或通过给邻居做杂事赚取收入，以此来学习理财。我们也在这个年龄段开始向孩子们公开我们的财物状况，让他们开始参与家庭的假日预算、了解自己学费的需求，并参与我们的慈善投资计划。到了高中，孩子们都通过做家教，或者给邻居遛狗、洗自行车、做杂事来赚钱，以供应自己开销的需要，不再需要我们给他们零用钱了。

中期

青春期中期应该是在13~16岁之间。所有最关键的发育，无论是身体的变化、情感的发展，还是大脑的发育，都发生在这个阶段。幼儿在敏感期的"叛逆"是指，一个完全依赖母亲的婴孩开始意识到自己是个个体的孩子，在这个转变过程中，他们开始独立。而这个阶段的"叛逆"则是指，一个半独立、半依赖父母的儿童开始在生活的每一个方面离开父母，自己独立过成人的生活。

这是一个很矛盾的年龄段。一方面，从外表上看，孩子的身体可能已经完全是大人了，但他的心智和成熟度还没有跟上身体的发育。另一方面，他们要父母完全信赖他们的决定，但又非常需要父母的智慧和引导。同时，父母也在跟着成长和转型，从老师和教练转变成顾问和朋友。但很多时候，父母和孩子都还没有确定应该如何与对方互动。因此，青春期是一个充满迷惑、什么都在变动、大家都在摸索未来如何发展的阶段。

青春期的孩子也开始探索自己的身份，开始问一些比较深奥的哲学问题。他想要了解，在这个世界上他要扮演什么角色、做出什么贡献。但是，因为他还没有进入社会，对自己的想法并不完全笃定，会在迷茫、理想、自卑、励志等各种各样的感受之间摇摆。他们渴望归属于一个群体，但又渴望与众不同，有自己独一无二的身份。因此，"我是谁"这个问题会成为大部分青春期孩子的困惑，尤其是男孩。

其他导师的重要性

2009年6月的《财富》杂志（*Fortune*）报道了对比尔•盖茨和他父亲的采访。比尔分享了他在青春期的一些经历。那时候，他与父亲在意见上出现分歧，父亲让他去找一位他信任的长者，并与其讨论他正思考的关于职业的事情。虽然最终这位长者给比尔的建议跟父亲所给的建议一样，但因为他不是自己的父亲，对比尔来说，他显然更有权威和说服力。在申请大学时，虽然我们都是 MIT 的面试官，但他们不愿意接受我们的帮助，宁愿去问学哥学姐们或者自己上网查资料。因此，他们申请大学的材料都是提交以后才允许我们看的。面对比尔•盖茨的问题，他的父亲选择退一步，让别的值得信任的长者来引导自己的孩子，这种智慧的做法给我们很大启发，鼓励我们要放手和信任自己的孩子。一方面，我们的放手表示我们对他们作为成人独立性的认可；另一方面，我们也相信这些我们信任的长者能给予我们的孩子以智慧的引导。

选择能力的培养

一个人想要独立需要学习一门功课，就是为自己做选择。《取舍的痛苦》一节描述了我们如何帮助孩子做出取舍。其实，这种关于取舍的选择并不简单。在这个过程中，我们开始从"告诉""说教"转型成为顾问，学会耐心等候孩子，给他们时间思考。我们很珍惜孩子愿意向我们倾诉、提问的宝贵信任和勇气。我们需要努力控制自己，绝对不去说教，只提供有益的数据和信息，对不同选择的利弊（比如，要付出的代价、带来的益处和选择的后果）做出简单分析，然后给孩子时间和空间，让他们根据自己的想法去做出选择。很多时候，我看到孩子选择了我心里反对或觉得不正确的做法，但仍然需要咬着牙根让孩子去尝试。当他成功的时候，我会承认我错了；当他跌倒的时候，我不是沾沾自喜地说"我不是告诉你这个会发生吗"，而是会去倾听他失败后的反思，并且鼓励和庆祝他的成长。

在孩子们的童年时期，我学会了放手，让他们通过探索的失败而成长，也学会咬着牙根顺服丈夫，按照他的想法去养育孩子。现在，这种"咬着牙根不说话"的能力又要再一次接受挑战。这个年龄段的"咬牙根"虽然比以前艰难，但却并不陌生。因此，我们相信自己，也相信孩子能经受住青春期的各种考验而成长。孩子现在有了选择能力，以后也会有作为成人而独立生活的能力！

到了17~20岁的青春期晚期，孩子的身体已经发育成熟，在身体、情感和大脑功能等方面已经完全成为成人。

逆商
Adversity Quotient

逆商理论篇

逆境商数AQ

逆境商数简称逆商（Adversity Quotient，简称AQ）是由加拿大培训咨询专家斯托茨博士（Stoltz）在他的著作《逆境商数：将障碍变成机遇》及《工作中的逆境商数》中首次提出的。逆商用来研究、测量人们在面对困难时有多大的弹性。高逆商的人无论是在工作还是生活中都更有生产力、创造性，有更高的幸福感。

一些教育专家预测今后最重要的"商"将是逆商。为什么？回顾刚刚过去的这10年，我们经历了自然和人为的种种巨变和灾难，其影响之大、速度之快超乎预料。在这种速变中，如果我们的孩子不具备应对失败和逆境的弹性和恢复能力，当有人力所不能控的情况出现时，他们只会被绝望的浪潮所卷席，根本没有弹性去面对问题并找到解决方法的能力。

孩子经历人生低谷时，做父母的不用太焦虑，因为低谷能让孩子谦卑下来，坦然面对未来的更多低谷。即使父母能帮助孩子暂时处理很多挫折，但最终生命还是会很自然地把挫折带到孩子面前。孩子不需要人为的挫折，父母只需在他们经受挫折的时候陪伴他们，鼓励孩子，让他们坚信挫折中有生命的美意。

人生中最难受的不是挫折，而是在挫折中没有人陪伴。因此，无论我们生命中遇到什么样的失败和挫折，只要身边有爱我们、陪伴我们一起走过的人，会比无人分享的成功或肤浅的"快乐"要更值得、更有意义。

没有人在成长的过程中可以不经历挫折，但对于拥有双亲和4个老人时刻呵护的独生子女来说，他们很少有失败的时候。因为在呵护者中，总有一个"拯救者"要帮助孩子"避免走弯路"。其实，失败是孩子成长和成熟的必要过程。帮助孩子避免失败带来的痛苦，也就同时剥夺了他宝贵的成长机会，也剥夺了他对自己的认识和克服逆境的信心。孩子缺乏面对挫败的弹性和积极心态，会延迟他的成人过程，持续依赖长辈，难以为家庭、为社会承担责任。低逆商的孩子持有的是消费者的心态，不认为自己有能力解决任何问题。因此，做父母的需要鼓励孩子勇敢冒险，面对失败，从失败中学习和成长，因为失败和挫折在人生中是很自然的。这样，当有一天父母无法陪伴在孩子身边的时候，他不但能为自己负责任，也能为他的家庭、工作负责，为社会和时代解决问题，承担责任。

挫折是成长的机会

考门夫人[①]在《荒漠甘泉》中讲了这样一个故事：她看到一个已经羽化的蝴蝶要从茧上面的小孔挤出来，然而挣扎了很长时间还是没有成功。她觉得蝴蝶很可怜，于是把孔割大以减轻它的痛苦。结果蝴蝶却死了。原来，蝴蝶正是在破茧而出的挣扎中，把身体里多余的水分挤到翅膀里，从而化作一只可以自由飞舞的蝴蝶。

珍珠的形成过程与此相仿。一粒沙进到蚌的身体里后，蚌为保护自己会分泌一种体液包裹住沙粒。在体液一层一层长时间包裹住沙粒之后，就逐渐形成漂亮的珍珠。在自然界有很多这样的例子，对很多生物来说，为了成长、成熟及蜕变，痛苦挣扎的过程必不可少。

人的成长也是这样。历史上许多对人类有贡献的人，正是因为能够克服逆境，才最终实现了自己的理想。在安逸舒适的环境中长大的孩子却很少能够发挥潜能。

比尔·盖茨一度是世界上最富有的人。当他宣布把巨额财产都捐赠出去时，举世震惊。当有记者问他为什么如此辛辛苦苦工作，结果却把所得捐赠出

---

① 考门夫人（1870—1960），美国人，因其著作《荒漠甘泉》享誉世界。

去而不留给子孙后代时，他回答说，他相信自己可以帮助孩子们运用他们自身的潜能取得成功。

因为他相信，他的孩子已然拥有成功所必需的东西，而他不给他们留太多遗产，是不想阻碍他们发展潜能。凭着他的睿智和对孩子的爱，我们可以看出，他不想让他们在彼此能得到多少钱这件事上争个不停、浪费生命，他宁愿他们发现和运用自身的天赋，创造属于自己的传奇。

我看过一部电影，讲的是一个私家侦探受雇于一对兄妹，调查为什么他们的亿万富翁父亲去世时不给他们留一点遗产，而是把所有财产都捐给了慈善团体。他们平日生活奢华，现已落得负债累累，正需要大笔遗产来应急。调查进展缓慢，兄妹气急败坏，他们决定在等待的时间里做点什么。结果，哥哥成为著名的剧作家，而妹妹成为一名成功的律师。

在电影的结尾，那位私家侦探发现了他们父亲留下的一封信，信里说看着他心爱的孩子日渐消沉，衣来伸手、饭来张口，却忽视培养彼此之间的感情，不去追求更有用和更有价值的目标，他伤心不已。他认为金钱、舒适和满足将摧毁孩子的生活，出于对孩子的爱，他决定把危害的根源从孩子们的生活中挪走，而只留下信心，使他们能够最充分地利用天分和在这世上的短暂时光。电影在这对原本已经疏远的兄妹的动情拥抱中结束，他们终于明白了父亲留给他们的真正遗产是什么。

在亚洲，取得成功后的一个普遍做法，就是把成功的果实传给后代，而像上文提到的那种做法则少之又少。结果，巨富之家由于遗产问题而纷争不和的现象，司空见惯。

我在一个富有的家庭长大，见证了凭空得来的财富会怎样毁坏一个人的品格和观念。生在有钱有势家庭中的孩子，常常缺乏亲情，因为父母为了追求他们个人的成功而经常不在家。

富有之家容易有一种虚假的安全感，缺乏用以指导其生活的内在同情心。当管理财富毫无方向的时候，这种内在同情心的缺乏就会进一步加剧。

这样，财富就经常浪费在个人一时兴起的种种怪念头上，浪费在来得快去得也快的种种爱好上，而不是给个人或社会带来好处。当我们整个民族都在近乎盲目地追逐物质财富时，大多数人都把一句代代相传的至理名言抛在脑后——贪财乃万恶之源。这句名言没有说钱财是邪恶，而是说对钱财的贪恋会引发种种邪恶。因此，虽然满足孩子的基本需要是所有父母的责任，但留给他们过多的财富，以致他们不需要劳动和奋斗就可以过安逸的生活，这样做是有害而无益的。

身为母亲，本能促使我要保护我的孩子远离伤害和苦难，而父亲们则倾向于想方设法督促孩子接受强度更大的训练。很多次，当看到先生训练孩子掌握一些技能时，我都觉得他是一个残酷的父亲，但在后来的观察中，我发现了他的睿智之处，也因此更尊重他。孩子经过训练学会独立时，他们自己也感受到极大的喜悦。

我仍记得儿子学游泳时在游泳池差点溺水的经历。他刚入水时，有些不适，我们把他拉出水面。但先生坚持让他再跳回到水里，以克服他对水的恐惧。我对如此无情的做法非常恼火。他解释说，如果我们不立刻帮他克服这种恐惧，他就永远也学不会游泳。虽然心疼，我还是顺从了他，敦促儿子返回游泳池，而不管他又踢又哭又尖叫的举动。果然，在克服了最初的恐惧后，他就得意扬扬地从水里冒了出来。从那以后，他一直享受着游泳的乐趣。

在我的孩子度过逆境时，我看到了他们身上发生的变化。他们变得更成熟、更谦卑，对别人也更有同情心。关于战胜逆境，我们的3个孩子都有自己的故事，这些经历使他们树立起信心，帮助他们克服了失败的恐惧，给了他们发现自身潜能的机会。在这里，我想分享凯文的经历（摘自我2005年8月的日记）：

> 是否送凯文参加军训，我们内心颇为挣扎。许多朋友都不断对我们说军训的条件多么艰苦，食物多么糟糕，孩子们不能洗澡，纪律严

苛到难以忍受……他们建议我们不要让凯文去参加军训，因为他们担心凯文在舒适的环境中长大，可能无法忍受那么艰苦的条件。当我们决定鼓励凯文去时，他们提醒说做好凯文会哭鼻子、受折磨、掉体重的心理准备。第二天，凯文呜咽着往家里打了两次电话，要求回家。对此我确实满心内疚，但我还是鼓励他待下去，完成军训。

凯文军训归来，我们才发现在中国，人们对战士非常尊敬。不管是楼下的安全警卫，还是学校的老师，都热情地拥抱他，当听说凯文赢得了一朵"红花"时，他们立刻对凯文表示出别样的敬意。

司布真（19世纪英国著名布道家，19岁时就以他的讲道震动整个伦敦）有一句话："记住，任何时候我们拥有的信心都没有遭受试验的时候大。所有不能忍受试验的，只不过是肉体的信心。顺境中的信心不是信心。"

凯文的军训作文

周四早晨7点半左右，妈妈送我到学校，准备去参加军训。对所有七年级以上的孩子来说，军训是必修课。作为外籍学生，我有权选择不参加军训，但如果我去，和同学们共同度过艰苦的时光，我就可以被他们视为一名中国孩子。

头一天就非常艰苦。我们把同样的练习做了一遍又一遍，因为有些人就是不知道在一个一切都要同步的连队里，该怎么走路、转身和立正。

我们住的是8人间的宿舍，房间里相当脏，但我们发了床单、枕头套，还有毯子套。这极大地改善了我们的住宿条件。我们还拿到军队分发的用过的制服。还算幸运，在训练期间我们有足够的休息时间。

不过，时间表仍非常紧张：每晚忙到10点，每天早上5点30分就要起床，准备迎接新的一天。每晚我都盼望第二天可以准时起床。

我所在的连队领导很优秀，既要求严格，又处事公平，而且对我很亲切。最后一天，我们为所有军官做了一次汇报演出，我表现很出色。

我们吃的第一顿饭是午餐。那时我们饿坏了，即使食物不怎么好，也依然狼吞虎咽。后来，慢慢习惯了，也就对这些食物失去了胃口。我交了许多朋友，我宿舍的每个人都成了我的朋友。

部队里学习的内容我以前都学过了，所以，我觉得没有必要再待下去，而且我也非常想家。于是，在军训第二天，我向一位从学校来的老师借用手机，两次打电话问妈妈我是不是可以回家。我父母把这个问题留给我自己处理，但鼓励我待下去，好好完成军训。于是，我决定留下来。

当晚，我得了一项提名奖，同时得到提名奖的，还有从1300多名军训学生中挑选出来的4名学生。这对我待下去来说是件好事。在最后一天，我还得了一个名为"红花"的奖励，并在一排老师、军官和所有学生面前获得了一个笔记本。这些奖励，是因为训练努力和表现出色。我的朋友都为此感到高兴，并向我表示祝贺。

在回来的路上，我和3个朋友坐在一起，而与其他朋友暂时分开了。我们一路聊天，看沿途风光。我们坐的公共汽车居然在路上抛了两次锚，对此，我们一直笑个不停。最后我们回到学校，我和妈妈，以及其他在车上分开的朋友重新聚在一起。

第二天，等我醒来，妈妈给我看《荒漠甘泉》中的一段话，它恰好描述了我的体验：

"在这项技能上，他不是行家，只是一个学徒。他还不懂，吹来的每阵风，都是来自天堂的和顺的风。谁也帮不了，唯有死一般的寂静。南风或是北风，东风或是西风，无关紧要，每阵风都将帮助我们驶向那受到祝福的港口。我们只寻求一件事：但愿健健康康出海，之后何惧狂风暴雨！让我们像老康沃尔人那样祈祷，'哦，上帝啊，送我们出海吧——到深水当中去。我们这里太靠近岩石啦，一旦开始和恶魔略作抗争，我们就全都会被撞成碎片。送我们出海吧——到深水当中去，在那里我们才有足够的空间来获得辉煌的胜利。'"

打好自己的生活牌

我的3次挫折

生活中的不如意造就了我。其中，有3次挫折对我的影响最大，对此我深怀感恩。

我读十年级的时候，父母终于从中国台湾来到加拿大温哥华和我们三姐妹住在一起。父亲亲自设计并建造了一座又大又漂亮的房子作为我们的新家，我和妹妹为此很自豪很快乐——全家终于团聚了。

然而，好景不长，在我升高三之前，父亲的投资出了问题，几乎一夜之间，我们失去了漂亮的家和宝马车，家里所有的贵重资产都被债权人收走了。父亲不得不前往美国找工作，母亲则留下来在当地菜市场上支起菜摊，卖菜赚取生活费。身为大女儿，我和二妹轮流逃学帮母亲照料菜摊。

我在科学博物馆打工，在社区教钢琴，赚取薪水帮家里支付租金。二妹放弃了参加花样滑冰比赛的梦想，围着围裙在菜摊那里卖菜。生活陷入低谷，但全家人齐心协力，互相支持，维持生计。

同样是一夜之间，所有的朋友都消失得无影无踪，他们唯恐我们借钱，害怕和"有问题"的人有任何瓜葛。我父母的一些朋友甚至落井下石，传播谣言说我父亲在金融交易里缺乏诚实的品行，这无疑让我们家的境况雪上加霜，遭到一向"团结"的华人移民社区的排斥。

母亲昔日的一些朋友来菜摊买菜，假装不认识我们，却还带着"高尚"

的表情将买菜当作"善举"。当妈妈把背挺得笔直，卖菜给她那些朋友时（她们已经被巨大的鸿沟隔绝在不同的世界），那些朋友尴尬的表情令我心里直冒火，我下定决心，不仅要好好生存下去，还要获得成功，把我们失去的房子、车子和梦想都买回来！我刻苦学习，一心要申请世界上最好的学校。当时在我心中，最好的就是哈佛大学，因为从那里毕业的人可以赚到大把钞票。

现在看来，家里破产反而对我有很正面的影响。如果没有这件事，哪怕发生得再晚些，我可能仍然是一个受宠的富家孩子，只想着自己，然后像我那些同辈的富家子女一样浪费生命、挥霍时光，只等着父母去世后继承遗产，终此一生。相反的，这次破产使我深深地意识到自己对家庭的责任，并挖掘出我潜在的能力和天分。

被哈佛大学拒绝，是我遭受的第二次大的挫折。虽然我的数学和自然科学在本省获得高分，但英语水平还不够出色，尽管还有其他成绩和奖励，但最后还是被哈佛大学拒绝了。虽然MIT给了我全额奖学金，但我还是认为我的人生完了，我没有机会成为富人了。最后，我去了MIT，在那里我得以被重塑，并形成了影响我一生的价值观。

在和那些沮丧的学生（他们都很优秀，但没能被招入MIT）谈话时，我经常提到这段经历，很多孩子至今还和我保持联系。因为他们知道，我也经历过同样的失败，我理解他们，也关心他们。

同大学里交往3年的男朋友分手，是我经历的第三次人的挫折。对当时的我而言，他就是身穿闪亮盔甲的骑士。他是一个富裕家庭的长子，我原以为我们会结婚。然而，他先我一年毕业，同时也和我分手了。我伤心欲绝，再次以为我的人生完蛋了。然而，之后我遇见了现在的先生，他成了我最好的朋友和精神伴侣。多年之后，我和先生偶尔还会碰到我的前男友。当我看着他俩站在一起时，我不得不感叹，假如我和前男友结了婚，我简直不敢想象自己会变成怎样的人。可以肯定的是，我绝不会像现在这样幸福。

逆境和心态

生活常会发给我们不如意的牌。问题是，这些不如意的牌，是令我们变得更痛苦（bitter），还是变得更好（better）呢？一位朋友告诉我，一旦发生了糟糕的事，我们该提的问题决不该是"为什么"，而是"我要从中学会什么"。

世上有两种人：责怪别人的人和承担责任的人。逃避责任的人会找个替罪羊来为发生的不幸承担后果；独立的人则会自我检查，弄明白自己是否要承担责任。竞选美国总统的共和党候选人约翰·麦卡恩，在越战期间是个战俘。他讲述自己身为战俘的经历时提到，那些整日怒气冲冲或沮丧不堪的战俘多以死亡告终，而那些保持乐观和愉快心态的战俘最终活了下来。恶劣的环境对于每个人来说都是一样的，没人可以改变，但人可以选择自己应对的心态。对战俘来说，心态决定了生存还是死亡。

不管怎样，当生活中发生了不幸的事，而我们努力从中学习时，就会学到难以言传的谦卑，那是再多的自我劝解或者理性说服都不可能帮我们学会的。而且这种谦卑会使我们赢得别人的尊敬，那是再多的金钱或者再大的权势都不可能获得的。

美国顶尖大学把面对困境时表现出的韧性叫作AQ（逆商）。在申请MIT时，有一项是让申请者描述一次失败或者困难的经历。设这一问题的目的并不是为了让申请者坦言自己的失败，进而使之显得不那么好，而是为了考察他有多强的能力去克服困难，从失败中学习并且由此变得更加有力量。

美国有句流行语：没能杀死你的，只能使你变得更强。失败不是一个"如果"，而是一个"时机"。一个人怎样面对失败，并从其中获得成长，比起他如何对待成功，更能说明问题。在中国台湾，有一个词专门用来形容那些从来没有经历过困境或者需要提高逆商的孩子：草莓族。外表看来，他们有优异的成绩、快乐的生活，但是一点点的压力就会把他们压垮。一般来说，出租车司机、单亲或者贫穷之家的孩子在生活中比富家子弟表现得更好、更成熟，因为他们有很多机会提高逆商。

打牌的比喻与凯文的成长

生活中不公平的事时有发生。如何教导我们的孩子应对此类境况，比教给他们其他东西都重要得多。

曾经有一位演讲者讲了一个比喻：生活就像打牌。在人生的终点，我们如何评价自己，不是靠我们拿到哪种牌，因为没有人能控制自己拿到哪种牌。我们被人评价的基础，是如何打好手里的牌。每个人都被人期许着，要用他手里的牌打出最好的结果。

凯文将这个比喻一直铭记在心，并在成长中运用。

凯文在当地学校读初中时，有一次需要搭车去参加周五晚上的青年小组活动。然而，路上发生的一件事让凯文非常受挫。当同车的孩子彼此询问在什么学校读书时，他们得知凯文读的是普通的当地学校，而其他人上的都是学费昂贵的国际学校，车里的"老大"上的更是北京最精英的国际学校。他们全都取笑凯文。最让凯文伤心的是，他认为是他好朋友的一个女孩不仅不维护他，反而加入嘲笑他的行列。作为父母，我们告诉了他应对这种偏见的办法，但最重要的是，他需要思考从中可以学到什么。

几年后，凯文进入国际学校就读，并成为学校最受欢迎的人之一。许多人羡慕凯文吉他弹唱的技巧，想成为他的朋友。而凯文的好朋友当中，有不少是不受他人欢迎，似乎也没有什么特长的人。我注意到他在选择朋友时很慎重。

他的朋友问他："为什么你选择和我们这样的'失败者'做朋友？"他回答说："谁说你们是失败者？你们是我最好的朋友。"凯文告诉我，因为他们几个懂得朋友间的忠诚。通过交往和观察，他知道他们才是最不可能在困境时背弃他的人。

当年遭朋友嘲笑的事让他认识到，朋友身上什么品质才是最重要的。在学期结束时，凯文和他的一位朋友合作了一首歌，并在全校的老师和学生面前演唱。他们这些朋友比兄弟还亲密，我为凯文深感自豪。车里发生的事情使他变得更成熟，而不是变得更痛苦。

凯文的一篇博客

本周我学到的最重要的一课，就是你不是总有一手好牌，最要紧的也不是你的牌有多好，而是你如何打好这局牌。

本学期，看起来我拿到的牌没有去年好。因为所有的好老师都离开了，取而代之的是一般的老师。就拿我的数学老师和地理老师来说，我去年的数学老师是我所遇到的最好的老师，他总能找到办法调动起全班同学的兴趣，抓住每个人的注意力。他聪明、幽默，各方面都很好。而地理老师是一个风趣的人，她教给我们很多有趣的东西，对每个人也很和蔼。

与去年不同，现在的数学老师总是照本宣科，而地理老师只会用一个语调讲话，即使有人站起来跳舞，她也不会注意。

我想努力上好这些课，但不是很容易，因为我完全失去了兴趣。我意识到，我拿了一手差一点的牌，就看怎样处理了。很明显，假如拿到一手好牌，你就会期许把牌打好，因为它本来就是一手好牌。而一手差牌，如果还能把它打好，就比打好一手好牌显得更有价值。这和解数学题很像，如果是一道容易的题，做对是应该的，但如果是一道非常难且极具挑战性的题，假如你正确地解决了它，那你从中所学到的东西要远远多于做对一道容易的题。

想到这些，我改变了上数学课的动机。当有新东西要学，而且有学习的动力时，这个世界会让你感到很兴奋。毕竟，人类靠学习新东西以生存。想象这样一个世界：万物总是一个样子，没有新东西要学习，也没有新东西要教，在这样的世界生活，人就没有生存的动力了。

冒险精神

跳出框框想问题

挑战常规是MIT特别想在申请者身上发现的品质之一。MIT使命宣言的第一部分如下：

> MIT的使命，就是在科学、技术和其他能在21世纪服务国家与世界的学识领域发展知识，教育学生。学院致力于生产、传播和保存知识，并与其他人（或机构）合作努力，以使这些知识与当今世界面临的巨大挑战产生紧密联系。MIT努力给学生提供这样的教育：将严谨的学术性研究和探索发现的兴奋之情与一个具有多元性校园社区的支持和智性刺激紧密融合。我们努力在MIT的每个学生身上，培养他们的创造性，以及高效率工作的能力和激情，以造福人类。

教育和培养未来的领导者，解决这个世界存在的诸多问题，需要具有冒险精神的人，需要愿意跳出框框想问题，不满足于循规蹈矩，而是另辟蹊径寻找答案的人。善于获得"正确答案"的人未必具有解决问题的能力，因为没有谁知道正确答案是什么。常见的情况是，我们的孩子作为当下教育体制的成果，习惯于稳妥地做事，而不是试图跳出框框去调查一个富有争议的问题，或是寻找不同的答案。在现有的教育体制下，教育的目标是把孩子训练成照章办事的人，取得好成绩，以获得进入更高层级教育机构的许可证。

海伦·凯勒曾说："安全是一种迷信。它在自然中并不存在，人类的孩子作为一个整体来体验它，其实它不存在。从长远来看，躲避危险并不比完全暴露更安全。生命或者是一场勇敢的冒险，或者什么都不是。"

《财富》杂志做过一项研究，追踪那些从事创新产业的企业家后代们的生活。饶有趣味的是，第一代通常频繁挑战常规，就创造财富和革新而论，迈的步子最大，成就最高；第二代通常属于守成管理的类型，其目标不是通过革新来创造财富，而是保护和维持现有财富。由于这一代人的终极目标是安全和保有，所以很少有人敢于打破常规求发展。他们所得的财富回报最多是增量性质的，所做的革新维持在最低限度。随后的几代人轻而易举地继承大量财富，繁荣富贵的家族王朝就形成了。最后迎来的是彼此瓜分或争夺家族财富的一代。其他家族通过新的冒险取代现有的产业领袖而崛起，进而成为新的富豪之家。纵观历史，王朝的起起落落，也是如此。正如古罗马历史学家塔西佗（他在罗马史学上的地位犹如修昔底德在希腊史学上的地位）所言："贪图安全，足以阻止每一桩伟大而高贵的事业。"

失败是寻常的事

我先生曾雇用两名大学毕业生帮他制作销售建议书，并回复客户就软件合同的标的所提出的要求。其中一位是清华大学的毕业生，另一位则是美国二流的、不太有名的州立大学毕业生。他给了他们相同的任务，即汇总某客户对某标的的要求后制作建议书。他本以为清华大学的毕业生会完成得更快些，而那位美国来的毕业生只要帮他检查一遍英语语法就行。

然而，令他惊讶的是，两天之内，美国学生四处求助、上网搜索信息，最终在自己研究的基础上做出了建议书的框架，而清华的学生一个字都还没有写出来。当被问及他为什么还没开始写时，清华的学生说他担心不能做出一份完全符合要求的建议书，因此正等着老板一步一步给他指示，这样他才能一次性地做出完美的建议书。也就是说，他习惯了做任何事都要一次性做对、做好，而美国学生则习惯于一边做一边学习。结果，美国学生最后交出了优秀的建议书，而清华的学生一直等到美国学生提供给他一些模版并教他怎么做时，才开始合成他的第一份建议书。

有时，恐惧失败会使我们陷于瘫痪，阻止我们向成功迈出尝试的第一步。

通过冒险而取得的成功不同于前面"创造力"篇章中所提及的那种成功，"创造力"部分说的是人要通过不断重复才能在某一方面变得精通。然而，当首次面对全新的事物时，未知的恐惧和几乎必然要发生的失败会让人踌躇不前。最开始尝试的时候，人容易有"我看上去有点傻"的感觉，因此许多人出于完美主义，连第一步都跨不出去。其实，第一步是不需要"完美"的。

无论如何，我们必须帮助孩子从这种文化潮流中走出来。这种潮流不允许他们在某门课程或某个项目上失败，因为害怕他们没有能力去竞争。越来越多的国际学校正合并其考核系统，来评价一个学生的能力和在某个研究课题中的冒险意愿，以此作为最终成绩的一部分。一个冒险者期待失败，并期待从失败中有所得。这就应了汤姆·彼得斯（美国著名当代管理学大师）的那句话："赶紧试验，赶紧失败，赶紧调整。"

鼓励孩子去冒险

在我们的文化里，冒着风险挑战常规有时会被理解为类似赌博那样的鲁莽行为，人们常常将其和粗枝大叶与盲目冲动相提并论。然而，在电影《玩转21点》里，一组MIT的学生在"21点"（又名"黑杰克"）的牌局中通过记牌赢得巨额现金，说明在这一冒险游戏中，不仅有计算，还有克服恐惧的深思熟虑。乔治·巴顿将军这样总结道："在你做出重要的战争决策之前，你要彻夜思考你的恐惧。就是在那时，你要认真倾听你所能想象到的每一个恐惧！在你将一切都考虑清楚并做出决定后，就抛开所有恐惧向前冲吧！"

对我们的孩子来说，最有力的老师和指导者就是其父母。你本人是否就是那种敢于挑战常规，乐于变化，善于从失败中学习的人呢？你是否建议孩子要在日常生活中敢于冒险，而不是守着对已知事物的确定感不愿去改变呢？

《未来领袖》的作者格伦·琼斯说："如果人们可以理解其个人牺牲和努力的价值，他们将奋起迎接那些看似不可克服的障碍和挑战。要理解这一要点，必须获得具备领导力的导师的支持。如果缺少了这两个要素，一项事业将无法实现，一个使命也很难完成。"如果平时就有冒险做决定的训练，一旦需要做重大决策的时候，我们的孩子才能有勇气。

凯文曾经写了一份英语课主修论文，这篇论文占他学期成绩的1/3。他在老师的指导下已经阅读了大量与"系统不公正"主题相关的材料，并思考了个体对系统的影响。比如，当纺织厂残酷剥削在悲惨条件下生产服装的低薪工人时，作为一个个体，你会选择抵制这种服装品牌，并让你的观点为世人所知吗？课堂上大家都觉得答案显而易见，就是选择抵制，因为所有的阅读材料和电影都是这样建议的。

然而，凯文觉得大家都没有认真去思考问题的另一方面，也就是个体的抵制并不会带来不同的结果。他认为要理智、诚实地面对自我，就要真实地表达自己的想法，支持不抵制的观点。他宁愿得一个不好的成绩，也不愿附和一个经他认真思考后不能支持的观点。

他就此决定和我讨论，如果他得了低分，我是不是会不高兴。我鼓励他先去彻底研究并理解这个论题，并鼓励他对自己诚实，不要写他不能完全赞同的东西。结果，他成了唯一一个持有对立观点的人，他的论文获得全年级唯一的满分。

当然，结果也可能完全相反，但这并不重要。如果我们不能冒险做出这些日常的小决定，就不会知道自己能否认真倾听内心的声音并按此行事，而不是轻易地向压力投降，遵从弥漫在周围的流行观点。

不管你或你的孩子选择做什么，整个过程中最重要的就是在你理性地做出决定之前，一定要顾及你的恐惧并迎头面对它们。第一次世界大战美国王牌飞行员埃迪·里肯巴克曾说："所谓勇敢，就是做你害怕要做的事。除非你感到害怕，否则谈不上勇敢。"美国前第一夫人埃莉诺·罗斯福则说："每一次当你真的停下来正视恐惧时，你就会获得力量、勇气和自信。"

冒险：通往伟大的先决条件

电影《面对巨人》（*Facing the Giants*）中，橄榄球教练让队长蒙上眼睛，做一项特别的练习，即背负一位重量超过100公斤的队员尽量走得远。眼睛被蒙上前，这位队长怀疑自己是否可以到达中线。然而，蒙上眼睛后，教练不停地对他大声叫喊"继续往前走，不要后退"。当最后精疲力竭停下来时，他却惊讶地发现自己已经穿越了整个球场，远远超出他个人的最佳表现。他激励其他队员，每个人都不顾危险大胆前进，不断突破身体极限。这场训练成为重要的转折点，使这支从未赢过一场比赛的常败球队摇身一变，赢得了当年的州冠军。

T.S.艾略特[①]曾说："只有那些冒险前行的人才有可能发现自己到底能走多远。"对这支球队而言，州冠军并不只是荣誉，它更意味着每个队员在突破个人极限的同时，全队作为一个整体也突破了极限。如果其他经常摘得州冠军的球队赢了，那就不足为奇，因为他们早就名声在外了。如皮埃尔·高乃依所说："未经冒险的胜利不过是没有荣誉的凯旋。"或如K.肯尼迪所言："只有那些敢于大输的人才能取得大赢。"

你想让孩子只是舒适地度过一生，还是希望他们过上一种高贵且伟大的生活？如果没有学会明智而恰当地冒险，他就不能从失败的创痛中学到东西。有了失败，日后艰难地胜利后才会有最深刻的激动。

> 成功不属于批评家，不属于指出强者如何跌倒的人，也不属于指出行善者怎样能做得更好的人。成功属于身体力行者。他知道，假如一切顺利，他最终将品尝胜利；然而，就算在最坏的情况下他失败了，至少也是经过一番冒险。因此，他的历练绝对不会像那些冷漠胆怯的心灵一样，不了解胜利，也不了解失败。
>
> ——西奥多·罗斯福

---

① 英国20世纪最有影响力的诗人，诺贝尔文学奖获得者，长诗《荒原》是他的代表作。

激情胜过才智

一个真实的故事

艾米是我多年前在洛杉矶面试过的一个女孩，当时她正申请就读MIT。她看上去很普通，给人的印象不深，但举止温文有礼。看过她的成绩单后，我并没有发现她的优势所在。她的成绩的确都在平均水平以上，她的SAT成绩也很好，这证明她有能力应付MIT的学业，但成绩比她好的大有人在。接下来，我浏览了她参加过的活动介绍，上面只有一项活动。她没有多少社交生活，因为她的朋友圈子除了科学狂，就是和她一起在当地青年会工作的志愿者，她每周要在那里志愿服务40个小时。在我准备进入下一个环节之前，我问她闲暇时间喜欢做些什么。她告诉我，她喜欢看"探索频道"，尤其是关于医疗技术突破方面的内容。有时候为了看完一个有意思的节目，她甚至会熬到深夜。

当我就她申请表上只有一行说明的项目深入询问时，她一股脑儿地把自己的经历全说了出来。原来，她的小弟弟很早就被诊断出患有自闭症，从父母那里她学会了帮忙照料弟弟，并和父母一起自学成了医治自闭症的专家。她全部的业余时间都花在了解自闭症和最新治疗方法上。艾米有一个目标，就是用一生的时间去寻找自闭症的治疗方法。虽然年纪轻轻，她却拥有出色的关于自闭症的主体知识架构，这些知识积累来源于几个方面：她对这一疾病的科学调研，她在当地青年会为大量自闭症病人服务时的实践，还有她的亲身体会——这种疾病如何影响病人（她的弟弟）及其照看者的日常生活。

在这个面试的季节，我面试了很多出色的学生，他们或者写出了复杂的计算机程序或游戏，或者在各种学术比赛中获奖。我惊奇地发现，看似普通的艾米已经获得了美国所有顶尖大学提供的奖学金。为了争取她，在顶尖大学之间出现了竞争，因为大家都知道，任何时候激情都胜于智力。最后，MIT输给了斯坦福大学，因为除了全额学费奖学金之外，斯坦福还给她提供了额外的奖学金。

"平衡"是一个在各个领域都被频繁提到的词。教育者们强调培养儿童多种兴趣以求平衡。我面试过的很多优秀学生，他们有一张填得满满的单子，上面写满了他们参与的各种课外活动：运动、音乐、公益服务、学术活动。看起来他们的发展是平衡的，但我却看不到那个真实的人。在"真实"这点上，艾米却是清晰的，我可以用一句话概括艾米：治疗自闭症。在约翰·奥伯格的《你一直想要的生活》中有这样一段话：

> 人们寻求平衡，事实上却没有意识到：生活被赋予了某种超过我们自身的东西，它忽略自我牺牲和自我否定，而是让我们疯狂、大胆、冒险，不惜一切地投身于一个更伟大的事业。

在我超过15年的面试经验中，我看到这一点得到反复印证。自我到中国以来，每年都会看到这样的人被录取——他们不仅学业优秀，而且对某种东西有全然的激情。

发掘孩子的激情

那么，为人父母的我们该如何帮助孩子发掘他们的激情，而且一旦发现这份激情，就帮助他们聚焦于此，而不被其他事物所分散呢？我们又如何判断哪一种激情转瞬即逝，哪一种激情可能持续一生呢？《自主学习》一书的作者伯林·伯格提出了激情的一些表现特征：

（1）**专注**。一般人只能做10分钟的事，他能专注1小时，不会轻易被打断或分心。

（2）**坚持**。始终坚持到底，即使失败了，也会收拾残局，从头再来。

（3）**没有时间感**。忘记了时间，经常忽略正常作息，不分昼夜，不喜欢被别人干扰。

（4）**不知疲倦**。在喜欢的事情上经常废寝忘食，只要他开心，即使体力透支也不觉得苦，他可以因此不休息、不睡觉。

（5）**动力十足**。短暂休息之后，他会很容易继续工作，如果需要他人协助，他会找人帮忙，解决问题后，又投入工作。

《八个宝盒：让孩子活出精彩人生》的作者提到要启蒙孩子的兴趣，必须做到以下几点：

（1）**时时留心**。多留心，才能找出孩子充满好奇的事物，引发他的兴趣，这样长时间下来也许会成为他的专长。

（2）**不吝鼓励**。以实际的语言及行动上的鼓励来激发孩子的兴趣。

（3）**弯下腰来**。大人的世界太大，看不清孩子的视野。试着弯下腰，看看孩子的眼里有什么新奇的东西。

（4）**听孩子的话**。父母眼中的好路，对孩子来说未必是对路，还可能会造成孩子短路。当孩子有话要说时，请静下来听他说说心里话，要知道，最了解他的还是他自己。

（5）**适时奖赏**。适时奖赏不是要求儿女成为大师，而是让学习更有趣。

有一年夏天，美国和中国的排球队在赛后接受采访，在谈到选择这项运动的动机时，两国运动员在这方面有很大不同。美国排球运动员告诉记者，她们选择打排球是因为她们热爱排球这项运动远胜于其他事情。而中国运动员则告诉记者，她们选择排球是因为她们在这项运动中赢得金牌的可能性最大。

3个儿子的激情所在

我家的3个男孩性情各异，兴趣也不一样。随着年龄的增长，他们的个性逐渐显现，与我所预想的完全不同。这令我既惊奇又高兴，因为他们正长成他们应该成为的样子，而不是我想要他们成为的那种人。

凯文在高中的暑假期间曾经面临着一次选择。作为年级数学最好的学生之一，他可以上两年微积分课程，而这门课已经学完一半了。为了能在秋天注册，他需要自学完成前一半课程，并通过中途插班的考试。这意味着他不得不把暑假的大部分闲暇时间用来补习一整年的高等数学课程。同时，他刚完成他的第一部小说，正在努力进行最终的修订完善，以寻找出版商出版。另外，要想成为学校网球队的种子选手，在秋天被选为校队队长，他需要每天练习网球。每件事情都需要他全心投入，因此他必须做出取舍。

我和先生都是工程师，自然希望他在10年级时就攻读微积分。然而，凯文确信他之所以读微积分更多是为了我们，而不是出于自己的兴趣。不过，他对他的作品却充满激情。出于对写作的热爱，他决定放弃其他的选择——因为写作是他发自内心热爱的。经过内心挣扎之后，我不得不抛开自己的虚荣心，也不得不放弃向我的朋友"吹嘘"他如何擅长数学（恰如他的父母）的机会。同时，我不得不克服我自己的担忧，如果他打算将写作作为职业，就不太可能像搞科技那样在未来给他带来高收入。我只能相信，他的激情将会让他以他热切希望的方式去影响他人。

与凯文刚好相反，凯恩讨厌写作。为了帮助他能更喜欢写作一些，我们曾在洛杉矶给他报名参加一个喜剧写作班。结果，我发现他有极其敏锐的才智，写出了一些我认为很好玩的喜剧片断。在表演过程中，他还能和观众有很好的互动，并让观众大笑不止。他找到了一个感兴趣并让他充满激情的领域。他告诉我们，他将来的职业一定会和某种幽默元素相关。他甚至考虑去当一名喜剧演员，把欢笑带给这个世界。虽然这并非我眼中的理想生活，但他却可以运用天赋去享受自己的生活。

凯安自从会走路以来就喜欢跳舞。他喜欢在YouTube网站观看跳舞视频，并且说服我们一起去参加街舞班。他报名参加舞蹈班，并公开宣称他热爱芭蕾，尽管他的哥哥和朋友们嘲笑他说女孩子才跳芭蕾。虽然我从未想到儿子会喜欢上舞蹈，但还是必须克服那种对喜欢做的事进行男女划分的刻板偏见。

你准备好帮助你的孩子发现他们的激情，并帮他们培养这份激情吗（不管它会把人引领到何处）？你准备好放下你自己关于何谓"好生活"或"成功"

的先入之见，帮助你的孩子过上一种更幸福的生活吗？有时候，做这样的决定意味着你或你的孩子将踏上"少有人走的路"，而且还可能因此失去别人的尊敬，甚至失去好名望。但是，与那些刻板地按照传统的看法去追求成功的人相比，你的孩子最终将会收获更多的自由和幸福。

我的作品《佩蓉的妈妈经1》《佩蓉的妈妈经2》里，有更多关于培养孩子激情方面的内容，请参考书里《孩子的激情从哪里来？》《感染学生的老师，感动老师的学生》两篇文章。

取舍的痛苦：甜美果子的秘密

我试图说服坐在我身旁的凯恩做出艰难的抉择，他眉头紧锁地思考着，脸上清楚地显示出他的内心正在经历风暴。凯恩就要升入高二了，对他的学业来说这是很关键的一年。到目前为止，凯恩的生活可以说是一帆风顺。毫不夸张地说，他简直就是个全职爱好"机器"：他喜欢打网球、羽毛球和篮球；他喜欢玩爵士鼓、低音提琴等多种乐器；他参加了多个合唱团、古典合奏团和摇滚乐队，而且表现活跃；他和我们都喜欢的一个女孩谈着有父母约束和监督的恋爱；他还是个热心的读者，同时参加了很多科学实验。然而，高中最后两年的学业强度和负荷大幅度增加，他要多方面地发展爱好已经不现实了。我还记得两年前与大儿子凯文也有过相同的对话，说服他对自己过于广泛的爱好进行取舍。我还记得当时他有多么不开心。为什么他们不能按之前的模式继续下去呢？未来的人生路还长，他应该可以做到全面发展，为何他需要舍弃一些爱好甚至是特长呢？

激情正逐渐变得比智力和知识更为重要。但是，当激情太多时会怎样呢？我先生与我喜欢用果树作为比喻来阐述这个问题。一个周末，我们去位于北京郊外的怀柔远足。路过一些果园时，我们得以近距离地观察果树，研究果树的修剪方式。我们看到，那些保留了所有分枝的果树，虽然结了大量果子，但枝上的果子都偏小，吃起来口感也一般。而那些经过修剪的果树，虽然每个分枝上都只有几个果子，但每个果子都大而多汁，吃起来很是香甜可口。先生和我问孩子们，市场上哪种果子会卖出更高的价格，答案不难得出——那些修剪过的果树所结出的果子。后来通过市场调查，我们发现经过修剪的果树所结出的高品质果子其单价比那些没修剪过的果树所结的果子高出3倍。因此，修剪果树能使果园生产出高品质水果，提升产品质量和声誉，获得更高的市场回报。那些没有修剪的果树能收获更多的果子，但这些量多质劣的果子容易陷入恶性的低价竞争当中，果农们不得不忧虑：价格的底线在哪儿？如何才能让产品不积压、不亏本？而修剪果树的果农因产品质量过硬，这让他们有更多掌控自己产品价格的话语权，追求品质的人愿意高价购买高质量的产品。

其实，我们的生活就像那些果树一样，大家一天都只有24个小时，也需要用基本一样多的时间来吃和睡。除去用在学业上的时间，剩下的空闲时间就等着我们去分配和使用，去追求自己感兴趣的事情。为何有些人可以成为某个行业的专家，而其他人只是"半桶水"的状态，秘密就在于此。兴趣和自身投入的"因"能影响最后的"果"，但不能忽视在这一过程中所必需的修剪。

修剪有两种类型：一种是自我主动修剪，另一种是外部强加的修剪。我希望能鼓励孩子养成自我修剪的习惯，因为从未来的获益情况而言，"一门专"可比"样样通，样样稀松"强得多。

凯文以前同时进行3项运动：足球、棒球和网球。随着年龄和年级的增长，他从事体育的精力和时间愈发有限。而且对于有3个孩子的我和先生来说，能陪伴他运动的时间和经济上的支持都有限。因此，既然他无法将3项运动同时坚持下去，不如将精力集中投入到一项运动中，精通一项而不是3项都很平庸。因此，在高中阶段，他不再将时间平均分配给足球、棒球和网球，而是跟着网球教练专心练习。最终，他成为学校网球队的队长，由于他很专业，还能指导其他成员练习。如果没有舍弃足球和棒球，他的网球肯定达不到现在的水平。在音乐爱好方面，也是如此。凯文八年级时对音乐产生了热情，逐渐学会了吉他、大提琴等乐器，并且参加了学校合唱团，还组织了一个摇滚乐队。后来，他决定将大部分精力用于摇滚乐队，这意味着他需要放弃一些乐器练习，只以吉他和摇滚乐队作为重点。学校合唱团他也痛苦地退出了。每次参加音乐会时，听着合唱团里好友们美妙的演唱，他的眼中就会流露出渴望和遗憾。但当他带着乐队去其他学校登台表演时，他的遗憾很自然就被喜悦所取代。现在他是MIT的大一新生，他终于又加入了学校合唱团。

凯恩问我的问题是：你怎么知道哪些方面应该被削减呢？我对一切都感兴趣！我的回答是：不管你决定舍弃哪一部分，其实都很痛苦，越接近内心越难舍弃。为了做出清晰的决定，在这一过程中，有几点是需要考虑的：

（1）除非你打算成为某一领域的职业选手，否则，学业应优先于其他所有兴趣爱好，因为你现在的身份是一名学生，而不是爱好集成者。

（2）除去足够的休息和睡眠时间，你还有多少精力处理其他事务？

（3）这些基本需求必须排在首位：健康、社交、学术、道德、精神、家庭责任。

（4）对你来说最重要的是什么？要得到最大、最高质量的果子，必须牺牲那些不够理想的果子。

（5）个人参与的活动，如网球、羽毛球或小规模乐队，比团队活动，如篮球、足球、乐团或大型合唱团等，要来得简单。因为相对于后者来说，前者不太会出现日程安排上的冲突或因个人表现不佳而损害整个团队的发挥。团队活动很难协调，也需要更高程度的承诺。

（6）一些不需要承担太多义务的小组活动，从社交的需要出发，可以保持参加。

（7）在做出取舍决定时，是否可以避免遗憾或失望？这个决定是可逆的吗？

（8）罗列出你所有兴趣爱好的优点和缺点。如果出现不相上下的情况，那你只能遵循感觉，做出一个最佳的选择，同时保证以后不会随便推翻已做出的决定。

（9）除非有更重大的"诱惑"，否则，我们不能轻易对过往的决定说"不"。坚持决定更能带来满足感，那种你履行了自己的职责、义务后所获取的满足感。

（10）有时，太空闲也是一种诅咒，因为你总幻想着还剩有大量时间。有些人在同时处理很多事情时会变得更有条理、更有效率。你的风格是什么？是享受忙碌的感觉还是需要更多时间来追求自己的爱好？

最后，凯恩做了一个对他而言是相当痛苦的选择：放弃篮球、网球和合唱团。他保留了羽毛球，这并非他擅长的项目，这样的选择意味着他需要付出更多精力去练习，但这有助于他挑战如何提升自我。对他而言，放弃乐队是不可能的，但因为日程安排与他喜欢的高级物理课（IB Higher Level Physics）有冲突，因此他决定改为参加物理网络提升课程（AP Physics）。在未来两年内，凯恩每晚将负责起人人避之不及的洗碗义务，并保证每天拥有充足的9小时睡眠。这是他为了不退出乐队而向我们做出的保证。如果哪一天他没有做好，那么将无条件退出乐队。

作为父母，无论是自我修剪还是外部诱发的修剪，我和先生都有自己痛苦的故事。在孩子们出生前，老公和我只需对自己负责。但随着孩子们一个个出生，我们不断为舍弃什么、如何舍弃而挣扎着，在挣扎中平衡我们的工作、责任、兴趣和义务。在做决定之前，拥有一套共同商定的价值观对于做决策是有帮助的，但并不会让"做决定"这个过程变得更容易。对我来说，为了家庭我不得不离开喜欢的工作和社交，换来与孩子们建立更深入、更持久关系的可能。这意味着为了能获得更大的满足，我不得不与现阶段能成就自我的职场工作告别。而我的先生则要对诱人的职业调动和晋升机会，对那些能加速职业生涯发展、获得更多奖励和表彰，但同时需要付出大量工作时间或需要更多出差的机会说"不"。在竞争激烈、更新换代很快的IT行业，他的决定意味着他需要更出色地工作，成为一名更优秀的团队工作者。但与此同时，他也获得了更多时间去关注健康、回归家庭。当然，我们两个这样的修剪，意味着我们不能随心所欲地购买喜欢的"高科技玩具"，去那些堪比天堂的旅游胜地度假。虽然所有的决定，我们都是自愿且乐意的，但并不代表没有遗憾和偶尔的阵痛。我们会与孩子们分享这些故事，让他们知道我们也曾体会过那种取舍的痛苦。而一旦获得自我修剪的能力后，对于往后遇到的更大更复杂的挑战，他们便能自如应对了。

我遇到过很多父母，主要是一些想掌控一切而烦恼丛生的母亲，她们请我传授一些技巧。她们看着站在讲台上的我，询问我如何在获得职业成功的同时拥有幸福的婚姻与家庭，好像我拥有某个平衡生活和工作的神奇公式。事实上，我之所以成为一名全职妈妈，就是因为我根本无法兼顾工作和家庭。我那种工作狂的性格意味着当我忘我工作时必然会牺牲我与家人的时间：处理工作中的紧急状况；加班完成更多任务；多打一个客户电话；完善一份报告或PPT……我知道自己的弱点，因此我做出一个痛苦的选择，干脆不给自己机会去面对"工作或是家庭"这个两难选择，或者说是两种诱惑，而是克服自己缺少育儿经验的不足，在一条没人鼓掌、没人喝彩的道路上不断前行。我并不担心我会因此而在专业技能方面落于人后，永远丧失发挥天赋和能力的机会。因为我还是我，只是转向了生活中的另一面。在职场工作时，我能在消费者面前推出一些使生活变得更美好的产品，而现在做全职妈妈的我则与广大父母分享我的经验教训，使年轻父母能少些焦虑，更自如地面对各项挑战。

我以前参加过合唱团，弹钢琴，甚至在大学时辅修了音乐。现在对音乐的共同爱好是我们婚姻生活的强力胶之一，并深远地影响了孩子们。看着孩子们青出于蓝而胜于蓝，绝对是父母的快乐。我爱数学和科学，喜欢在机械店闲逛，我能用 6 种不同规格的胶粘剂修理玩具，因此还获得了林家"万能胶女王"的头衔。除此之外，对数学和科学的爱，也体现在我家的餐桌讨论，以及书籍推荐中。我曾经参与组建公司，组织大型网络和社交活动，现在的我通过文章、书籍作品，以及教授商务礼仪，来与他人分享这些技能，帮助别人成功，因此也发展了自己的事业。虽然我曾经丢失了职业发展机会，我也曾在做出取舍时痛苦不已，但我获得了与家人更深入、更甜美、更充实的关系，也打开了新的视野，获得了之前完全想象不到的职业发展机会。虽然我当全职妈妈时不外出工作，但我先生每天都会与我分享他在工作场所的见闻，帮助我更新技能不至于落伍。当我重返职场，家人给了我很大的精神鼓励，每个人都尽其所能地帮助我过渡。比如，我先生减少他周末和平时的工作量，使我能安心外出授课，并帮助我这个原本不会说普通话的人重新站在职场和讲台上。

有没有可能顾及所有呢？既可以，也不可以。如果你想抓住所有，那收获的果实可能都比较小，但还算甘甜。但如果你没平衡好，某个果实或某个分枝可能得不到足够的营养，最后只得枯萎，在修剪的过程中掉落。在自我修剪的过程中，你可能要做出艰难的决定，将时间和精力分配在你内心最渴望的方面。你是想以数量取胜呢，还是想以质量取胜？

我们的取舍方式，将影响我们的孩子面对未来生活的态度。

父母示弱的艺术

作为一个完美主义者、习惯用业绩说话的人，我的一个显著特点就是难以容忍任何纰漏。但孩子天生就是马虎鬼、闯祸精，他们总是在浑然不知的状态下激怒我，并耗尽我所有的耐心和宽容。

当凯恩开始学着洗碗时，他总是忘洗一个盘子，或在桌子上留下肥皂泡沫。我对此的第一反应要么是愤怒（你怎么这么不细心，犯下这么明显的错误），要么是不满意（重做，你完全可以做得更好），甚至干脆自己跑上第一线充当消防队员（你实在太笨手笨脚了，还不如让我来，我做得更快更好）。但如此一来，他根本没机会自我训练，无法在没有我监管的情况下把碗洗好。明白这一点后，我不得不咬紧牙关启动妈妈的"表扬"功能：表扬他的努力，以及他对这个家的贡献；在他忘记清理洗过碗后桌上的泡沫时，和风细雨地告知他这样会给家人带来麻烦；指点他如何确定餐具已经足够干净。当我的脑海里不断叫嚣着"走开走开，别挡着，我自己来做更好"时，我必须控制住自己，只是站在旁边摆出一副"妈妈真的需要你帮忙洗碗"的表情。

在我的《佩蓉的妈妈经》系列作品里，我曾分享过我的"救世主情结"：当我面对孩子的不完美时，我不是自己挽起袖子重做一次，就是看不惯他们的拖拖拉拉，索性一开始就自己动手。其实，不管是训练孩子做家务，还是让孩子独立完成家庭作业，都是父母自我解救、抵制自我欲望的过程。简单说来，也就是让孩子有机会去尝试、去失败，并从失败中学习和提升。父母则是弱化自我，以便让孩子成长得越来越强。

父母弱，孩子便强。当父母做减法时，孩子才能不断做加法。

一些父母曾经问我，如何培养孩子在面对逆境时的韧性。在问这个问题前，你得首先了解，你的孩子有多少机会去尝试新事物和被允许失败。当遇到不如意时，情绪波动的孩子往往会下意识地开始哭泣，你能抵挡得住孩子的眼泪攻势，收起自己那颗蠢蠢欲动要越俎代庖的心吗？培养孩子的天性，除了要了解孩子的个性之外，另外一个关键是学着当一个不完美、并非超人的父母。

《小康》杂志2012年8月刊里，有一篇名为《"香蕉人"的汉语困扰》的报道。记者走访了很多城市，采访了很多美籍华人，探寻到底是哪些因素影响了这个群体去学习并流利掌握父辈的母语——汉语。记者发现了一个有趣的现象：

> 记者在采访中发现一个规律，父母英语水平较高、文化层次较高的移民家庭，子女的汉语水平较差；相反，父母英语不好或文化水平层次不高，子女的汉语反而不错。在英国伦敦唐人街聚集着很多华人商店，有小型超市、酒楼、餐馆等。这些店家和伙计都是来自广东省和福建省的移民。他们绝大部分文化水平不高，更有个别人是通过非

法途径来英国的，即使来英国很多年依然不怎么会说英语。但是，他们的"BBC"子女不但能说一口正宗的伦敦腔英语，还能说地道的广东话或闽南语。不同于身为美国移民的王先生家，这些人在家里一直跟子女说汉语。

大量研究表明，事业有成的母亲所养育的孩子，与那些很普通的母亲所带大的孩子相比，往往更缺乏自信，主动性不够，获得的成就也不高。这和中国俗语所说的"虎父无犬子""龙生龙，凤生凤，老鼠的儿子会打洞"截然相反。为了教育好儿子们，我决定弱化自己，将成长的空间让给家中的小男子汉们。

以下是我施行的一些具体方法：

（1）**玩游戏**。在孩子成长的过程中，我花大量的时间与他们一起玩各式各样游戏，尤其是各种棋类，如象棋和"地产大富翁"。当孩子们还小时，为了不动声色地"放水"让他们赢，我还颇费了一番功夫。随着时间推移，他们逐渐长大，我反而得十倍小心才不至于输得太过惨烈，竭尽全力才能偶尔翻盘。在孩子们眼中，一切都没有变，赢妈妈是一件非常容易的事情，但只有我才知道其中的奥秘。

（2）**回答问题**。孩子们对一切都非常好奇，总能冒出各种问题令我应接不暇。从一开始，我就下定决心不做"百科全书式"的完美妈妈。面对不懂的问题，我都诚实地说"我不懂"，并将这些我们都不懂的问题全部集中在"问题停车站"里，等我们有时间时，便全神贯注地一一解决。慢慢地，情况发生了变化。当我忍不住想偷懒，想从孩子那里直接得到答案时，他们反过来会扔给我找答案的工具，让我自己去找。

（3）**运动**。在加拿大长大的我，打曲棍球很有一套，读大学时还是一名优秀的滑雪运动员。当我和先生带领家中的小男子汉们开始接触滑雪或是溜冰时，我们不得不故意放慢脚步，带领他们从最简单的滑道开始，并自然而然地让他们超越我们。现在，他们已经学会了很多我俩都不会的滑雪动作。我们一起滑雪时，已经变成孩子们放慢脚步等爸妈了。

（4）**音乐**。林家乐队组建之初，凯文刚上初二，刚开始学习弹吉他。而我和先生已是乐队多年老搭档，但为了凯文我们选择了放慢脚步，陪他一起练习最简单的歌曲。这样一来，刚学习打鼓的凯恩也能跟着练习而不会觉得太难。对于喜欢玩音乐的爱好者来说，长时间练习一首基本的简单曲目是枯燥无味甚至痛苦的，难免令人手痒难耐。我还记得那时，每次排练结束孩子们去玩时，我和先生为了过足瘾要额外多奏几曲。现在，家中孩子的音乐水平都已经超越了我俩，在一次全家一起演奏时，我节拍不稳定，被凯恩纠正了好几次，而他却能稳如一个节拍器，节拍非常到位。

（5）**家务**。在孩子们还小的时候，要容忍他们的龟速和各种笨手笨脚，对父母们来说，这实在是很大的挑战。还记得我带着孩子们一起去杂货店购物时，我总是自己扛着大包、小包，让孩子们根本就没有动手帮忙的机会。当我懂得向家中的男人——先生和孩子们寻求帮助后，我终于从苦力中解放出来。现在外出旅行，我只需管好自己的钱包，把沉重的行李都留给家中的大小男子汉们。这难道不是自我示弱的最好奖励吗？

这些建议，适合您吗？

拥抱我们的软弱

我的软弱成为我的优势

"我不懂为何我要就此碌碌无为地度过一生。"坐在我尊敬的导师面前，我带着一丝绝望说。我的导师有着非凡的成就，拥有多个学位，并践行着特蕾莎修女的呼吁，在加尔各答照顾病残人士多年。我也有很多梦想，有很大的抱负，梦想着做一些惊天动地之举来改变世界。但成了妈妈的我，在他人眼里是一个碌碌无为的家庭主妇，空有一肚子的才干。我不明白为什么上帝在给予我才能的同时，却让我被几个不守规矩、永远精力充沛的小男孩捆住，做一些我不擅长也不喜欢的事情。

我那智慧的导师看过很多痛苦，见过世界各种风景，他的话改变了我的后半生："那些能影响世人的伟人，往往与自身的弱点做不懈的斗争，并因此达成目标，而不是凭借自己的优点而成功的。"

对于这个观点，我有一些怀疑。每次想起那些伟大人物，我总会想当然地认为他们肯定是凭借自己的天赋和才能才做出了伟大的事业。为此，我的导师与冥顽不灵的我分享了下面这段话：

> "我的恩典够你用的，因为我的能力是在人的软弱上显得完全。"
> 所以，我更喜欢夸自己的软弱，好叫基督的能力覆庇我……因我什么时候软弱，什么时候就刚强了。[①]

这段文字已经成为我生活的信条。它使我在面对自己的弱点时，能够坦然待之，习惯自我调侃，并最终去欣赏和运用弱点。回首过往时也能谦卑地感恩，为过去曾经试图掩盖缺点或推诿责任而羞愧。

对弱点的正视使我意识到，人们喜欢亲近我并非因为我比他人优秀，而是因为我愿意与他人分享人性的缺点，以及与完美主义、拖延症、健忘和自我谴责做斗争的经历。人们非但没有看不起我，反而与我越发亲近，因为他们能看到我的努力，与我共喜乐。展示软弱让我变得更真实，不再是一心想成为女超人、给人疏离感的那种人。

记得我第一次在客户面前做产品演示时，我要努力克服怯场的毛病。那时的我，哪怕面对几个人也会感到说话困难。而进行产品演示的时候，大厅里总是黑压压地坐好几百人。塞满我脑海的技术细节，介绍产品时随时可能出现的问题，都让我非常紧张。于是，我彻夜站在产品前，整晚无休止地排练演示。但临上场时，我还是紧张得浑身发抖。最后，我因为腿抖动得太厉害，导致丝

---

① 出自《哥林多后书》12章9–10节。

袜滑落至脚踝处，我羞愧得满面通红走下了讲台。这场失败的演示会后，我不断回想每个犯错的环节，重复那个折磨人的过程。最终，我向一位专门讲授公共演讲技巧的教练去求教。他告诉我，上台前紧张是人之常情，克服紧张的最好办法就是在台上来回踱步。我尝试了他的建议，发现果真很有效。在台上来回走动时，我的声音和大腿都停止了抖动，恢复了正常。在踱步的过程中，我和观众之间的距离拉近了，互动也自然多了起来。观众对我的反馈和回应也使我愈发有底气、有信心。

当家庭主妇多年，当我回到讲台再次做一些大型演讲时，以往的紧张状态重新附体了。但这次我懂得用老方法来对付紧张。我很惊讶地发现，有些人因此认为我是很有亲和力的演讲者，因为我不是高高在上地站在讲台上讲道理，而是从讲台上走下来亲近他们。这让我乐开了怀，我的弱点竟变成了特点。

3个儿子的弱点变优势

接下来，我再说说我3个孩子分别将自身弱点转化成优势的故事：

凯文的故事

凯文总是很健忘，练习时忘记带网球拍，忘记写家庭作业，忘了时间，这都是常有的事。他总是对当下的事情非常专注，以至于常常无法"瞻前顾后"。多次提醒无效之后，我们学会了一笑置之。面对他这个缺点，我们甚至开起了玩笑：如果你在晚上将自己的大脑放入冰箱，你会在多久之后才记得大脑还放在冰箱里呢？

当凯文所在的学校举办"发明大会"时，凯文激动坏了。他决定在发明大会上为克服自己的健忘发明点什么。他把这个发明取名为"个人提醒系统"，这个系统可以帮助他记住那些不应该忘记的事情。对他而言，这个难题绝对值得攻克。为此，他将大量的时间和精力投入到这个对自己有着实质性帮助的发明中，并发动他的朋友们参与试用，广集各方意见，收集反馈，在各种修改意见的推进下不断完善。最终，他的发明赢得了二等奖。

所以，凯文利用了自己的弱点，发明出一种对自己、对他人都有帮助的新工具。

凯恩的故事

有一天晚上，我们全家与其他家庭一起参加社交聚会。宴会桌上摆满了食物，父母和孩子们都沉浸在欢快的气氛中。

邻桌有个男孩口若悬河地向周围人讲解他所知道的东西，听上去他的脑子里好像有一本百科全书。而我们桌上，两位先生和凯恩聊天。我先生从自助餐桌上拿了个看起来很好吃的甜点回来，尝了一口后，他就热心地向旁边的朋友推荐。这两位先生也想尝尝，但排队的长龙让他们有些犹豫。凯恩立刻站起来去排队，为全桌每个人拿了一份。

这种事在我们看来不值一提，因为对孩子来说这样做再寻常不过。但那两位和凯恩聊天的先生却大为感动，一直夸奖凯恩是个不寻常的孩子——能自然而然地出于习惯去服务他人。

当他们问我们是如何培养出这样的好孩子时，我们实在记不起任何具体的培养步骤。后来细想，每当我们邀请好友来家里做客时，我们总会要求孩子充当主人的角色与客人交流。健谈的凯文对于融入对话丝毫没有问题，而有些内向的凯恩将我拉到一边问道："妈妈，当我没有问题要问，或者没有其他事情要说的时候，该怎么办呢？当大家沉默时，我不知道要怎么办。"我自己也曾有过同样的问题，我建议他将自己的弱点转换成优势。当一个内向的人没有太多话要说时，他通常对周围的环境和人观察得更细心。与其为找话题想破头，不如利用自己观察方面的优势看看别人需要什么，让自己变得贴心周到一点，减少沉默带来的尴尬。凯恩听取了我的建议，这个建议也相当切实可行，他终于松了一口气。

在众人聚会交谈的环境中，凯恩找准了自己的位置，他甚至没注意到自己已经成功地将缺点转换成了优势。

凯安的故事

凯安做事拖沓，不管是吃饭、刷牙，还是练琴、做作业都是如此。在帮助凯安克服拖沓的毛病时，我跟凯安分享自己小时候也常因为拖拖拉拉而遇到问题：我总是最后一个吃完午饭，很多次老师让我站在教室门外用完午餐才能进教室睡午觉，结果我常常错过整个午休；我还记得自己经常在考试时考砸，不是因为不会，而是把太多时间花在前面的考题上了。

我告诉凯安，我能接纳他做事比较慢，因为我也是这样长大的。我也能理解每次都最后一个完成任务所带来的挫败感，以及由此引发的焦虑。但我们可以将这个缺点发展成自己的优点。比如，因为我非常注重细节，所以可以保证做事的质量。尽管我到了高中，动作仍然比较慢，但我不会让速度影响学习的质与量。我相信凯安也能做到——只要他不放弃，每天把速度提高一点。

首先要做的，就是他要接受自己做事比较慢的事实，这样他才不会自暴自弃或对别人的劝告产生反感，并能够设法处理现阶段的压力和焦虑，保持学习的热情并不断进步。而他也确实在一点点地改进中，并能够对缺点进行自嘲。

因弱点而伟大

下面是两个真实的故事，讲述了身体有障碍的人如何利用自身弱点，并且将其转变为优势。这些故事激励了数以万计的人。

尼克·胡哲（Nick Vujicic）天生没有四肢。幸运的是他的父母依然非常爱他，他自己也坦然接受了现实，最终成长为独一无二的个体。他获得了大学文凭，成立了公司，与一位爱慕他的漂亮姑娘结了婚并生了孩子，作为一名励志演说家，他在全世界享有盛名。他的著名语录有：

上帝在我生命中有个计划，通过我的故事给他人希望。

人生最可悲的并非失去四肢，而是没有生存希望及目标！人们经常抱怨自己什么也做不来，但如果我们只记挂着想拥有或欠缺的东西，而不去珍惜所拥有的，那根本改变不了问题！真正改变命运的，并不是我们的机遇，而是我们的态度。

人生的遭遇难以控制，有些事情不是你的错，也不是你可以阻止的。你可以选择不放弃，继续努力争取更好的生活。

你不能放弃梦想，但可以改变方向，因为你不知道在人生的拐角处会遇到什么。

即使是我生命中最糟糕的事情，对于别人依然有着非凡的意义。

没手，没脚，没烦恼。

如果你失败了，再站起来。

如果发现自己不能创造奇迹，那就努力让自己变成一个奇迹。

态度决定高度。

失败不可怕，要继续尝试。

我热爱我的生活，没什么可以阻挡我，但我时时刻刻都快乐吗？不，我也会伤心，我有时候也会哭，那倒并不是因为我没有手脚，这倒容易接受，我是担心如果我爱的人受了伤，我却什么也不能做，这会让我感到十分痛苦。

我仍热爱生活，因为我对生存的渴望。

在生命中，我们不能选择什么，却可以改变什么。

琼妮·厄尔克森（Joni Eareckson）在17岁时因为跳水发生意外而导致半身不遂。经过后期长久的恢复训练后，她接受了自己瘫痪的现实，并决定即使瘫痪了，也要好好过日子。经过两年的密集恢复后，她制订了成为画家和歌手的职业生涯规划。她用嘴巴当手画出美丽的水彩画，这些画得到了收藏家们的热捧。同时，她作为一位鼓舞人心的演讲家环游世界，为有需要的残疾人作演讲，鼓励他们过充实的生活。她的自传体畅销书《琼妮》①（*Joni*）及同名影片被翻译成多国文字，让世界各地更多的人认识了她。现在她已经访问了超过45个国家，并拥有美满的婚姻。

琼妮说过，忽视你的缺点，那么你将永远都意识不到上帝赐予你的力量；有时候上帝赐给我们的是爱恨交织的。

单身母亲

单身母亲在现在的社会非常常见，她们真的很辛苦，不但需要养家，还需要在没有配偶帮助的情况下打点好家里的一切大小事务。她们集养家者、保育员、厨师、清洁工、修理工、法规执行者、安慰者、父亲、母亲及其他各种角色为一体。单身母亲很累，其中的苦楚一言难尽。

北美的科学家研究表明，2/3的单身母亲是因为离婚，1/3是因为配偶死亡或残疾。这意味着，单身母亲们通常还额外承受着离婚或者配偶死亡、残疾所带来的悲痛情绪。在承受极大的痛苦和创伤后，还得继续生活，养育子女，难度可想而知。这也是为什么，在单身母亲中抑郁、愤怒和其他负面情绪特别普遍。

就像其他艰难的情况一样，单亲是孩子的弱势，但如果转换得当，何尝不能成为让孩子变得坚强的良机？两者的区别取决于单身母亲面对困难时选择哪种应对方式。许多著名的人士，如两位美国总统奥巴马和克林顿、著名演员茱莉亚·罗伯茨、安吉丽娜·朱莉、汤姆·克鲁斯和著名运动员兰斯·阿姆斯特

---

① 中译本为《上帝在哪里》，凤凰出版社 2011 年版。

朗、迈克尔·菲尔普斯等都是由自己的单身母亲养育成人的。哈利·波特系列小说的作者J.K.罗琳就是一位单身母亲，曾经穷困潦倒，与抑郁症苦苦斗争。因为自身的经历，她在功成名就之后就设立了基金会，专门帮助那些单身母亲，维护她们的权利。

祝愿单身母亲们能从这些故事中得到力量、得到鼓励，愿你和你的孩子总有一天能像这些成功故事中的主人公一样，学着拥抱自己的弱点，一天天地进步，向梦想前进。

所以，我更喜欢提自己的软弱，因为我什么时候软弱，什么时候就刚强了。

压力是暴君还是工具

对于有3个儿子的我来说，我经常听到儿子们使用"杀不死你的，会让你更强大"这句话来挑战自己和他人。

这句话原本是我们在面对压力时苦中作乐的独特方式。从美国来到中国的头一年，因为语言不通，每次考试我的3个儿子都是班级垫底的。面对这样的压力，"杀不死你的，会让你更强大"，这个句子所给予我们的力量可谓至关重要。当然，打心眼里，我们懂得面对压力向来只有两项选择：自暴自弃，或者安之若素，借压力之机彼此支持、让自己也变得更强大。当我的孩子们决定就读当地高中时，几乎所有关心我们的外国邻居都善意地警告我们，这样的决定极有可能会损害孩子心理健康。但孩子们最后还是决定笑着接受挑战，作为父母的我们虽然不知道孩子将面临何种困难，但我们知道我们一家人一定会同舟共济的。

2013 年 2 月 6 日《纽约时报》发表了一篇由波·布朗森和阿什利·梅里曼[①]撰写的名为《压力当前，为何有人欢喜有人愁》的文章。这篇文章引起了我的注意，细读之后，发现这篇文章引用了大量很有说服力的统计数据，文章中的很多理念同我们家这些年来凭借本能所获得的各种领悟高度契合。所以，

---

① 两人合著有《夺魁者：胜利与失败的科学》和《让人震撼的育儿术》等。

在这里将这篇文章同大家分享。

压力当前，为何有人欢喜有人愁

在中国台湾，每到5月，就有超过20万名的九年级学生参加一个初中生基本能力测试。面对这个考试，每个学生都如临大敌。因为考试的分数能决定学生被哪所高中录取，或者幸运地能被所有高中青睐。但实际上，每年仅有39%的学生能顺利升入公立高中，剩余的则被分流至职业学校或是私立学校。所以从根本上来说，这个考试能决定台湾地区孩子的将来。

台湾地区的高考是压在学生身心上的一座大山。整个测试持续两天，看似简单的单项选择题里就综合了化学、物理、高数、几何等学科的知识。"许多学生几乎每晚都要去补习班补习高考考试科目。"来自台湾师范大学科学教育中心的主任张春燕如是说道，"一两个百分点的差距，就决定了一个孩子是去排名第一的高中，还是落至第三名第四名的中学。"

换句话来说，台湾地区的高考是一个发生在真实世界里的完美实验，验证了"激烈竞争对遗传学的影响"这一命题。张春燕和他的研究团队针对台湾地区3个地方的779名刚参加完高考的学生抽取了血样，并将每个学生的高考成绩和基因样本进行了匹配。

研究团队的成员均对一个基因颇为感兴趣：基因COMT。这个基因所携带的汇编代码中含有一种酶，这种酶可以清除前额灰质里的多巴胺。而这种酶运作的大脑位置正掌管着我们制订计划、做出决定、对未来进行预测，以及解决冲突等诸多能力。"多巴胺改变神经元的运作频率，像推动涡轮的燃料一般，加速了大脑的运作速度。"加利福尼亚大学伯克利分校心理学与神经学助教西尔维娅·邦如是说。也就是说，当多巴胺维持在最佳水平时，我们大脑的工作效率也处于最佳。而多巴胺的"最佳水平"意味着分量必须不多不少。通过多巴胺的移动，基因COMT起着调节神经活动和维护心理功能正常运作的功能。

事实上，基因COMT实际上还产生了两个变体：一个变体产生的酶可以缓慢清除多巴胺，另一个变体产生的酶则可以迅速清除多巴胺。人类至少携带了这两个基因中的某一个，或者两者兼而有之。

另一项研究发现：通常来说，携带"缓慢反应酶"的学生在智商上拥有优势。一项针对北京学龄儿童的调查研究表明，这种优势可以高达10%。然而，在台湾的同类研究中，携带"缓慢反应酶"的学生们却在考试中失利了。以平均值计算，他们比起那些携带"快速反应酶"的学生在成绩上要低8%。这个现象如此怪异，仿佛这两组学生在考试时被调换了一般。

"在正常情况下容易展现出自我最佳状态的人与那些面临泰山压顶而色不变的人，往往不是同一拨人。"戴尔蒙如是说，那些生而具有"快速反应酶"的人往往像"风雨后的彩虹"。对于他们而言，日常生活太过平庸，不足以振奋他们的大脑达到最敏锐的状态。谢天谢地，他们能受益于大脑前额激增的多巴胺，最终刺激大脑达到最佳状态。他们此刻的反应，就如同危机时分超人在电话亭中的变身一般，他们的潜能得以集中，解决问题的能力大幅度提升。

很多学者都认为：每个人要么是战士（warrior），要么是担忧者（worrier）。那些携带"快速反应酶"的人像战士，时刻以最佳状态应对着富于挑战的外部环境；而那些携带"慢速反应酶"的人则更像是担忧者，有能力掌控那些复杂的规划工作。在进化的历程中，战士和担忧者都是人类社会生存发展必不可缺的重要组成部分。

实际上，每个人都能从父母身上各得到一个COMT基因，大概有一半人身上继承的是基因的变异体。他们身上所携带的混合酶不是纯粹的"快速反应"或是"缓慢反应"，而这也使得他们介于战士和担忧者之间。据分析，大概四分之一的人携带着纯正且单一的"战士"基因，四分之一的人携带着纯正且单一的"担忧者"基因。

如今针对COMT的研究相当之多，甚至包括了美国军事部门的一些实验。布朗大学的研究人员一直在研究伊拉克、阿富汗战争中患有创伤后应激障碍的退伍军人与COMT间的相关联系。奎恩·肯尼迪是海军研究生学校的研究心理学家，她正在研究基因与飞行员的表现。道格拉斯·C.约翰逊是加利福尼亚大学圣地亚哥分校的精神病学教授，也是研究组织OptiBrain中心的一员，他致力的方向则是COMT在战争性能与个人幸福感中所扮演的角色。

肯尼迪的研究工作颇具启迪意义。她要求飞行员通过6步骤飞行尾旋试飞模拟测试，飞行员必须忍受需要忍受湍流、油压故障、汽化器结冰、冰冻的化油器和着陆时的交叉风等问题。整个过程中，飞行员都忙得团团转：收发新频率、调节飞行方位、飞行纬度的升降、用报位机电码打卡。

那些仅在白天接受飞行培训的级别最低的康乐飞行员中，拥有担忧基因的人表现最好，但这一结果因飞行经验的多少而呈现出变化。而对于那些有机会进入下一培训阶段，也就是在晚上也开始接受培训的飞行员来说，担忧者基因携带者的表现要优于战士基因携带者。他们那天赐的工作记忆与注意力优势开始生效了。他们的经验展示出：即便有着所谓的"遗传基因诅咒"，但他们依旧应对有策。

肯尼迪说道，这意味着，对于担忧者来说，"通过训练，他们在特定飞行员测试中学会了掌控特定压力的能力，即使这不一定会转移到他们生命的其他领域中"。

因此，对于担忧者而言，那些一次定终生的标准化考试并非他们的长项，但这并不意味着他们从此面对挑战要绕道而行。实际上，让孩子一味逃避是最糟糕的反应，同时也剥夺了孩子适应周期性压力的机会。约翰逊将其解释为一种压力免疫训练：压迫他们，但并不压垮他们。"让他们拥有充沛的恢复周期。"他接着说，"随后，接着训练、做准备，周而复始，这是打破担忧者基因诅咒的最佳方法"。

从心理和生理两方面来看，长期的持续压力绝对是有害的，但是科学家们对于短期压力的看法却截然不同。通过对专业和业余选手之间的比对研究，不管钢琴演奏家、男性橄榄球还是女子排球运动员，科学家发现专业选手和业余选手在训练过程中所体验到的压力并没有多寡之分，区别只在于他们如何理解自身体验到的焦虑。业余选手会偏向于认定"压力百害而无一利"，但专业人员则懂得将压力视为调节剂，促使自身注意力更加集中。

这种类似的心理转变同样能帮助学生处理考试问题。杰里米·杰美生是罗彻斯特大学的社会心理学助理教授，她曾经做过一系列实验，揭示了分类别的压力是如何对学术测试的成绩产生影响的。

第一个实验针对的是参加哈佛大学研究生入学考试的毕业生。在参加实际测试前，学生会阅读一份简短的通知，解释这项研究的目的在于检验压力对认知带来的影响。但另一半学生会同时阅读一份声明，内容为"在考试过程中有焦虑情绪的人往往成绩更好"。这样一来，这部分学生即便在测试过程中产生了紧张情绪，他们内心会提醒自己，"没什么可担心的……别忘记，这样的焦虑情绪反而有利于最后的成绩"。

仅仅因为在测试前阅读到了这个句子，这部分学生的成绩便有了显著提高。在实际测试的定量部分，他们的得分比起对照组学生平均要高出50分（总分为800分）。看来很不可思议，因为在实验室中得出结果总是要相对简单一些，那这样的结果会出现在真正的GRE测试当中吗？在几个月后，这些学生上交了他们真正的GRE分数。杰美生计算得出如下结果：那些将焦虑视为有利因素的学生比对照组的学生平均高出65分。随后，杰美生在中西部社区学院辅导数学专业的学生时，同样复制实施了这个实验。在被告知压力有利后，学生们的成绩有了提高。

乍看之下，您可能会以为"焦虑有利论"只是安慰学生减轻压力、帮助其全神贯注的把戏而已，但事实并非如此。为了设置一条基准线，杰美生的团队在测试的前一天提取了参加模拟测试的所有学生的唾液样本，并在他们开始解答第一题时立即着手研究这条基准线。杰美生在唾液测试中所检测的生物指标，主要用于揭示人体交感神经系统的活跃程度，以分析受测者到底处于"害怕还是战斗"状态的何种反应。实验组应对压力的水平明显都比较高。生物学压力是真实的，但是它有不同的生理表现，且从某种程度而言，它甚至可转换成一种积极的身体机能推动力。

参加标准化测试本身就是一种比赛，人们唯一关心的就是最终分数。没人会说，"我虽然最后成绩不好，但是还是值得的，因为我在好几个月的学习中学会了很多数学知识"。也没人会在参加完SAT考试后说，"好吧，我进不了自己理想中的那所学校了，但是无所谓，因为我在考试中心认识了很多新朋友"。标准化测试缺乏减少孩子焦虑的有利面。当你为孩子报名游泳队的训练时，虽然他很想游在第一位，但即便他落在最后一位，那里还有很多理由能让他对游泳池恋恋不舍。

高风险的学术考试不会消亡，学生之间的竞争更不会销声匿迹。事实上，好几个学者甚至认为学生需要更多的学术竞争，不过这种竞争应该建立在一种学生喜欢的方式上。

大卫和克里斯·蒂伯根是密苏里大学教育和发展心理学的教授，他们针对参加数学竞赛的初中生进行了一项具有前瞻性的试验性研究。研究发现，在几周内，这些学生开始着手解决比整个学年结束后还要复杂的数学题，有些学生甚至开始解答大学水平的数学题。这样的进步在那些原本对数学毫无兴趣，纯粹受父母逼迫而参与其中的学生身上也得到了体现。在得知自己将在观众面前与其他队伍比赛时，这些学生变得主动了。每掌握一种高级理念时，他们都变得兴奋，并意识到这些发现都是他们智力武库中的有力武器。

无论是拼字比赛、科学博览会，还是象棋队，"他们的表现得到了高度激励。"大卫·伯金说道。即使孩子们知道自己的科学项目不能在科学博览会上脱颖而出，他还是能有机会展现自己。那一刻可能压力重重，让人觉得后怕，但是如果孩子能处理得很好，那感觉不亚于得到了一场胜利。

"孩子们能从准备充分的竞赛中受益良多，尤其是能好好地借机获得自我努力的认知，为下次的提高做好准备。"美国心理学家瑞纳·苏博特尼克说道。苏博特尼克注意到，学术比赛可以提高学术工作和参赛选手的社会地位。当然，像这样的比赛不可能没有压力，在比赛过程中，选手所体验到的快乐与激动，早已稀释了他们在高峰低谷时所感受到的那些一早便可预测的压力。

也许学术竞争所带来的最大好处是战士和担忧者在其中均能受益。战士得到了令他们热血沸腾、大脑急速运转的个人巅峰时刻。而担忧者们则慢慢获得承担压力的能力，总有一天除了容忍压力，他们能做到更多更好——面不改色地拥抱压力。通过周而复始的准备、执行与修复，他们的所学内化成他们的所有。

从孩子们身上，我也验证了以上定律的科学性。凯文是一个战士，凯恩则是一个不折不扣的担忧者。事实上，当凯文读高中申请大学时，我们全家人都无不屏住呼吸为其紧张不已。他总是将所有任务拖至最后一秒钟，总是踩点完成各项任务。在我们看来，他太过放松了，即使面对非常重要的测试，也不见他认真准备。他甚至有好几次注册参加SAT考试，但是忘记付款了。我还清楚地记得他参加SAT II科目测试那天，家中其他人都在忙于社区的募捐活动。那天，他本应该参加3科考试，出乎我们意料之外，他很早就结束考试出现在我们眼前，当被问到为什么考试结束得那么早时，他一脸轻松地告诉我们，他只是参加了被要求参加的两科，觉得没有必要浪费时间参加第三科的测试，还不如早点回来帮我们。我记得我差点就在募捐现场晕倒了，因为我身上的担忧因子不断在问各种问题：为什么你不多参加一门考试以防万一呢？你怎么就那么确定自己参加的那两科分数足够优秀呢？如此种种。他拒绝了我给出的重新注册一科的建议，因为他坚信自己考得足够好，因为"在压力下，他能表现得更好"。他现在还是这样，做出的决定总是能让我紧张不已。但是不知道为什么，每次他都用自己的表现验证了那个短语的科学性，表现好得超出我们的预期。

而另一方面，凯恩这个担忧者总在时刻担忧：各项任务已经下达，准备时间却总不充足……但总体而言，在学业上，凯恩和他那个散漫的哥哥，以及他的同龄人比起来表现更为优秀。不管测试大小，每当日期逐渐临近，他都为之担忧不已。为了迎接SAT考试，他自己在家做了超过20场的模拟测试，但在考试前天仍然紧张不已，尽管我们不断向他保证，这次没考好也没关系，再来一次就好。我真希望我可以早些知道这些研究结论，这样就可以告诉他，适当的压力其实是个福利，这样一来，多少有利于减轻他的担忧。

你的孩子是担忧者还是战士呢？你如何将压力转化成有利的工具，以此增强孩子的信心和掌控能力呢？如同上述引文所说，标准化测试是活生生的事实，无论孩子面临的是高考、SAT、ILSA级或是IB考试，道理都是如此。即使您的孩子最后决定就读于职业学校而非大学，或是选择了其他接受教育的方式，在人生旅途中的某个点，他们都需要去直面压力。最终，是压力打败了他们呢，还是他们利用压力促使自己成长？

要记住：杀不死你的，会让你更强大！

逆商应用篇

抗逆能力，从延迟满足开始

> 心理韧性内涵丰富，难以解释。其特质是牺牲和自我否定。另外，最重要的是，它与一种完全自制、拒绝屈服的意志紧密结合在一起。这是一种精神状态——可以称之为"行动中的品格"。
>
> ——文斯·洛姆巴蒂

1972年美国斯坦福大学的心理学院做过一项研究，是关于4～6岁学龄前儿童延迟满足的。在研究中，桌上是可口诱人的零食（糖果、饼干、棉花糖等），孩子们被要求在大人返回房间之前不能吃零食。离开房间前大人告诉孩子们，如果他们可以等他15分钟后回来再吃，那么，他们将会被奖赏更多更好吃的零食。结果，有1/3的学龄前儿童做到了，能够不吃原有的零食，成功地等大人回来。

透过一个单面镜，研究者们观察到这些孩子想出了各种办法来帮助自己不去碰零食，有的唱歌，有的绕着房间溜达看墙，有的数数或跟自己说话。在想办法转移自己的注意力或阻止自己只注意房间里唯一的目标（这也是诱惑的巨大来源）方面，能控制住自己的孩子都极具创意。他们在等着更大的、尚未看见的奖赏，并愿意为等待它的到来而控制自己眼前的欲望。

这些孩子在1988年被追踪研究，其中那些能成功延迟满足的孩子经测定具有更高的能力，他们在1990年获得了更高的SAT分数，有更好的学校表现，尤其在数学方面。在肥胖和与肥胖相关的健康问题上，他们的发生率也低很多，因而享受着更高品质的生活。

在日常生活中就可以训练孩子的延迟满足能力。比如，当我儿子想要一个网球拍参加下学期的校网球队时，我们没有立刻给他买，而是带他去逛商场，确定好他最喜欢的款式、颜色和型号。然后他必须想办法自己攒钱去买。他可以帮人辅导英语，照料邻居家的小孩，或者帮某个朋友遛一段时间的狗。这样，当他用自己花了几个月才赚到并攒齐的钱买下球拍之后，他会更喜爱、更珍惜。

在洛杉矶的小学，为鼓励低年级的孩子阅读，学校实施了一项"促进阅读"计划，把10000多本故事书根据长度和难度分成不同的年级层次，每本书都有得分。一旦学生们读完"促进阅读"书单里的一本书，他们就可以为这本书做一次计算机测试。对这本书的阅读理解获得80分或更高分的学生可以获得那些得分点。孩子们可以通过设定目标来阅读某一难度层级的书，或积累一定数量的得分，然后根据所得的分数兑换奖品，或继续通过更高层级获得更高的分数，好兑换更高等级的奖品。起初，我的孩子们兴奋地去看书是为了赢得足够的分数，兑换他们早就看好的某种奖品。但当他们读的书越来越多时，就深深爱上了阅读本身。这样，两个大孩子到4年级时就读完了中学层次的书，并赢得了学校的拼写比赛，得到了他们所在年级在这一计划中的最高分。他们还学会了为自己设定目标，并为此不惜放弃最喜欢的电视节目，或牺牲游戏时间。爱上读书后，他们在学校的表现和考试成绩都更好了。这是意外得来的"副产品"，而不是许多父母想通过考试而达到的结果。

每次我跟先生教授亲子课时，都会先问在座的父母：你们要养育一个什么样的孩子？大多数父母会说："只要他快乐、健康就好了。"我微博的一个粉丝说："我们希望他达到一种境界，即不以物喜、不以己悲，保持快乐之心。"

快乐全世界都在追求，但也最难长期拥有。美国甚至把追求快乐写进国家宪法！在世界各地生活多年，我个人的观察是，越把追求快乐当成人生动力，就越难找到真正的快乐。那些没有特意追求快乐的人，反而越容易获得快乐。

每一位父母都希望孩子快乐。但如果孩子的快乐是不需要付上代价就可以获取的，可能就是肤浅和短暂的。只有他自己用汗水换回的快乐，他才会珍惜。

我们的孩子七八岁时，我们就开始教导他们理财。他们对工作、储蓄与奉献有多年体验。有一年圣诞节，凯文终于实现了他的一个目标。

我先生在大学毕业后用自己的第一笔工资购买了一件皮大衣，是当时很流行的款式，是当时一部热门电影里的很酷的男主角所穿的。男主角是一个飞行员，因为先生一直梦想当飞行员，但没有机会实现，所以他就买了一件皮大衣来纪念这个梦想。当凯文升入高中时，先生就把这件皮大衣送给凯文穿，皮衣的质量还是很好。一年后，大衣的拉链出了问题，凯文就有了一个念头：要自己挣钱买一件皮大衣，并且质量要好，好让他将来可以送给自己的儿子。他逛了几家商场以后，知道这个目标需要他花很多心血与时间去储蓄金钱。大衣的高价没有让他灰心，反而启发了他增加收入的方法。他在小区到处贴海报，宣传他能够做中文或英文的家教，还可以教小孩子任何有困难的科目。因为他很喜欢小孩子，授课的技能也不错，所以家教生意越来越好。客户太多了，他需要寻找其他同学来帮忙。但是，同学们都没有兴趣，不是怕耽误学业，就是对挣钱没有兴趣，因为他们家里已经什么都提供了。过年过节时，爷爷、奶奶或阿姨、姑姑都会问孩子们要什么。凯文总是会提一些价钱比较合理的东西让他们购买，不让他们太破费，但是他一直没有分享他对皮大衣的渴望。

凯文储蓄了两年，直到圣诞节前，他购买了送我们的礼物后，发现离他想买的皮大衣的预算还差一两百元。在我们的要求下，缺口由我和先生补齐，然后他终于去商场把看中的皮大衣买回了家。回家后，他还让我们把衣服包装好，放在圣诞树下，等到两周以后圣诞节的早上才打开。当他终于穿上他的皮大衣的时候，他跟我们说，他的快乐与满足是无法用简单几个字来形容的。他说，他一辈子都会好好珍惜这件大衣，因为这是他花很多时间、精力与汗水换来的。他要好好保养，到他的儿子可以穿的时候送给他。

抗逆能力是从培养延迟满足能力开始的。当一个孩子能够为了一个更大的目标而先放开那些看得到的东西，往那个比较遥远的目标去努力时，他的抗逆能力就渐渐提高了。当孩子终于达到那个遥远的目标时，他得到的快乐将远远超越他当时牺牲的快乐，而且这个快乐也能够享受得更久、更深。但是，这个目标是需要孩子自己去定的，选择也是孩子自己去做的。我们作为父母，只能在他们小时候帮助他们寻找延迟满足的机会，帮他们将延迟满足慢慢培养成一个生活习惯。这样，**无论是学习还是等候终身伴侣，孩子都能为了等待最好的而抵制住眼前的一些诱惑，坚持不用短暂的代替品带给自己短暂的快乐，而使自己失去长久满足的机会。**

凯文已经18岁了，还在坚持等待，等待把他的初吻献给他未来的妻子。

培养抗逆能力，不是当"鹰爸"

一位父亲因上传了一段长达30分钟的网络视频而迅速走红。视频中，身处纽约的这位爸爸要求4岁的儿子在假期中迎着暴风雪穿小短裤裸跑。根据他的说法，这种育儿法则取道自然。这位何先生颇为自豪地说，当幼鹰长到足够大时，鹰妈会狠心地把幼鹰赶下山崖。当幼鹰坠下谷底时，它们会拼命地拍打翅膀想要逃脱死亡的深渊，也正是在这时它们将掌握生存的基本本领——飞翔。这便是几近残酷的鹰式教育，他也因此被称为"鹰爸"。从表面看来，这就是逆商概念，即鼓励胆怯的孩子们直面恐惧，以此激发他们内心世界的力量和韧性。不管怎样，鹰爸成功地将原来体弱多病的早产儿子训练得身强体壮，打破了医生"孩子在儿童时期会持续体弱多病"的说法。然而再深一点探讨，我们会发现他的原则有一些基本的缺陷。

增强逆商的方式基于对延迟满足的反馈。即当心怀一个长期目标时，我们愿意通过延迟满足来实现未来目标。如果延迟时间较短，会让人有紧迫感。但是，如果这种满足感要延迟的时间过长或之后证明困难太大，因为不知如何实现目标而陷入茫然时，个人很可能会选择放弃。这个概念在我的《佩蓉的妈妈经1》等系列作品中也曾提及。我认为，在帮助孩子处理压力时，父母需要帮助孩子把关，比如他们的目标是否是切实可行的，是否既有挑战性又不至于遥不可及、导致半途而废。除此之外，还可以训练孩子适当延迟满足感，以此增加自我认同感和应变能力。

我曾参与微博上有关"孩子在年幼时就开始为冲刺奥运会而进行艰苦的训练，最后弄得满身是伤病是否人性化"的讨论。对此我持反对意见，因为孩子们尚且年幼无知，之所以参与训练，几乎都是因为父母望子成龙，希望他们能拿到奥运金牌。有人宣称，对部分家境很贫穷的孩子而言，进入训练队给了他们脱贫的机会。如果这个决定是孩子几经权衡后自主做出的，或他们真心热爱这项运动，因享受竞赛带来的成就感而甘愿忍受训练之苦，我也是很支持的。但如果孩子是被迫参与训练的，那么即使成为世界第一，他会快乐吗？那不过是他被强加的任务而已。

高逆商的人，即便面临突然袭来的逆境，毫无准备之下他依旧能保持冷静的头脑去弹性面对，从逆境中找出最佳的问题解决方案——逆境中尽显卓越。而低逆商的人，面对同样的境况，容易满心畏缩、恐惧，手足无措，满腔怨言之下，境况得不到好转。即便最后双方能殊途同归赢得金牌，只有前者才能真正拥有幸福感，即使比赛结束，仍有欲望继续拼搏。

从纽约回国后，鹰爸带着孩子进行了智力测试，并制订了下一步目标：让孩子在10岁时剑指清华。这个目标，以后对孩子来说带来的是成就自我的满足，还是对惩罚的恐惧，我们不得而知。

在培养孩子的抗逆能力时，理想的方法是积极诱发孩子内在的激励系统，而不是寄希望于消极的外部驱动。为孩子提供自己做决定的机会，而不是一手包办，剥夺孩子做决定并为自己的决定负责任的机会。最终结果是强化个体的内部动机，而不是为了满足他人、得到他人的认可，因为父母对孩子的爱和认可应是无条件的。前者增强了孩子的自我认识，而后者则抹杀了孩子的自我。

培养孩子的抗逆能力没有一个确切的公式可套用，但这一能力的培养需要平衡3个因素：外部压力、延迟满足后内在激励系统所带来的成就感，以及为得到奖励所需忍受的磨炼。当外部压力过大时，孩子被破坏的自信心需要很长一段时间才能恢复；如果延迟满足的时间过长或过短，内在激励和带来的喜悦则会减半；如果在获得成功的道路上困难过多、过大，孩子可能会失去勇气，在胜利唾手可得之前选择放弃。

我的3个儿子都有各自克服困难、延迟满足的小故事。面对军训，凯文没有用"外籍生特权"去逃避，而是选择了和同学共进退；凯恩放弃舒适的接送，选择每天搭乘1小时的公交车去上学；凯安在11岁放暑假时，独自一人从北京飞往温哥华探望外公、外婆。每个孩子得到的奖励各有不同：凯文成功地摆脱了"外来者"的身份，融入了当地孩子的圈子；凯恩向大家证明了他不需要任何特殊关照，别人能做到的事情，他也能做好；至于凯安，外公、外婆给了他爱的拥抱，外婆亲手准备的美食成了他那趟独自旅行的最大收获。最终的结果是，3个孩子都因此而信心大增，能更加勇敢地面对恐惧和克服困难。

我认为鹰爸这是过度教养，他要求孩子无条件接受父母强加的意志，要求孩子进行各种训练，却没有静下心来听孩子的心声、看孩子到底需要什么。

另一种过度教养的典型，便是"直升机家长"，父母亲手打理孩子的一切，事无巨细。以爱之名捆绑着孩子的翅膀，使其变得毫无自理能力，剥夺了孩子从失败中成长的机会。

表面看来，上述两种父母大相径庭，但实质上殊途同归——两种父母都越俎代庖了。那有没有折中的方法呢？如果有，怎么把握"度"的问题呢？心理学家玛德琳·莱文在2012年8月4日的纽约《时代》周刊的专栏上给出了非常好的见解。

允许孩子畏缩不前，容忍孩子犯错是为人父母要面对的最大挑战。当孩子还小时，一切都还好说。容忍一个蹒跚学步的孩子小打小闹，跟允许孩子和朋友去逛商场区别就大了。潜在的小错误说不定会引来一场极大的风险，而为人父母的义务之一就是应当为孩子最大程度地减小风险。

什么样的风险才是我们可以忍受的呢？如果在社区里有个刚逃出

监狱的犯人，你就不能允许你的女儿单独去逛商场。但正常说来，在朋友的陪伴下，一位11岁的女孩应该具备照料自己几小时的能力，大不了也就是落下购物袋，购物多付款一次，或者中午忘记了该打电话回家而已。对于孩子们来说，接触世界就是一门认知扩大地理学；对于孩子来说，世界就是后花园；对于父母、左邻右舍和青年人来说，世界是外面的宽广天地。在存在风险的一些日常生活里，如有些陡的滑梯、小区穿梭的自行车、结识陌生的新同学，成长就这么不知不觉发生了。在与舒适临界的世界，人的韧性就练出来了。

所以说，在孩子们的成长过程中，能犯犯错，失败几次，也挺好的，我们为什么要抓狂呢？太多的父母曾经对我说："我一看到孩子不开心的样子就难受。"这观念真是完全错误。从幼儿时期开始的小挑战其实是孩子未来成功的契机，是从错误中学习的源头。父母太快、太早为孩子竖立起保护的盾牌，实际上剥夺了他们将来应付困难的工具。谁能知道，在孩子未来的一生中，将遇到多少困难、挑战和伤害，手无寸铁的他们该怎么办呢？

父母的大包大揽是一种不成熟不负责的行为，只会降低孩子的主动性，让其产生依赖。正是因为太多父母越过了界限，才导致那么多行为发展不健全的孩子。当我们按照自己的需求为孩子制定目标，而不考虑他们的需求时，便迫使他们绕过了童年最重要的任务：发展自我意识。

父母干涉的性质好坏有一个非常本质的区别。比如说，一个小孩拒绝坐下来做数学作业。好的父母之所以坚持，是出于原则，不是因为希望孩子成为最完美的学生，而是因为孩子必须在学龄期打下数学基础，并培养出良好的学习习惯。这种类型的父母，跟那些连孩子的大学申请表都恨不能帮其填写的父母有着天壤之别。如此培养，前者被杰出高校录取应该是必然，而后者则未必（虽然我大部分的读者父母都是大学毕业，在面对"我们如何申请哥大"这种事情时，总是会显露出过度教养的影子）。

　　在这两种情况下，父母都积极运用了控制力。前者是行为派（坐下，完成你的数学作业），第二种是心理派（我们正在帮你申请大学），是父母为了使孩子学会书本知识而损害孩子个性发展的心理控制。如果所有的惩罚、点拨、动力和奖励都来自外部力量，孩子根本就没有机会深入发展自我。如果只因为你所有朋友的孩子都去了同一所名校读书，你就开始逼着自己3岁的小孩参加学前面试的培训；或者仅仅因为想让孩子成为班级的"领头羊"，便推着你那明显焦躁的孩子多参加一个特长班，这些都不是真正负责任的父母，而是典型的过度教养，唯一的目的就是让孩子成龙成凤，光宗耀祖，直接忽视孩子的需求。

　　所以，父母应当如何消除过度教养的弊端？我们凭一己之力无法消除来自体制的压力，但我们可以帮孩子抵挡一些来自同龄人的压力。请记住：孩子们只有在可靠的、能依赖他人的、不被无故打扰的环境下才能茁壮成长。

　　充满爱的父母是温暖的，会为孩子设立限制，但不因为负罪感或羞愧感而打破孩子的心理界限。父母必须直面自身的压力。你的任务就是要全面了解自己的孩子，分析和判断具体的情况对孩子的成长发展是否有好处。你愿意一直为孩子操心吗？也许你愿意，但孩子的天性就是要成长，他终有一天想要摆脱束缚。所以做好父母该做的那部分就行，管好自己的情绪，不当他成长道路上的绊脚石。

如果我们期望孩子能有强大的内心力量，能习得韧性，有强烈的自我感，就从自己做起，直面内心的恐惧，为孩子树立一个好榜样。别总担心自己是否会成为不合格的父母，理性认清自己的恐惧，有勇气做一些会后怕的事情，不要担心孩子会失败。这样一来，孩子们就能渐渐认清自我，感到内心充满力量，最终走向真实的成功。

品商
Character Quotient

品商理论篇

品格教育，进球还是防球

假设有一位足球队教练，他把所有时间都放在训练球员的防守能力上，而不教他们进球之道，那么即使这个球队能防住所有进攻，却没有得分的能力，有可能赢得球赛吗？

在我身边，有很多笃信"近朱者赤，近墨者黑"信条的父母，他们急着让孩子亲近"好孩子"，远离"坏孩子"，以期能够"入芝兰之室，久而不闻其香"，以免"入鲍鱼之肆，久而不闻其臭"。

但我发现，这样一来，却让孩子容易武断地评价他人，因担心自己没有抵抗力而对他人和困境抱有排斥或恐惧的心态。一个对自己的生命充满使命感的孩子，会坚信自己有力量用自身的"朱"将他人染"赤"，而不是惧怕旁人的"墨"把自己染"黑"。这样的孩子很难"变坏"，因为他们的生命有方向、有目标。

当孩子年幼时，我们父母是否过度关注孩子的营养和健康，而忽略了良好习惯的培养呢？当孩子进入幼儿园时，我们是否过度在乎他知识、技能习得的快慢，而没有花时间肯定他的品格，培养其自理和自制能力？到了小学，我们是否肯定孩子的成绩和表现多于肯定他的品格，以及培养他的责任感？到了高中，我们是否认为孩子学业繁忙，实在没有对家庭或社会付出回报的机会？

我们可以利用各种"手段"避免对孩子进行琐碎重复的"训练"和培养，以换取生活重压之下一时的安宁和休息。但我们迟早会发现，"训练"得来的良好习惯能让孩子一生受益，从而避免给父母带来长期的烦恼。"手段"简单、方便，请教个专家就可以得到一堆措施；"训练"艰难、枯燥，需要父母无限的爱心、用心和耐心，成果不能立等可取。但当孩子长大成人，我们就能看到二者的结果和差异了。作为父母，迟早要为孩子的不良习惯付出代价。是先付出代价培养好习惯，还是用"手段"搞定眼前的问题，将来再付出代价去纠正坏习惯呢？

父母的赞美对于孩子来说，就像阳光之于向日葵。我们的赞美，也将促成孩子的成长与怒放。比如，当我发现儿子与他的小伙伴分享了玩具，我赞扬了他的慷慨，孩子享受赞美带来的愉悦，他会持续这个好习惯以期获得更多赞美。同样的，当孩子在勤奋学习、不懈解决难题时，我们的赞美会让他们加大马力，不惧任何艰难险阻。

发现他们的闪光点，不遗余力地予以赞美。不要揪他们的小辫子，陈芝麻烂谷子的一点小事都要加以批评。什么是值得赞美的呢？当我们发现了孩子的闪光点，我们该如何赞美？我认为，与其去表扬孩子获得的成果，我们更该赞美他在整个事件或者过程中担任的角色，这些是他们通过努力便可以达成的目标。而其他一些的先天特质，譬如说智力超群、身手敏捷、容貌出众，这些与生俱来不会因为后天努力而改变的东西，我们该怎么对待呢？

著名节目主持人赵普曾经发过一条微博（2012年2月25日新浪微博）：

> 夸孩子漂亮、聪明是个糟糕的陋习。漂亮、聪明基本属于先天，而非后天习得与养成。纵然孩子漂亮、聪明，也不值得一夸。真正要夸的是经过努力慢慢累积而成的某种优良品质，譬如坚强、上进、友善，等等。所以，对孩子可以不吝赞美，但要夸对地方。

赞美孩子时，可以用到的词汇有：

> 正直、怜悯、勤奋、坚持、自制、慷慨、节制、感恩、诚实、尽责、仁爱、专注、勇敢、知足、主动、忠诚、受教、尊重、服务、谦卑、乐观、细心、体谅……

你在孩子的身上看到、肯定并赞赏了哪些良好品格呢？你有每天持之以恒地肯定与赞赏吗？

在家庭中，父母肯定了什么，孩子就会往那个方向成长。父母的一言一行都在传递自己的品格和价值观。我们是要培养孩子努力进球，还是不断防球？

培养有品格、有深度的孩子

震惊父母的新闻

我们从美国来中国之前不久，一则新闻震撼了我们整个社区：3个十几岁的亚裔男孩用高尔夫球杆把一个黑人男孩殴打致死，并把被害人尸体藏在其中一个男孩的宝马车后备箱里，他们后来被警察逮捕。据报道，这3个人来自附近富裕的社区，全都是学业成绩全优的高三学生，其中两个要去读耶鲁大学，一个要去读斯坦福大学。明明前程似锦，他们为什么会用如此残酷、麻木无情的行为毁灭自己的人生呢？当媒体深入探究他们的家庭背景时，发现他们的父母称得上是模范市民——父母是医生、律师和成功的职业人士，工作勤勉，重视孩子的教育。

这些孩子不是人们头脑中的典型罪犯，他们既没有受虐待的生活经历，也不需要为反抗社会的不公正而苦苦挣扎，而是享有各种你能想象得到的好条件。经警察深入盘查，报纸报道了事情经过：打完一轮高尔夫球后，这3个男孩开始戏弄给他们当球童的黑人男孩。球童男孩当然会反抗，他们就决定进一步戏弄他，于是把他包围起来，用高尔夫球杆击打他。最后，竟然打死了那个男孩。他们把他的尸体扔进车的后备箱之后，就离开球场去吃比萨，接着回家睡觉，就好像没有发生这件事一样，显然他们对此不觉得有多么可怕，甚至没有后悔。

这是一个意外事件，还是其父母或别人本来可以预见的事件？经过进一步调查，报道说这3对父母都是工作繁忙的职业人士，几乎没有时间陪孩子。他们给孩子提供各种优渥的物质条件，帮助他们领先于同龄人。父母对孩子的全部要求就是一张完美的成绩单，其他什么都不管，因为没有时间。这些男孩大多数时间都混在一起，形成了他们自己的道德准则。在他们的认知里，杀死一个他们认为对社会毫无价值的黑人男孩，简直就是主持社会正义，他们丝毫不觉得自己有什么错。然而，他们今后有大量的时间反思，因为要在监狱里度过生命中最美好的年华。

2008年下半年的大事件，如毒奶粉事件和美国次贷危机，以及在全球金融危机当中涉及的一系列华尔街丑闻，都有同样的危机：品格低劣。

品格是根

深度和品格有何关系？一棵雪松和一棵竹子要长到一样的高度，雪松花的时间要比竹子长得多。为了得到更快的回报，有人更愿意种竹子，而不愿种雪松。然而，当暴雨来临，狂风一刮，竹子轻易就被吹倒，而雪松却屹立不倒，历尽狂风暴雨而继续存活。

品格就是看不见的根基，平静的时候在地下生长，暴风雨袭击时就把树牢牢地护住。暴风雨来临前没有人知道它就在这里，但当你需要它时，如果发现根基不够深，就为时已晚。要培育品格的根基，并使其深深扎根，经常是令人不愉快的，更是难以立即看到成效的，是"逆文化"的。

作家傅士德（美国当代著名作家，著有《简朴生活真谛》等作品）曾这样写道："我们这个时代的祸因是浅薄。事事寻求立时的满足乃是一个核心问题。今天最迫切的需要不是要有大量聪明能干的人，或是大有恩赐的人，乃是有深度的人。就培养深度而言，最大的杀手就是匆匆忙忙这种毛病。"我们太缺乏耐心，甚至连几秒钟都不愿等。

同样，在儿童教育的领域，我们也想要孩子立刻出结果，快速成才，还总是寻找所谓"正确的"方法和技巧来解决我们不喜欢的问题。然而，要养育有深度的孩子，却与这个文化所代表、所叫嚣的，以及在每个电视、电梯间和出租车屏幕上所宣传的一切背道而驰。为养育出有深度、有个性的孩子，就请您准备与流行文化背道而驰吧。

品格从何而来

品格的第一种"逆文化"特征是它不图快，舍得花时间。树越强壮越高大，培育支撑这棵树的根基所花的时间就越长。橡树的根基重量至少要占整个树干重量的1/5，才能支撑它正常生长。这些根基将在树下面扩展出一大片面积，以提供适合的固定之所。

与流行的观念相反，这意味着我们在养育孩子时，在塑造孩子的品格上应该与培养那些外在的、更容易看见成果的事情（比如，他们的学校表现、智力强化或发展）上花同样多的时间。作为父母，你将在孩子发展的各个阶段，面临来自方方面面的压力，这会使你质疑你的选择是否明智，也将迫使你成为与流行文化背道而驰的一个榜样。

在西方有一句谚语："你即你所食。"就像一棵树会吸收它周边土壤里的养料，不管父母希望孩子将来成为什么样的人，父母都应该是孩子最初的营养来源，而不是聘用的、对你的家庭经历或教育背景毫无了解的保姆，也不是年迈的祖父母。

养育孩子的最佳人选就是他们的父母，他们要在孩子生命的早期，适当地平衡关爱和管教，花精力训练孩子。当根基幼小、尚未成熟时，这一点尤其重要，因为他们以后的发展都有赖于早期获得的养料。在孩子刚出生时，父母和孩子之间的情感联系和交流习惯就发生了。如果你建立了坏习惯或没有形成情感联系，你就不得不在以后花更多精力去修补伤害或纠正坏习惯。

遗憾的是，当今的文化潮流总是通过某些带有欺骗性的观念来剥夺父母和他们的孩子在一起的时间，如父母需要挣更多钱，买更多东西或购买更花哨的教育服务，要买车、买大房子、买钢琴……你的孩子和什么人一起，在什么环境下待的时间越多，这个人或这个环境对他的影响就越大。这是显而易见的自然规律，不用谁专门向你指明。父母不得不为保护自己和孩子相处的时间（既要数量，也要品质）而战。

面临的挑战

在孩子发育的每个阶段，对父母来说，都面临新的挑战和压力。首先，一些你认识的孩子可能会走路早一点，或许他们的肌肉和大脑发育会快一些。与此同时，各种教育工具纷纷出现，商家总是花言巧语地告诉你，用了这些工具能让你的孩子比别的小孩走得更快、说得更好。比如，有一些亲子班，用古典音乐或其他经典诗歌、文学作品配上DVD，不断读给孩子听，以刺激他们的头脑发育。

稍后，隔壁女孩只有6岁就在演讲比赛中胜出，而你的男孩仍在为讲出完整的句子而苦苦奋斗；有个神童8岁就在弹巴赫协奏曲，而你的孩子只能勉强用双手在钢琴上弹一段简单的旋律；另外，还有个数学天才，可以解决复杂的奥数难题，或者还有个游泳冠军，每天在水里练习2到4个小时。

别人的成果或业绩，都很容易看见的，总能使我们对自己孩子的平凡大感失望。而且，在别人获得生活中更有利的条件时，为什么我们要在孩子的品格上花这么多时间呢？也许有人会给你建议，当你使用特殊的家教体制或让孩子报名上哪种课程，你的孩子就能显得很厉害，甚至超出你的想象——将来他们能上清华北大，一毕业就能找到一份薪酬优厚的工作，花钱供你去国外旅行……这些全都是人们大声嚷嚷着要展示给父母们看的东西。然而，当暴风雨来临或生死攸关之际，这些有形的东西在孩子的生活里就不起什么作用了，无论他在做什么大事或小事。作为父母，不要只是盯着一点点看得见的东西，要把眼光放得更长远，人生的路很长，只有那些能让孩子在更远的路上走得更坚定的品质，才是我们更应该关注的。这也是丰盈心态的一个表现。

那么，除了不断提升自身的品格和深度，如何让孩子接触到那些有品格、有深度的人呢？以下是我的一些建议。

（1）首先，父母自身要成为一个有品格有深度的人。不断反思、学习、进步、更新，并深刻思考各种事物。这种生活方式会感染你的孩子。

（2）阅读不同历史时期、不同文化和社会阶层思想深刻的人所写的作品。这些作家能成为你孩子的心灵导师，影响他的思维，强化其价值观。

（3）像精心挑选阅读的书籍那样，在家里招待各种各样的客人，让孩子认识他们。无论他们是来吃一顿便饭，还是过夜留宿，或是吃午饭时来见个面，让孩子和来自不同背景的、有意思的人保持一份亲密而私人的接触。和别人密切相处会让孩子看清他们所处的世界，理解别人的思维方式或看待事物的方式。这种交流将弥补读书这种单一学习方式上的不足。

（4）在自己和孩子身上培养一种服务他人的生活方式，从而使换位思考成为第二天性，而不是偶尔"表演"一下，为了将来能加分，让自己看上去或感觉很不错，或让自己的良心获得安逸之类的。要在孩子身上培养不需要任何承认或报酬的服务他人的习惯。理查德·福斯特写道："没有什么能像服务精神一样管教肉体无边的欲望，也没有什么能像默默地服务他人一样转化肉体的欲望。"服务他人有助于你的孩子驯服内心极度渴求认可和成为别人的中心的欲望。

（5）和你的家庭一起开始培养社会责任感。家庭每个成员都应该意识到他是整体中的重要一分子，他的行为和选择会影响到整个家庭。作家约翰·奥伯格（John Ortberg）写道："真正可靠的社区或许就是以互为仆人、彼此顺服为最大特点，而不是其他任何特点。"当孩子们在成长中清醒地认识到他们对所属社区的责任，一旦他们长大成人，就会全面地把这种意识带入社会。这将增加他们的深度，这样他们就不再是只享受权利的自我中心的个体，而是无论走到哪里都有责任感和受欢迎的全球公民。

深度只能在时间和空间都宽裕的条件下培育起来。创造并保持你和孩子单独在一起思考、阅读的时间，而不是用满满的学习任务和家庭作业来对付孩子。**慢下来，简化生活；对与培养深度毫无关系的各种邀请和承诺说"不"**。找到志同道合者，帮你在流行文化所造成的压力下逆流而上，在前进的过程中彼此帮助和鼓励。

> 林中分有两条路，而我踏上了少有人行的那一条，这使一切全然不同。
>
> ——罗伯特·弗罗斯特[①]（1874~1963）

与流行文化背道而驰，就是踏上那条少有人走的路。既然你已经知道那条有更多人走的路会把你带至何处，为什么不试试少有人行的那一条呢？它会给你和孩子的生活带来全然不同的变化，特别是当暴风雨来临之际。

被解放的凯安

> 使你与人不同的是谁呢？你有什么不是领受的呢？若是领受的，为何自夸，仿佛不是领受的呢？[②]

我们家始终秉承一个信念：那些与生俱来的能力并不值得人骄傲或者特别值得肯定，它们只是需要被管理的天赋而已。

被凯恩女朋友的美貌迷得"神魂颠倒"的凯安请求这个女孩教自己小提琴。然而，上了6个月的课程后，他的小提琴技巧没有取得多大进步。在凯恩和女朋友分手之后，已经喜欢上小提琴的凯安央求我给他换一位小提琴老师继续学习。又学习了3个月后，凯安的进步依旧不明显。我们这才开始怀疑凯安可能没什么音乐天赋。他的两个哥哥学习乐器的时间都比他晚却进步飞快，因此我们理所当然地以为凯安也该如此。当我咨询他的小提琴老师时，她给了我一个硬邦邦的回复。她说，凯安不是那种听一段曲子就立即知道如何演奏的音乐神童，他要想取得进步，除了努力练习，别无他法。当我问她每天需要练习

---

① 美国著名诗人，曾4次获得普利策奖。

② 出自《哥林多前书》4章7节。

多少遍曲子才会有显著进步的时候，答复是凯安每天需要重复练习曲子不少于10遍。之前的实际情况是，每天凯安只在兴致来时草草练习两三遍而已。尽管如此，知道凯安并没有音乐天赋反而让我们卸下了心中的大石头，也促使我们督促凯安每天反复练习曲子，不急着去学习新曲子。

自打凯安每天安分守己地完成10遍重复练习后，他开始有了明显的进步。接下来的1个月里，他消化了整本乐谱。为此他变得更加自信，更为喜爱小提琴。他十分享受那种对曲调了然于胸并让它在琴弦上随意流淌出来的美妙感觉。心理学家和教育家玛德琳·莱文将这种感觉称为精熟动机，这是一种由接触到坚持，最后成为专家的学习模式，也是最容易指向成功未来的模式。

在后来的反思中，我和先生发现，当凯安的两个哥哥分别在11岁和13岁接触乐器时，我们从没有怀疑过他们的能力，完全放手让他们自己摸索：凯文通过一本书学会了吉他和弦，凯恩则通过网络视频学会敲爵士鼓。我们以为他俩的音乐领悟力是与生俱来的，却没意识到我们每周日做礼拜时的例行演奏，无心插柳地成为鞭策他们努力练习的动力。当凯安开始接触乐器时，我们不再做每周日的例行演奏，又没有持之有效的训练，即使他兴趣浓厚，进步也相当缓慢。我们没能及时呵护好凯安对音乐的热爱和隐藏的才华。

在《让人震撼的育儿术》中，作者对于斯坦福大学社会和发展心理学家卡罗·德维克博士的研究成果有这样的描述：

> 德维克博士派了4位女性助理研究员到位于纽约的五年级班级中做实验。实验要求研究员带孩子一个个依次走出教室，进行一组由简单拼图游戏组成的智商测试题。这组题目对所有孩子来说，都很简单。当孩子完成测试后，研究人员会当场告诉他们各自的得分，并相应给出一句表扬。随后，研究员将孩子们随意分组，其中一组孩子被表扬的是他们的智力，如"你很聪明"；对另一组孩子则表扬他们的努力精神，如"你很努力"。

为什么只有一句表扬？"我们想知道孩子们到底有多敏感，"德维克博士解释道，"我们预感到，一句话足以看出效果。"

之后，学生们拥有第二轮测试的选择权。选择一是，参加一个比第一轮难很多的测试，但是告诉孩子们他们能在测试中学到很多东西。选择二是，跟第一轮同样简单的测试。那些被表扬为聪明的孩子大部分都选择了简单的测试，也就是说，"聪明"的孩子选择了逃避。

为什么会发生这种情况？德维克在她的学习摘要里写道："当我们表扬孩子的智力时，等于告诉他们，这场游戏的名字是：放聪明点，不要冒险犯错。"的确如此，这些五年级孩子的做法验证了这一点：他们选择了"放聪明点"，避免遇到尴尬的风险。

在第三轮中，五年级的孩子们没有了主动选择权，他们只能做一套难度相当于七年级的测试。毫无意外，在测试里，孩子们全军覆没。但是答题过程中，最初随机分出的两组孩子，他们的反应截然不同。那些首次测试被表扬"很用功"的孩子并没有表现得如临大敌。"他们想尽各种方法来解题，让自己乐在其中。"德维克回忆着，"出乎意料的是，他们中很多人说，'这是我喜欢的测试。'"那些被表扬"很聪明"的孩子就不是这样了。他们认为失败恰好证明了自己其实一点都不聪明。"只是看着他们，你就能发现他们的负担和不安。他们浑身冒汗、苦不堪言。"德维克说。

在第三轮人为安排的失败测试后，德维克的研究员让这些五年级的孩子参与了最后一轮测试，难度和第一轮相仿。结果表明，那些被表扬"很用功"的孩子的成绩比第一次测试大概提升30%左右；而那些被表扬"很聪明"的孩子的成绩则比他们第一次测试的时候下降了大约20%。

德维克怀疑过表扬可能会事与愿违，但她自身也惊讶于这影响竟如此之大。"强调努力的重要性，给孩子传递的信息是，这是一个可控制的可变因素，"她解释说，"他们能逐渐认清自己，并最终走向成功；而强调与生俱来的智力，会让孩子觉得这个东西太过虚无缥缈，根本无法控制，也不知在面对失败后，该如何反应"。

经过不断地重复实验，德维克发现这个结论适用于所有学生。它影响着男孩女孩们，尤其是最聪明的女孩们（她们都在接下来的失败中崩溃了），甚至学龄前的儿童都无法对这种表扬的反作用有免疫力。

因此，选择如何表扬孩子将决定他们未来会朝哪个方向走。如果我们只关注孩子的智力而忽略了其他，孩子的观感会建立在他自己不能控制的先天条件上，而不是那些可控的因素。在不同的表扬面前，有的孩子选择操控自己的观感，斗志昂扬，勇于承担风险，从错误中学习，成长得更加强大，每次都会做出更好的选择；有的孩子却害怕风险和失败，待在一个虚构的安全地带，无法成长为成熟的和拥有完整人格的人。

凯恩曾对我说，他有很多朋友是"懒惰的天才"，他们甚至宣称，只要他们愿意，就会轻松取得比凯恩还高的分数。因为有些人的智商测试结果显示他们的确是聪明至极的天才。但是，他们想要好好学习、取得好成绩的想法没能强大到付诸行动，于是他们的智力一直未经证明，也从没有真正使用过。

其实，学业优异的人，往往不是天才，而是勤勤恳恳、埋头奋斗的人。人生何尝不是如此。

谦卑的魅力

小女孩与神奇的小药丸

小时候，我读过一个小女孩的故事，她生来很笨。有一天，她发现了一颗神奇的小药丸，能让她变聪明。不过，这颗药丸有一定的使用期限，但那位小女孩对此并不知情。她顺利地过了一段时间，这期间她如有神助，什么难题都能轻而易举地解决。终于有一天，这颗神奇小药丸失效了，她又恢复到原来的样子，甚至连最简单的题目都答不出来。

我一路走来，始终觉得自己就是那位小女孩，也是生来就有些笨的，但机缘巧合之下，吞食了一颗能让我变聪明的神奇小药丸。然而，这颗小药丸总会在某一天失效，我苦心经营的这个"骗局"终将会被揭穿，回到自己本来的面目。不知怎的，这种担忧真真切切地萦绕在我的脑海中，挥之不去。

我至今记得在八年级时（我六年级时从中国台湾移居加拿大），我把第一张近乎完美的成绩单带回家时的情景。除了体育课得B外，其他课我得的全是A。我记得爸爸只问我那个B是怎么回事，而对我刻苦学习所得到的其他所有A不置一词。追忆往事，我意识到父母是想要我保持谦卑，而我一路成长起来，也从未得到他们诸如"干得真棒"这类的称赞。当其他人在我父母面前夸我时，他们总是迅速驳回，或提起我的某种缺点，以让他们相信我实际上并没有他们所说的那么聪明优秀。他们这么做，当然是为了保护我，让我远离骄傲自大。尽管我在学校里总是听到各种言过其实的赞扬，但在内心深处，我感到我其实就是那个小女孩，而我父母知道真相，因此他们并不承认我的那个不真实的"自我"。最终结果就是：一个年轻的女人，她经常感到不安全，也不确信她自己是谁，她将成为什么样的人。在这个世界其他人的眼里，我是一个谦卑的女孩，但实际上，我茫然不知何为真正的自己。

真正的谦卑

我曾与许多优秀的中国学生面谈过，总的来说，我经常遇到两类人：一种人非常自大，自视甚高，感觉自己理所当然受到奉承和赞美；另一种人则过于不自信，认为自己毫无优势可言，也过于害怕自己会被困难或竞争压倒。而且奇怪的是，男孩倾向于过度自信，而女孩倾向于过度不自信。情况屡屡如此，以至于在遇到那种"罕见"的人时，我总会由衷地感到高兴，因为这种人自信但不自大，能心怀快乐和感激之情接受他人的称赞。

一位睿智的长者曾经告诉我，否认自我天赋和才干其实体现了自大、轻率的一面，因为归根结底我们还是念念不忘我们自己，哪怕是我们的不足和弱点。而真正的谦卑源于尽心尽力地发现我们到底是谁，是什么使我们与众不同，接受并拥抱我们的强项和弱点，运用我们的天赋为周边的人群带来益处。借用泰隆·爱德华兹的话来说："真正的谦卑并非一种自暴自弃、卑躬屈膝且自轻自贱的态度，乃是对我们自己做出正确的评价，正如造物主眼里的我们一样。"

释放天赋，而非隐藏

我父母家曾经有许多套极其昂贵的瓷器，它们或是被小心翼翼地包裹收藏起来，或是在我们家的橱柜里展览着。许多碗碟由于实在昂贵，从未取出来使用过。在我结婚后，我父母从英国为我买了一套威基伍德（Wedgewood）瓷器，但却一直将其包裹收藏在地下室里。当我想使用这套瓷器时，母亲说她要为我安全地保管它，因为我那几个小孩子可能会弄坏这些瓷器。等我的孩子长大后，她再把这套瓷器交给我。然而，这些碗碟至今仍收藏在地下室的箱子里，还没有从包裹里拿出来过，更别提使用了。

有时，我们就是像对待昂贵的瓷器那样对待自己的天赋和才干，让它们安全地隐藏起来，保护它们远离潜在的损害，却从不按照它们最初被设计的目的取而用之。在我们试着保持谦卑，不自夸自炫时，我们也错过了使用和培养这些天赋以帮助他人的机会。

我父亲曾经买过一辆昂贵的玛莎拉蒂跑车。由于温哥华市的限速规定，他开车总是慢悠悠的。一段时间后，这车常常出故障，每次去修的时候，花费都相当昂贵。技工告诉我爸爸，这车老出问题是因为它是专为赛车道而设计的，引擎以每小时超出140公里的速度轰鸣时对它而言才算正常。如果持续在低挡状态下行驶，引擎就会开始出故障，功能开始不正常。要避免车出问题，我父亲只好把车开到郊外，让引擎每周能有一次充分运转的机会，因为在郊外可以开得更快些。自他这么做以后，他不仅体验到驾驭高级跑车的激情，而且他的车再也不轻易出问题了。

当我们没有最充分地运用我们的天赋，而只是使用其中一小部分时——也许因为恐惧，也许因为自信不足，我们就像那辆高级跑车，由于引擎未得到充分使用而出现故障。

奥斯卡获奖电影《烈火战车》的主人公埃里克·利迪尔[①]，有一次，他姐姐问他为什么不赶紧做好前往中国的准备，那是他所热望的，反而在这里浪费时间练习跑步。埃里克·利迪尔对他姐姐说出了一句经典台词："当我跑步的时候，我深深地感受到了上帝的喜悦。"当我们充分运用自己的天赋时，情况正是如此。没有理由以"不想炫耀"的名义隐藏我们的天赋或否认它，不过，我们如何运用天赋，确确实实至关重要。

天赋的责任

当我的孩子因某个科目或某项运动赢得奖励时，他们通常会充满自豪地回到家里，我也会和他们一同分享喜悦。我不会故意贬低他成绩的意义，或认为这对他来说无足轻重。不过，我愿让他们想起电影《蜘蛛侠》中皮特·帕克的叔叔所说的话"能力越大，责任越大"，正是这句话引导着皮特·帕克一直前行。

是的，你的确非常聪明！是的，你唱得棒极了！是的，你跑得很快……那么，你想过你要运用这聪明的大脑做点什么吗？你准备怎样用你那动人的嗓音（或飞毛腿）给别人带来益处呢？是的，你爱你的家庭。那你想过为什么你生在美好的家庭里而有人却生活在另一种环境里吗？在那里，连你所知道、所看见的一小部分内容，他们也没有机会学习和看见。

提醒我们的孩子心存感恩的最好时机，不是在他们做错事时利用这些问题当作某种威胁，而是在他们正做得很优秀的时候。因为正是在这些时刻，他们

---

① 埃里克·利迪尔（1902—1945）苏格兰人，第八届巴黎奥运会 400 米跑冠军，优秀的教育家，曾在天津任教 20 年。

的心最为开放和善于接受。我的梦想就是我的孩子在将来能以某种正确的方式运用他们的天赋，从而感受到造物主加在他们身上的喜悦。

培养谦卑，需要恩典

真正的谦卑并不是一次性圆满完成的，它需要在规则和期待中加以清晰而高规格的设定，并在能持续体验到恩典的环境里发展起来。只有当我们的孩子意识到他们没有什么东西是理所当然得到的，而很多东西却慷慨地给予了他们时，谦卑才能来临。恩典是我们不应得的赏赐，通常在我们最不期待它的时候反倒获得了。比如说，我先生对孩子有极高的期望值，想从他那里得到夸奖，哪怕是一个字都非常困难。我的孩子知道当爸爸说干得很好时，他们是真的配得上他的夸赞。相反，褒扬和鼓励的话出自我口就轻而易举，因为我本性就喜欢鼓励赞美别人。

我先生曾经计划带两个大孩子外出看电影，当我们收拾整齐，准备妥当时，这两个孩子却开始争吵起来。起因是凯恩用一个凯文不喜欢的绰号叫他。凯恩立刻明白自己不得不面对说话草率的后果，那就是把"我将只用我的话造福别人，而非伤害别人"这句话抄写30遍。他深感抱歉，心里明白这是他必须承担的后果，但同时又担心这样就来不及去看电影了。

就在他准备抄写那句话的时候，先生在他身边坐下来，开始陪他一起抄写。他告诉凯恩他不能取消这些后果，因为这是经大家一致同意的，但他会帮忙抄写20遍，因为自己写得要快一些。我们全都为他的举动所感动，在此爸爸承担了凯恩口不择言的后果。而这样做所收获的，就是一个更懂得感恩、更顺服，也更谦卑的孩子。

谦卑由恩典激活和驱动，这使凡事靠律法推动的（即"律法主义"）生活风格败北。这两种风格存在着天壤之别。

律法主义与恩典的区别：

（1）动机。律法主义做事是为了履行"交易"中的责任。而恩典能收获爱和支持，是作为礼物，不需争取。

（2）结果。律法主义导致我们做事是为让人看见。恩典使得种种工作乃是出于心甘情愿的顺服，并被彼此的关系、感恩和忠诚所激励。

（3）欲求。律法主义欲求实现种种外在的需求，而非正确的内在心态。恩典把重点放在正确的心态上。

（4）服从程度。律法主义导致其行为是选择性的——在一些领域踏实做事，但并不愿意在其他领域也服从；恩典带来一份内心的承诺——所有领域的服从，认为哪怕在一个领域的反对也是一种背叛。

拉比诺·尼尔顿·邦德是拉美当代著名作家，他说，许多人认为谦卑是自大的对立面，但其实谦卑是一个平衡点，自大的对立面实际上是自卑。一个谦卑的人，完全不同于一个不能认可、不能欣赏自我的人，他们知道每个人都是这世界中奇迹的一部分。

在电影《赤壁》里，刘备身为领袖，总能激励他人不惜性命为之冒险犯难，行非常之举。反观曹操，却是依靠狡猾的手段驾驭手下众将官，使人因害怕而受其操纵。影片里有一个情节给人留下深刻的印象，即当周瑜在刘备的营房里散步时，亲见刘备正在为他的部下编织草鞋。这么多年之后，在刘备已成为备受尊崇的领袖人物时，他居然继续为他的部将们亲手编织草鞋，这一双双草鞋足见其仁爱之心。这一情景不仅深深打动了周瑜，给他以深刻的印象，还有助于向他和其他见证者解释为什么那些人对刘备如此死心塌地，忠贞坚定。

每当我们检视历史上那些能激起其所率之众忠诚之心的领袖时，我们会发现他们都有谦卑和服务他人的品质。通常，这些人起初并非志在成为领袖，但正因其谦卑的品质，他们被置于领袖的位置。就如美国海军将领约瑟夫·罗杰斯所言："身居高位者，惯于深入底层。"

乐于付出

"没有什么非黑即白的事"

我10来岁时，和妹妹们住在加拿大，每年暑假就回到中国台湾和父母在一起。有一个特殊的暑假经历让我至今印象深刻。我和妹妹们对那些勾引已婚男人，使其家庭破裂的舞女感到很厌恶。当我们和母亲说到这些时，她却说，世上很少有非黑即白的事。

但我跟母亲说假如我是一个舞女，我就运用自己的聪明头脑去刻苦学习，然后获得一份诚实的工作，而不是干这种贪图安逸的生计。母亲没有和我争论或试图改变我的想法，她只是带我们到地下舞厅走了一趟，这次经历使我永生难忘。母亲花钱请了3个舞女，请她们和我们一起在舞池里跳舞，在吧台给她们买饮料，然后和她们聊天。

我相信一般人看到这样的场面都会惊讶：一个穿着时尚的中年女性带着3个面容稚嫩、看起来天真无邪的少女走进舞厅，又请了3个舞女，随后在迪斯科灯光下少女们和衣着暴露的年轻舞女跳起舞来。跳完舞，年轻舞女的好奇心也被点燃了：既然这3个小姑娘也都会跳舞，为什么还要花钱请我们跳？我们喝着母亲给我们所有人买的饮料，在她们询问我们的背景时，我们也问了她们的生活，于是很快成了朋友。

通过第一手调查，我明白了母亲所说的"很少有非黑即白的事"意味着什么。其中有个舞女要供比她小两岁的弟弟读大学。她很自豪弟弟既聪明又刻苦努力，相信他总有一天会成为受人尊敬的成功者。她告诉我，既然她家不能供她上大学，而她又没有其他技能赚钱来供弟弟上学，那做舞女对她来说就是最好的解决办法。

另一个女孩的母亲遭遇到工伤事故，旧伤未愈，急需进行手术。可她父亲只是个临时工，他们也没有什么富裕的亲戚可以借钱，于是她向舞厅借了一笔钱来支付母亲的手术费，并计划等债务还清后重返校园。

第三位姑娘来自一个充满暴力的家庭。她父亲酗酒，经常殴打她和母亲。她宁可在城市里明亮的灯光下跳舞，也不要在家里那种紧张和悲伤的气氛下生活。

这次地下舞厅之旅是我在社会公益领域受教育的起点。那天，我的同情心被激发起来，希望母亲帮这些女孩逃离她们身处的环境。母亲告诉我，在这里工作的每个人都有一个感人的故事。我们有足够多的钱帮助她们所有人吗？我们怎样选择哪个人更值得我们去帮助？只有一件事是确定无疑的，那就是我不再看不起她们，或是认为她们只是一些坏人或懒鬼。

事实上，我对这些舞女有了新的敬意，因为我不知道如果我处在她们那样的境遇下，我是不是会有同样的决定。

动机比结果更重要

我的母亲在"服务和施与"方面一直都是我的榜样和导师，因为她总是不断探察我服务他人时的动机，她会问我："这个动机正确吗？"我富于同情心，然而，同情心的另一面就是易于养成一种所谓的"救世主"情结，把自己当作不可或缺的、高人一等的人，试图"拯救"那些需要我去拯救的人。在服务领域长时间学习后，我发现施者与受者之间的界限已经日益模糊，正如助人者与受助者之间的界限一样。让我们的孩子培养同情心和社会正义感的确重要，但同时我们必须走得更深、更远一点，明智地引导他们这份同情心。

在我读中学的时候，我觉得帮助别人是很单纯的事，因为那时候没有什么看得见的回报。随着高校倾向于更重视那些一直投入时间和精力帮助别人的人，因为这证明了申请者的好品格，可以给他的"CQ"（品格商数）加分，这一美好的事正逐渐变得复杂起来。

在大学申请过程中负责指导学生的中学顾问们会鼓励学生做一些社区服务的工作，让他们的大学申请表看起来更有社会责任。在国际学校就读IB课程（International Baccalaureate）的学生，要获得毕业文凭，必须履行150小时CAS（创造、行动、服务）的任务。

这种趋势让更多年轻人开始从事志愿者服务，也获得了参加社会公益活动的机会。但与此同时，一些年轻人却常常不加选择地参与社区服侍，以此来满足学校的要求，而没有真正利用服务的机会，为他们的心灵带来真正的转变。法定的或要求的社会公益活动使其本身变成了一项义务，失去了它真正的意义和目的。

北京四中的刘长铭校长说，四中的老师鼓励学生自己组织起来，去帮助社会上那些不那么幸运的人，而不考虑此类行为能否带来个人利益，想借此在学生身上培养社会责任感。他还告诉我，在看到高中学生自我组织起来去筹款帮助贫困地区的失学儿童，在他们的美国大学申请和高考全部完成之后继续去贫困地区义务支教时，他特别开心，因为这显示出学生们这么做，不是带着功利性的目的，并没有考虑额外的奖励分。

贫穷精神

我们在美国生活时，我先生面试过一个申请MIT的亚洲男孩，他真是太棒了。这个男孩从八年级开始自修大学课程，而且成绩优异。他多才多艺，带来一些油画作品，美得令人惊艳称奇。除此之外，他还是个优秀的运动健将，曾代表他的学校参加全市的田径运动会。他父母为他付出了很多，从亚洲移民到美国，因此他可以利用在美国获得的大量机会和资源，从藏书丰富的公共图书馆到最高水平的运动器材、音乐和艺术工作室，还有来自社区的对他关爱有加的教练和老师。

面试过程中，他提到所有曾经帮助他发展才能的优秀老师，他们个个都不相同。我先生就问他："那么，你为此做了什么回报呢？"这时，他尴尬地沉默了。回报他人的问题他从没有想过。他和家人沉醉于在这里获得许可，享受所有免费服务，却忘记或者忽略了这些服务是很多人花了大量成本才免费提供给大家的。

一位睿智的长者曾称这种现象为"贫穷精神"：龟缩在他们过去的贫穷状态里，因此不能慷慨大方起来，甚至在他不再贫穷后依然难以变得慷慨。你可以在一些富有的大亨身上发现这样的精神状态，他们从不为慈善事业捐献任何东西，宁愿选择在浮华的名利场中挥霍财富；在有些白领女子身上也能看到这种精神状态，她们收入颇丰，但生活得没有安全感，唯恐有人骗走她辛辛苦苦赚来的钱。这两者都活在精神的贫穷状态里，在他们事实上已经富足之时，却好像没有足够的资源与他人分享。

不服务他人的人容易被归为自私的人，他们和那些出于错误的动机去服务他人的人一样危险，只是没那么明显。比如，当一个富商从一个大包里掏出许多捆现金，然后在闪光灯和摄像机前面，一捆接一捆地往捐款箱里堆时，令人不由自主地要怀疑他捐钱的真正动机：是为了让自己看上去很好，还是真心帮助受难者？

还有一个商人资助一个穷困的男孩上大学，当他认为没有得到应得的感谢后，居然要起诉那个男孩，要求退还资助的钱。施与和服务他人的动机经常会混乱，所以一定要彻底和诚实地检查内心的动机，确保它们不会在服务别人时左右我们，并诱惑我们陷于更糟糕的境地。

逃脱"救世主"情结

曾经"救世主"情结迫使我努力做超人，来"拯救"那些正在与抑郁或沮丧抗争而无法保住工作的人。

在我为一位朋友投入一整年的时间、精力和金钱之后，她不仅不能让自己恢复过来，反而继续其混乱和绝望的生活。我对自己很失望，继而对她也很失望。我希望她能实践我的建议，当她做不到的时候，我就很不高兴，试图控制她、指挥她应该过怎样的生活。

当我意识到，我只是让她依赖我而不是在帮她靠自己站起来时，我不得不承认我的"救世主"情结已经阻碍了她。我很沮丧，因为付出得不到想要的结果。然而我终于发现，我对她的帮助是有条件的——我服务他人，其实是在服务自己，服务于我渴望被需要、被认可、被感谢的内心需求，以及自我满足，不是真正关心她的需要。

于是，我开始思考我母亲的做法，她怎样坚持不懈地匿名资助穷苦孩子上学。我问她为什么不想要她的接受者知道是谁在帮助他们，她告诉我，她最讨厌在帮助一个有需要的人的同时，还要张扬自己。要张扬自己就用同样的钱去给自己登广告，而不要利用一个陷入困境的人去做这样的事，要把两个无关的事情分开！

因为母亲亲身经历过。战争期间她家一度穷困，但始终努力奋斗以保持尊严，所以她明白让想要获得帮助的人保持其尊严是多么重要。在我们服务社会时，匿名对我们的动机是一个巨大的考验，也是在服务中训练自己的强大方式。

承认我们的弱点

对参加社会公益活动而言，我想最好的动机就是意识到自己的弱点和局限。约翰·奥伯格（John Ortberg）在《你一直想要的生活》（*The Life You've Always Wanted*）里说道：

> 我们受召唤而服务他人并不是因为其他人需要我们的服务，而是因为当我们服务时发生在我们自己身上的事情。我们可以在欧内斯特·科特兹的佳作《匿名戒酒协会史》中发现这种区别。
>
> 在获得清醒后不久，比尔·威尔逊——在匿名戒酒协会的传说中以"比尔·威"（Bill. W）著称——意识到自己又要重新陷入酗酒的泥淖。绝望之下，他设法找到另一位酗酒者鲍勃医生，向他倾诉自己的故事。最终，鲍勃医生也从沉醉中清醒过来，并和比尔·威一起成了匿名戒酒协会的联合创立人。

但比尔·威明白，说出他的故事的主要动机并不是要救鲍勃医生，而是假如他不对外说出一直憋在他心里的话，他就会再次陷入酩酊大醉的状态。比尔·威明白，这不是因为他坚强而鲍勃医生脆弱，所以他才能帮助鲍勃医生。比尔·威能够帮助他人，是因为他自己本身脆弱，而在帮助他人时，他就获得了力量。

真相逐步深入。当匿名戒酒协会出名后，比尔·威开始接受采访，作为这一组织的"创立者"开始声名鹊起。逐渐地，他变得过于忙碌，开始忽视自己的家庭，但他却告诉自己，所有酗酒者都需要他。朋友们就将他拉到一边，对他实话实说："你正走在死亡之路上。你认为你自己独一无二、异于常人，而这是典型的酗酒者思维方式。"

像比尔·威一样，我们不得不清醒地意识到我们并非超人。我们必须拥抱自身的局限。而这正是力量迸发的源泉……我们必须因为自身的脆弱而服务别人。我们帮助别人的理由不是因为我们坚强、他们需要我们，恰恰是因为如果我们不帮助他们，我们就将如一座绝望的废墟而终此一生。

为什么匿名戒酒协会坚持匿名？不仅在于作为酒精中毒者的人们可以参加匿名戒酒协会的聚会，又不对外界暴露真实身份。还有一个附加的理由就是，没有谁被许可把匿名戒酒协会当作个人获取名声的工具。创立者深刻意识到名声对人的致命诱惑。远离诱惑的唯一途径就是保持酗酒者之间的同感而彼此帮助。

若干年后，一位长者告诉我，我能提供有效服务的最佳领域正是我弱点所在之处。现在我开始理解为什么母亲能够高效地帮助穷人，是因为她过去曾与贫困艰难斗争过，所以能设身处地地为穷人着想。她明白贫困在什么地方用什么方式伤害他们，因为她曾经体验过同样的痛楚。在帮助他们的时候她自己也得到了帮助，因为她源于贫困的痛楚得到了救赎。

当你开始踏上服务他人的旅程时，你可能也会引导你的孩子养成一种服务他人的生活方式。只有当我们的社会是由意识到自己的社会责任、关心弱者及贫困者的公民组成时，我们才会拥有一个真正富有人性而文明的社会。

全家一起做慈善

有些做父母的朋友对我说，他们很愿意和孩子一起去服务他人，只是平时工作忙，社交圈子有限，不知道有什么地方需要他们帮助，尤其是他们的孩子也能参与服务的地方。在这里我提供一些主要服务孤残儿童的慈善机构和联系方式。

序号	机构名称	服务对象	联系人	电话
1	北京顺义儿童希望之家	孤残儿童	常苗（女士）	15321306288
2	北京顺义太阳村	服刑人员子女	张明哲（先生）	010-60443523
3	北京生命树助养中心	脑瘫儿童	寇洁明（女士）	18910766122
4	北京房山爱心乐园	孤残儿童	刘凤茹（女士）	13041049971
5	河北宁晋黎明之家	弃婴孤儿	王清芬（女士）	13780290451
6	河北任丘若瑟残婴院	孤残儿童、为附近有脑瘫孩子的家庭做康复指导	郝战国（先生）	13931724580
7	河北廊坊飞利浦海德基金会	孤残儿童	黎燕（女士）	13722625977
8	河南南阳慰老院	残疾老人、贫穷家庭的老人、弃婴	周凤桂（女士）	15937761967
9	陕西宝鸡凤翔若瑟之家	孤残儿童	韩异星（女士）15891077493 师珍利（女士）0917-7426865	
10	山西榆次仁爱园	孤残儿童	杨永花（女士）	13303547914
11	山东惠民爱丽家园	孤残儿童	李玉训（先生）	15169921096
12	广西安琪之家	脑瘫儿童	王芳（女士）	13197713317

过度安排时间

时间压力和同情心

有一个著名的关于"好撒玛利亚人"的故事。有人问耶稣"好邻居"的定义是什么，耶稣就用一个祭司的故事作答。祭司从一个受伤的人身边走过，但没有帮助他。一个出身低微、遭人蔑视的撒玛利亚人却停下来，给那人包扎伤口，带他到旅店，并付钱请人继续照料他。谁真的爱这个人？答案显而易见，是好撒玛利亚人。

美国一所大学决定给这个故事做一个有趣的变形处理，以测试他们的理论假设：时间压力会对人施予同情的能力产生巨大影响。

他们请3个背景相似的人就"同情"这个论题准备一次面向100名大学生的演讲。这3个人都是颇受尊敬的老师，被他们的同事推举为"好人"和"有同情心的人"。这3个人都被要求在某个时间到达演讲中心。设计这场实验的人把一个演员安排在通往演讲中心的路上，这个演员扮演一个遭到抢劫、身负重伤、需要行人帮助前往医院救治的角色。第一位老师在眼看就要迟到了的时候遇见这个人；第二位老师在他只剩10分钟就要演讲时遇到那个人；而第三位老师在离准点演讲还有整整1个小时的情况下遇到那个人。一台隐蔽的摄像机拍下了这3位老师的反应。

记录下来的反应表明：人越忙碌，他所能回应的同情心就越少。正如预计的一样，第一个人甚至都没有停下来问问发生了什么事就急匆匆跑开了，而第三个人由于时间宽裕，就帮助受伤者赶往医院。

我们患了忙碌病

我发现，日子过得越忙碌，我越容易生气、越不耐烦，就越不愿意停下来听孩子说话。忙碌的状态破坏了我的判断力，使我一门心思只顾忙自己的事，从而伤害到别人，这经常使我在事情过后再用额外的很多时间来修复被损坏的关系。科技的进步，给我们的生活增加了更多忙碌，而不是减慢生活的步伐，似乎整个世界都患上了忙碌病。更为悲惨的是，我们正在把这种致命的病症传给孩子，他们的生活被过度安排，几乎没有余暇思考、游戏，或是与自己的内心世界对话，更别提培养同情心了。

我发现，搬到北京后，儿子几乎无法和当地学校的朋友一起玩耍，因为这些孩子的周末都被塞得满满的，包括钢琴课、英语辅导、绘画学习、芭蕾课程、奥数辅导等。只有两三岁大的孩子就已经开始学习音乐课程或上英语辅导班了。

邻居家有个男孩，和我的小儿子关系很好。一个周六的早晨，我走出家门时，遇到邻居带着儿子出来。我邀请这个孩子过来和我孩子一起玩，他父亲摇摇头，说小孩有课。我问孩子在学什么，他回答说，早上有3个小时的英语课。我笑着告诉他，如果他的儿子过来和我的孩子玩，他们玩的时候，彼此说的都是标准发音的英语，这样与坐在高额学费的辅导课堂前排，反复练习枯燥的英语对话相比，他的孩子可以更快乐。

过度安排时间和"优秀学生"

过度安排时间的结果，就是培养出一代代考试机器，他们知道全部的所谓的正确答案，但依然很迷惘。当我面试一个重点中学的优秀学生时，他的情况就是如此。

他是带着近乎完美的SAT分数和极其出色的成绩而来的。他的成绩足够保送上任何一所中国名校。在我花了一点时间让这位相当紧张的学生轻松下来之后，我问他学习之余最喜欢做什么。他咯咯直笑，然后告诉我，他没有任何时间做其他任何事，但他很喜欢吃东西，因为学校的自助餐厅所提供的食品很可口。由于这个问题没有引出另一个话题供我们讨论，我就问他计划如何过春节，试图找到另一个交流话题。他告诉我，他的学校不允许他回家过春节，因为他需要准备高考。这个问题又进了死胡同，没法继续。

那么，他在读书之外还有兴趣爱好吗？我从他的申请材料中看到他几年前拉过小提琴。他告诉我，因为学习压力太大，他母亲就不让他继续学习小提琴了，虽然他很喜欢拉小提琴。由于练习中断，他的小提琴没有好到值得继续培养下去，也没时间去了解他喜欢的那些作曲家。我与他展开交流的最后一次努力就以最后一个问题结束了——展望未来，你希望在学校学习到什么？他一脸茫然，神情紧张，最后他告诉我，他没有时间考虑这个问题，不过，在家和学校之外，他唯一有时间看到的世界就是上学路上的建筑，他想他可能愿意学习怎么建造那些漂亮的建筑物。

至此，我对这位年轻的男士毫无羡慕之心，只剩下同情和惋惜。拥有如此优秀的学习潜能，却不知道引导这种潜能去往何处，这实在太可惜了；拥有如此之多的知识，对自己的认知却是如此缺乏，这实在太遗憾了；拥有如此高的成绩，却完全不懂得其他东西，这实在太不幸了。

我的教训：设计课的比赛

读大学时，我有一个深刻的教训。我读大学低年级期间，上了一门设计课。这门课最后的项目是一场比赛，占这门课成绩的一半。学校给每个学生发一个标准的"旧物箱"，里面装有棒冰杆、大小不 的空卫生纸卷筒、发动机、齿轮和其他旧物。这项比赛每年都有不同的目标或招数，每个学生都需要用那个旧物箱里的东西设计一个机器，用来和同学在比赛中竞争，直到最后的胜利者诞生为止。前3名获胜者将赢得一家优秀玩具公司提供的工作岗位，同时在班里自动获得A的好成绩。在我参赛那一年，球场两端由两个平台构成，每个平台离地45厘米高。我们的机器就是要从平台降落到球场上，把一个红色的乒乓球推到球场另一边。在比赛中，成功地超过对手把球推过中线的人，就是获胜者。

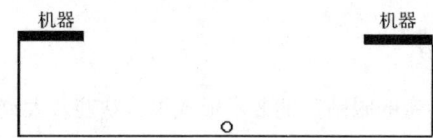

　　就像一个勤奋工作的工程师一样，我全身心地投入设计：一台传统的坦克模样的机器，带着滑雪板以减缓机器的落地压力，计算好齿轮的运转比率，以获得与力量和速度相匹配的正确的力矩。在比赛之前的最后一个礼拜，我熬了好几个通宵，努力让机器具有最佳性能，并在练习场上不断测试。朋友们给我送吃的表示支持。参赛的人都很拼命，比赛要在全国范围播出，所有人都想赢。我的机器很不错，通过了最初几轮比赛，但后来被一台功能更强的机器击败了。而让我震惊和不快的是，有个同学用一个简单而漂亮的机器设计成了最终的获胜者。那个机器可能花不了他5分钟就可以设计并打造出来。他的机器看起来就像下图：

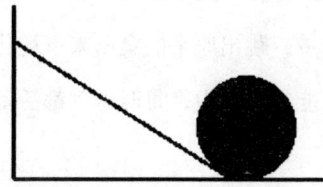

　　这位同学按卷筒原初的形态使用它，把所有重的旧物都塞到卷筒里面。当这个卷筒滚落到球场上，单单是它的重量就足以形成巨大的推动力，把挡在它路上的任何东西推走，其中既包括乒乓球，也包括竞争对手的机器。当我看到这个极为简单的"家伙"运转开时，我颇感沮丧。因为获胜者并不是最努力的人，获胜的设计也不是最复杂的东西，而是最简单、制造起来费时最少的设备。

　　后来，我学到了设计中的最小化设计原则——使故障和必需的修复减少到最低限度。当时很多同学像我一样，拍着脑袋，一边对获胜的设计惊叹不已，一边气得"咬牙切齿"——可惜浪费了那么多睡眠时间。

"神奇的眼睛"

曾经有一种"神奇的眼睛"的艺术形式很受欢迎。大致说来，这样的画看上去像一系列随机图形，但等你往后站，从某个特别的角度再看这画时，奇怪的事就发生了：好像有一个三维物体从画面中浮现出来——可能是一只鸟或一个女人。不管什么时候，谁要是看出了那个三维物体，必然会发出欣喜的欢呼声。不过，如果你站得太靠近了，这个物体就会迅速地消失无踪。

过度安排时间进度和忙碌就好像是和画站得太近，使我们不能把画往大了看，也无法寻找不同的视角。我们变得短视，眼光只是盯着手头的小目标，而错过更大、更重要的画面。盲目的行动会使我们的灵魂麻痹，使我们无暇反省自身或同情他人，然而这两者对要过上健康、有目标且有意义的生活而言，都是不可或缺的元素。

当东方的孩子们正在上更多讲述课本知识的课来充实头脑、取得更好的考试成绩时，西方的孩子们则把精力集中到更多娱乐、冒险或新鲜的体验上来。我们盼望找到一个中间地带，跳出原来的窠臼来审视什么东西能给我们和孩子充电加油。这样，我们才能在生活中，每时每刻都活得有意义，活得丰饶，同情他人，而且自身愉悦。

学会休息

适当"浪费时间"

如今，极端激烈的竞争环境加速了人们的生活节奏，"休息"变成了一个陌生的概念，人们在闲暇时反倒会深感内疚，因为觉得自己没有好好利用这点时间去学习或者做点更有意义的事情。

我们对孩子的抚养也深受此影响。凯安7岁时在一所当地学校读一年级。第一个学期过后，我们意识到他的汉语有些跟不上进度，就为他请了一位家庭教师。他的家庭教师告诉我们，如今一年级小学生上课的内容，相当于她小时候四年级学习的东西。在拼命完成一整本乏味的抄写作业后，凯安已经累得不想做其他任何事了。

凯安的家庭教师告诉我，只有一个办法可以让他在班里排名靠前，那就是让他每天在功课上花更多时间，每个汉字写10遍，同时用这个汉字组成词语，为的是教给他更多汉字。这样下来，凯安就没有时间做别的他喜欢的事情了……

在凯安的两个哥哥处于他这个年龄时，我每天至少跟他们玩一两个小时的游戏。我先生在家后院搭了一间树屋，配上吊桥和满是洞的柱子，这样他们可以练习用锤子把玩具钉子敲进去。他们花好几个小时设计情节并将战斗情景表演出来。因为拥有很多玩具武器，我们家在附近一带以"林家军械库"著称。附近有些男孩喜欢一放学就来我家，重复表演战斗场景。现在看来，正是在那些玩耍的时间，我的儿子学会了编写故事台词和写长篇小说。通过玩耍和在树屋上"浪费时间"，他们视生活为有趣的冒险，把学习当探险。

自然界中的规律

历经数个世纪，农民早就懂得休息的原则。在犹太人的文化里，一块土地耕种6年就需要休耕，这样土壤才能再次获得养料。如果土地得不到这一年的休息，农作物产量就会逐年下降，因为土壤已经失去了养料。如今的农业让土地没有休息的时间，以人造化学肥料来补充土壤中失去的养料，而不是等待自然的手段来恢复地力。

对此，我深有体会。我父亲曾经进口水果和蔬菜，供给加拿大的超市。有一段时间，姜的需求量很大，他就从斐济买下了全部的姜。由于供不应求，斐济政府赚了一笔可观的利润，连续5年给我父亲供货，到了第6年，就再也没有姜了。显然，姜不像别的农作物（比如玉米），它的生长周期比较长，要从土壤中吸收大量的养料。种姜的农民知道，要想种出质量好的姜，必须在每一次丰收之后，让土地得到休息。然而，因为对姜的需求很大，政府就强迫农民放弃土地的休息期，使用人工肥料，连续几年种姜。但这种尝试最后失败了，因为每次丰收期后种出的姜都又难看又不好。几轮种植之后，不管政府如何想方设法让农民在土地上种姜，也没有人愿意了。结果在斐济，刚刚萌芽的姜产业就这样被毁了。我父亲不得不去寻找别的地方给他的客户供货。

在我母亲的生活中，也有过类似的例子。我母亲对人参很有研究，她用人参炖汤给我们进补。我问她为什么人参这么贵，她告诉我，因为好的人参至少需要7年时间才能长成，所以它们不能轻易在农田里种植。最好的人参只有在荒山野林的深处才能找到，因为那种地方的土壤最富饶。她还向我展示不同等级人参之间的区别。在市场上销售的便宜货又细又瘦，而真正昂贵的人参又大又粗又结实。这是因为好的人参有足够的时间生长，营养积淀丰富，而次等的人参只有相似的外表，却毫无人参的营养价值。不了解人参的人容易上当受骗，那些又细又瘦的人参带给他们的最多只是心理上的安慰而已。

休息的原则在自然中适用，在我们的生活中也适用。我们不断压缩休息时间，跟斐济政府的做法有什么区别呢？万物生长自有其周期，在我们迫不及待地把孩子带进成年状态时，他们所必需的童年就被剥夺了。

休息与工作：两个伐木工人的故事

我们从波士顿搬到洛杉矶以后，我所在的公司举行了一次全天的企业规划会。我不记得那天讨论了什么内容，但会议开始时的一个故事永远印在我的记忆里，提醒我：休息乃是必需的。

故事讲的是两个技术熟练、体格强壮的伐木工人，他们要进行一场比赛，看谁一天砍的木头最多。天刚破晓，这两个人就开始干活了，他们不慌不忙地砍倒一棵又一棵的大树。因为两个人干活有劲，都一身大汗，速度也相差无几。第一个伐木工人时不时扫一眼第二个人，他注意到第二个人靠着一棵树在休息。他趁第二个人休息时赶紧继续努力砍树。他一整天连续不断地拼尽所有力气干活，一次也不休息，而第二个人在一整天当中，总是有规律地休息。这一天终于结束了，他满以为他比第二个人砍的树要多。但让他大为惊讶和沮丧的是，第二个人砍的树远远多过他砍的。他就问他的竞争对手胜利的秘诀是什么？他在树下休息时在做什么？他的竞争对手回答说，每一次休息期间，他都在磨快他的斧头。

这个故事提醒我们，当我们只用同样的方式做事，而不反思如何才能做得更好更有效，不停下来"磨快斧头"的话，会产生什么结果。

光靠吃苦耐劳就行吗

我们中国人在世界上以吃苦耐劳著称。不过，总是工作而不会休息，对我们并不利，因为我们过于关注正在做的事情，却忽略了思考解决问题的更好方法。有一年年初某地经受暴风雪灾害，战士们用了3天3夜徒步攀上高山，为了尽快把修复电塔急需的重型机械部件送上去，几乎没有休息。当媒体给我们播放这些感人的影像时，我们的内心深受感动。拥有这样勤勤恳恳工作的战士，他们为帮助当地恢复电力，放弃了自己的休息。人民对此心存感激。

不过，来自西方的反应更多是困惑：为什么没有装备直升机和重型设备？为什么没有处理基础设施故障突发事件的应急计划？在做必需的工作时，看不到任何机械。突发事件的救急队伍没有采用高效而先进的灾难应急计划和必需的机器，花一天时间恢复电力，而且是全部依靠人力，这既无法处理更大的事故，也不能以更快的速度工作。

我家的休息时光

在暑假，父母不要再忙着给孩子报名参加一个又一个兴趣班，还是留一些时间与孩子一起休息吧。不一定要做什么极限运动，也不一定是学习，只要找到你们真正喜欢做的事，找到能滋养你和孩子心灵的事。

最理想的是找到你们全家人可以一起做的事，而且这件事让每个人都能恢复活力。在我们家，我们会在户外找一个普通的场地，骑骑自行车，去郊外踏青，或者玩玩音乐，还可以弹弹吉他或者随着音乐节奏摆动身体。我们还会保留一些专门用来"消磨"的时间，在这段时间里什么都不干，而是去新开的餐馆吃一顿或者是去小吃店品尝不太贵的小吃，其间可以彼此交流，乐趣无穷。我就特别期待这些可以放下一切，轻松自在的时间。有时，在"无所事事"的时间里，孩子常常能说出一些深刻的、有洞察力的话语。

如果休息对自然有益，它也一定对我们有益。

间隔年的意义

间隔年的意义

所谓"间隔年"，是让学生们在上大学之前有一年的时间自由安排。间隔年是西方年轻人"成人"的阶段，相当于我们的成人礼。他们绝大多数选择出国旅行来完成这个成年礼。

有时，我会遇见一些已经高中毕业、准备申请进入MIT就读的学生，他们告诉我目前正在过"间隔年"。有的学生选择休整一年的原因是未能考进理想的大学，或者高考成绩欠佳，想再复读。这不是"间隔年"的初衷。倘若学生因此而打算过一个所谓的"间隔年"，那么，一年之后他被国外名校录取的概率会降低。对西方的大学来说，考试成绩不能决定一切，他们看重的是学生利用时间的方式。"间隔年"实际上是指学生向大学提交入学申请并被录取之后，告诉校方自己打算延迟一年或两年入学。一旦得到了理想大学的录取通知，学生就会开怀地放松自己，从事一些能挖掘潜能、加深自我认知的活动。

在紧张而匆忙的现代生活中，每一天每一分钟似乎都被各种各样的事情占据着。对一位学习压力颇大的高中生来说，几乎没有什么时间可以让他用于内省或自我挖掘了。学生的时间表被各种考试、作业，甚至课外活动填满，用于创造力开发和加深自我认知的时间变得少之又少。父母、老师、社会总是希望孩子按他们预先设定的"默认程序"从一个阶段步入到下一个阶段，而没有留出些时间来让孩子独立思考下一阶段目标的必要性。这种"默认程序"通常为顺利完成小学、初中、高中期间的12年普通教育；然后进入大学或职业学校；第三阶段是找到一份报酬好又稳定的工作；第四阶段便是购置房产、成家、生子。孩子按部就班地执行以上的"默认程序"，没有时间停下来思量接下来的"程序"是否有意义，是否是自己内心所盼望的。一位年轻的母亲告诉我，她在30岁之前几乎没有什么自我意识。因为她总是听命于师长，按他们的意愿生活，从未思考过自己希望从生活中获取什么。

近来有机构针对世界上最具创造力的人群做研究，得出如下结论：人的创造力常有一段潜伏期，创造性的意念常会在意识的表层之下酝酿。人一旦从高度专注的状态暂时转移注意力，稍作休息，难题之类的信息就会自然进入人的潜意识里。之后人的潜意识会以某种方式对难题信息进行综合处理，也会生成各种各样非逻辑性的关联，而这些看似非逻辑性的关联对于难题的解决有着至关重要的作用。

可是如果让难题仅停留于人的意识层面，人的理智只会摒弃脑海中出现的这些不合常理的信息。"间隔年"是人生赛场中的韬光养晦期，它可以让步履匆匆的赶路人停下来思考过往走过的路，内省自身，重新得力，为以后的赛程预备好充分的脑力和体力。

间隔年的初衷和实践感受

以下是美联社几年前有关间隔年的一则新闻报道：

许多大学负责招生工作的人都赞成新生延迟一至两年入学。他们认为高中和大学之间的"间隔年"虽不是要求每位学生必须遵守的铁定规则，而且倘若是无所事事地晃荡一两年也没什么意义，可还是发觉很多经过了间隔年的学生更加自信、自知……

大学一般会让学生提交一份间隔年计划书，内容只要不光是"沐浴沙滩阳光"什么的就可以，此外别无要求。芝加哥大学的招生官员说，只要学生的间隔年申请书没投错地方，他们一旦接收到学生的申请，无论其中理由如何，都会批准。

"我们这些做招生工作的人最关心的就是如何让学生真正放松下来，得到充分休息和调整。"康涅狄格学院负责招生和资助工作的玛莎·梅里尔这么说。

高中生萨曼莎被斯坦福大学录取后，顺利地获得了延迟一年入学的批准。她在间隔年里的计划之一是攀登珠穆朗玛峰。之后萨曼莎成功地完成了该计划。不仅如此，萨曼莎还征服了其他六大洲的最高峰，成为征服七大洲最高峰的最年轻的攀登者。

大多数西方大学的招生官员都感到，经历过间隔年的学生比之前更加成熟，适应力更强，自我意识也变得更为完善。MIT招生办对于间隔年的描述是：没人后悔过间隔年，后悔没过间隔年的人倒是一大堆。重要的是这时放慢脚步也挺不错。生活、大学、职业——不是场比赛。

所罗门王提到：万事万物都有定时。栽种有时，拔出所栽种的也有时；哭有时，笑有时。在今日快节奏的社会里，很少有人能有意识地停下来思考人生的走向，包括莘莘学子。学子们迈着匆匆的步伐，匆忙地从人生的一站赶往下一站。而间隔年的适时出现，正好可以缓解学子们的旅途劳顿。在MIT校友的博客里，一位名叫安东尼的校友对间隔年有如下的叙述：

假如你有一整年的时间可以随心所欲地做自己想做的事，没有时间限制，没有任务要求，没有SAT（学术能力评估测试）、班级排名、闲话，没有学生会主席来找你的茬儿……你会做何打算呢？我们设想一下，高中毕业后，你没有照例在秋季进入大学学习，而是致力于自己长久以来的梦想计划，在某实验室里摆弄着各种器皿，或者是整年都泡在海外（所有费用都无需自己承担）。你可以在国外做老师，向学生们传授知识，同时也可以像海绵一样充分地汲取周围的新鲜信息、知识养分。每天清晨一醒来，MIT的美丽校园就会浮现在你眼前。想到不久之后自己便能进入这所梦寐以求的大学就读，你就高兴得合不拢嘴。

也许你只是想花些时间打工挣钱，好应付大学期间的一些花费，或者是想在紧张的大学备考之后，让自己放松一下。尽管海阔天高，际遇却难测，说不定你此生再无其他机会可以这般自由轻松了。所以，为什么那么着急呢？又不是不能进MIT读书了。给自己放一段时间的假吧，这样你会更加明确上大学的真正目的是什么。

上述这番话听起来似乎有点令人惊奇，可我还是肯定，在间隔年的这段时间里，学生比大学新生能学到更多的东西。也许学生不会端坐在课堂里听老师讲课，但他能通过各种各样的方式来增长见识——这种学习方式能帮助学生规划出未来生活的蓝图，让他们更有自知之明，也会更加明确自己的人生使命。事实上，有很多大学生在大学期间会调整自己的主修专业，有些学生甚至会调几次，原因就在于他们在求学之前并未弄清自己的目标何在。间隔年让学生有了充足的时间去深入思考自己的人生规划。你是否真的确定以后想成为一名医生、工程师，或其他行业的从业人员？内心已经深思熟虑，下定决心了吗？建议学生把各方面的意见进行归类整理，花些时间到医院、实验室等单位考察、了解，也可以在自己家附近试着找家公司实习。

适合我们的"间隔年"

间隔年给大学新生的成长提供了极宝贵的机会，对学生实现人生价值、完善自我都有着非同寻常的益处，而且这些益处也是大学全日制教育所无法取代和给予的，因此MIT鼓励新生在正式读大学之前过一段时间的间隔年。

我的大儿子凯文在努力备考的同时也在为间隔年做着计划，他准备利用这段宝贵的轻松时光来发展一下自己的创造力。凯文计划写几部小说，创作更多歌曲，录制更多唱片。他也想到遥远、陌生的国度旅游，这些都是他平时向往却苦于没时间去的地方。尽管凯文对即将来临的大学生活满怀憧憬和期待，可他还是打算先过一个充实的间隔年。

国内的高中毕业生通常一考上大学就马上去报到，要休息一年的人通常都是因为负面原因，但为什么不考虑用一个积极的态度去规划一个间隔年，以便进入大学之后避免迷茫的感觉呢？你跟孩子可以考虑考上理想的大学以后去做一些社会服务，学一些在学校里面没有时间学的东西，努力实现一直想要实现的梦想，去一个一直想去旅游的地方，或是通过实习或工作累积一些实际的工作经验，也同时能够为明年的学费做一些储蓄与贡献。

盼望每位中国高中毕业生将来都有机会过间隔年，为他们人生的下一站做好准备。

凯文的间隔年

欧洲之旅，是凯文间隔年的谢幕之行，旅途的所有花销是他在间隔年里赚的家教辅导费。在加拿大温哥华陪伴祖父母两周后，他前往美国MIT报到，正式成为一名大一新生。而此时，他的口袋里只剩55美分了。

凯文的间隔年开始时并不如意。当他所有的朋友正忙着探寻美丽新世界、互相交流新环境的激动和喜悦时，他却窝在家中成了一个彻头彻尾的宅男。当他尝试用MSN或邮件与朋友们联系时，却发现双方没有共同话题了，自己已经成了一个彻头彻尾的"局外人"。身为母亲，我目睹了他情绪的跌宕起伏，看得懂他的一脸沮丧，明白他窝在沙发中的抑郁。凯文是一个喜欢社交的人，这种宅男生活简直要了他的命。

但我相信他一定能扭转乾坤。很快，凯文就停止了怨天尤人，而是反思："我到底能从自己的这个决定中学会些什么？"于是，他开始写作，奋笔疾书，写小说、写诗歌、写乐曲。不知不觉中，他发现当自己学着主动拥抱孤独时，他也懂得了享受孤独。同时，他还意识到，当自己不再自暴自弃，而是勇于面对孤独时，那个自己是多么富有创造力。他学着关注自己的精神追求，并由此打开一扇以前从未发现的生活之门。更重要的是，他从中收获了极大的快乐与满足。

同时，凯文也投入更多精力去照看他的兄弟，尤其是比他小8岁的凯安。现在对于小凯安来说，星期六是他最快乐的日子，因为他可以和父亲一起为家人准备早餐，和兄长凯文一起烹饪晚餐。看着凯文在间隔年中越来越成熟与自信，这实在是一件无比幸福的事。

他的间隔年收获颇丰。他的小说即将在中国出版（也希望早日能在美国出版），他与乐队制作了一张原创专辑，值得一提的是，他的兄弟凯恩正是乐队的鼓手。我喜忧参半地目睹了他奋斗的过程。这个间隔年和我设想的一样吗？不，比我想象的要辛苦多了。那么，间隔年是一个正确的决定吗？无论从哪个角度考量，我的回答都只有一个字：是！

明年，凯恩也将高中毕业了。与他哥哥不同，凯恩迫不及待地想投身于大学生活，间隔年在他看来就是谋杀生命。在他关于未来的规划里，"间隔年"3个字想要出现连门儿都没有！我们支持他的决定，一刻都不停留，直奔大学！当然，现在这还只是个计划，但不管他最终的决定如何，作为家人，我们都与他同在，为他加油！

凯文的间隔年思考

1. 间隔年有什么好处呢？我会建议别人也去过间隔年吗？理由是什么？

在我的间隔年中，我的精力主要放在那些读高中时没有足够时间去追求（大家都知道中国高中的个人时间的确有限），今后读大学也可能很难抽出时间去兼顾的兴趣与爱好上面。

在做前期打算时，我有两个长期目标：个人要写一本书，乐队要出一本专辑。这两个长期目标，可以帮助我发展自己的不同方面。与此同时，我还需要学习新的技能，接触此前从未涉足过的领域。比如，在谋划乐队的音乐专辑时，我学了一些基本的图形设计和图片处理软件的使用技巧。除了这些，我还学会了一些烹饪技巧，在为期6个月的健身中，我还补充了一些营养学知识。

间隔年最大的好处是时间自由，但太过自由也绝对是最可怕的敌人。对我来说，大把的空闲时间能让我好好规划，最大限度地完成想要完成的事情，而不是像高中一样疲于应付各种被安排好的事情。但另一方面，这也意味着，如果我的懒惰因子爆发，我可能会一天浪费6个小时沉迷在电子游戏中。所以，间隔年的确是一把双刃剑。有些人用它来披荆斩棘，开辟新的路途；有的人却玩伤了自己。

我得负责任地说，间隔年绝对不是件适合所有人的事。想要玩转间隔年，你至少得懂些时间管理技巧，有一个你可以为之不断努力的长期目标，几个分阶段的有成功前景的小目标。这样，你才不至于中途懈怠，忘记了本来目的。

间隔年最忌讳的就是，你不知道你要干什么。纯放松？这真的是我所听过的最差的理由，抱着这样想法的人最后往往都是虚度光阴，而在开学之前一定会深刻理解到什么叫"临时抱佛脚"。

2. 在间隔年期间，有没有遇到一些措手不及的问题？

我天生内向，因此在间隔年期间，当我意识到自己"很孤单"时，自己也吓了一跳。我开始非常想念我的朋友，希望自己能早些进大学。

但我转念一想，这很有可能是因为我最近太懒了，才陷入了胡思乱想。所以，我赶紧往自己的日程表中添加了些新奇有趣的事，于是孤独感消失了。

3. 如果重来一次间隔年，你有什么想改变的吗，或者想再做点什么？

我会从一开始就更大限度地利用好时间。在中国读完高中的孩子，一旦面临间隔年，也许第一个想法都是"结束辛苦的高中生活后放松一下是可以的"。但我放松的时间太长了一些，我几乎浪费了两三个月的时间。至于说间隔年重来一次的话，我一定要做的事情是什么，这个真的很难说，但绝对不包括"浪费两三个月的时间"这一条了。

4. 间隔年结束时，你都完成了些什么？

我写了本小说，将很快签署出版合同；和我的乐队发表了一张新专辑；锻炼好了身体；学会了做饭；做家教赚了近5万元人民币；交了一群很酷的新朋友。

5. 与亲朋好友的关系在间隔年过后有变化吗？

家家有本难念的经，我的家庭也并不总是一派祥和，照样有悲喜、有冲突。但总体而言，我家的日子还是和以往一样，没有太多变化。我认为家庭关系的变化更多是因为周遭的环境，而不会仅仅因为我过了一个间隔年。

至于我的朋友，这段时光让我看到了谁是真朋友：那些一路陪伴我、支持我、为我呐喊助威的人，是值得我一辈子结交的好友。

6. 对那些正在计划过间隔年的朋友，你有什么样的建议？

珍惜时间，专注于你想投入时间的兴趣点，并注意把握时间。如果间隔年对于你来说，只是放松、放松、再放松，只是一个悠长暑假，这未免有些浪费了。做一点有意义的事，投身在曾想做却没做成的事情上。还有，最最重要的一条：周全的计划意味着一个完美间隔年的开端。

最后别忘了，在间隔年开始之前，切记去确定大学录取结果，千万不要在间隔年之后陷入不知何去何从的境地，那会让你更加迷茫。

优秀源于真诚

天下没有什么大事——只有心怀大爱所做的小事。

——特蕾莎修女（Mother Teresa）

我父亲是个狂热的收藏者，无论是西方的还是中国的珍贵艺术品，一概痴迷。或许是受他的影响，我还是个穷得叮当响的大学生时，就购买一些伟大画家的廉价复制作品，挂在我宿舍的墙壁上欣赏。

当我有了孩子后，那些画就逐渐被孩子的涂鸦所替代。在我看来，我的家变得更漂亮了，因为这些用蜡笔简单涂抹出来的东西虽然充满孩子气，但它们却是从纯洁而充满爱意的心灵里产生出来的。对我和先生而言，每一幅作品都是独一无二的，铭刻着那一段段难忘的时光。

每次看孩子的美术作品，我心里都会泛起一阵温暖、一份爱意。它是任何其他伟大作品激发出的感情所无法比拟的。那么，哪个更优秀呢？对我而言，这毫无可比性——我的孩子的艺术品，是最美丽的。

凯文就读的国际学校曾开设过一门课程，学校的每一位十年级学生都要用一年的时间从事自己感兴趣的一个研究课题，然后在课堂上展示结果。凯文告诉我这个课程不是太重要，因为学生们只是被要求通过这门课，成绩单里没有这门课的分数记录。他提前半年就把自己的课题做完了。于是，我们全家没抱什么期待地去看了展示课。但面对学生们展示出来的作品时，我们都被作品的高品质震撼了。

一个女孩设计并制作了自己的衣服，上演了一场具有中国民族风格的时装秀，同时涵盖了卖衣服做慈善的全部程序；一个男孩创作了一首令人叫绝的钢琴曲，并在全校师生面前演奏；另一个男孩旅游至中国西藏的一个遥远的乡村学校，拍摄了一部反映当地乡村学校情况的纪录片，相当感人，并为改善学校条件进行募捐筹款；凯文的另一个朋友记录了一次烹饪表演，其主题是健康饮食。

最打动我的项目是一个女孩做的。她曾经很喜欢一个名叫米奇的小男孩，米奇患有先天性心脏病并有其他一些健康问题，刚一出生就遭抛弃。这个女孩自愿去米奇所在的孤儿院看望他，时常照料他，即使他长大成人的可能性很小。作为一个摄影迷，她决定研究一个鲜为人知的少数民族群体，先长途跋涉去拜访他们，再出版一本向英语世界介绍他们的摄影集，然后用这本书所得的版税帮助米奇筹集医疗费用。她用了2个月的时间，细心地研究了中国55个少数民族，每天只钻研一个民族，并做了详细的笔记。此后，她缩小范围，决定研究水族，并写了一篇解释她为什么要选择这个群体的报告。

随后，她到水族人居住的一个乡村旅行，和他们相处了大约一个礼拜，拍下了这些人及其日常生活的美丽照片。她自己设计摄影集，最终完成了一本非常精美、品质很高的书。可惜，等她的书制作完成，米奇却去世了。然而，代表着她对这个男孩的爱的精美图书问世了，资金也募集到了，用以帮助其他需要钱支付医疗费的孤儿。

米奇的生命故事，或者说这个女孩的课题，如何能用是否对她的大学申请、未来职业或学校表现有价值来评价呢？她书里的美丽影像，还有她为米奇拍的照片，很长一段时间都在我心间萦绕。这个女孩做了一件多么有意义的工作，这是一个堪称伟大的举动！虽然这可能不会给她个人带来任何好处，但她实实在在地把这件事做完了。虽然她爱上的这个小男孩，其生命已经注定不具有任何"实际价值"，只是一个处于社会边缘的生命。然而，她的工作深深地打动了我，给我自己的生命，以及其他在座的人注入了美和仁慈。

我们到底是为了什么而追求优秀？是为了实际利益，还是忠实于我们自己的价值判断与信念持守，而不管他人如何评价？

我们生活在一个精英社会，其中各种行为和职业都被费尽心机地分成两大类：值得做的和不值得做的。我时常听到有人告诉我，以他们有限的时间和资源，他们不得不现实，选择做那些能带来最大收益的事情。精英社会的结局就是如此，它养育出一代儿童——全都力争获得一份能带来体面收入或地位的工作，成为社会最上层的1%。其他做不到这一点的人要么自暴自弃，要么去赚尽可能多的钱，而根本不关心什么优秀或正直。

当前社会极其缺少技术工人，比如，优秀的管道工人或木匠，或者从事服务行业并且真正乐于服务他人的人。我很少遇见对自己的工作怀有自豪感的劳动者。相反，许多人想的是如何拿到薪水的同时付出最少。这种精神状态始于很早的童年。每一个行为或每一门要学会的功课，不是按行为本身的优点或它对一个孩子成长的价值来衡量，而是看它是否有助于一个孩子获得大学通知书。读这本书有助于孩子提高阅读速度或熟练程度吗？如果不能，这个孩子就不会得到鼓励，不被允许把时间浪费在单纯地欣赏一个故事上，因为这对最后的考试成绩毫无裨益。孩子几乎不用做任何家务，父母把一切都大包大揽下来，以腾出更多的时间让他们去学习。

当我和父亲讨论什么是好医生、什么是坏医生时，这种颠倒的价值观就得到了生动的阐释。父亲告诉我，他从不信任有钱的医生，他在高级医院的医生朋友们确实很有钱，但却会为利润而牺牲病人的最佳利益；与此相反，他那些真正关心拯救生命、帮助病人的同学却容易陷入穷困，因为他们经常接收那些付不起医药费的病人。然而，社会总体上是如何评价医生在本职工作上是否优秀的呢？人们普遍会认为驾驶奔驰车的那位更优秀，而不是在苦苦挣扎付租金的那位，或在偏远的乡村为穷人或孤儿服务的那位。

我真真切切地为《亲子·根基》杂志2009年第5期的一篇文章所打动，文中说到一个男孩立志要以做出健康可口的饭菜为职业。做一个优秀的厨师是一个有价值的、高贵的目标，和做一个有钱的商人或医生一样有价值。

有一次，我家微型果汁机的刀片坏了。我打电话给那家公司，他们给了我修理中心的地址。通常我的电器坏了，我基本就不抱希望它们能修好。这是我处理坏电器多年积攒下来的经验。即使有修理的可能，修理中心也是又小又脏，凌乱不堪，到处散落着机器零部件。修理工通常也态度恶劣。

我基本不指望我的简单问题能收到任何有用的答复，而如果我继续追问，其他人就会对我回以大叫大嚷。如果我不事先商量好价钱，或确知哪些修理是必要的，我修理单上的费用就会高得离谱，甚至足以换一个新的。为此，我几乎没抱什么希望地来到了修理中心。到那儿，我试图避免只因为坏了3个刀片，就要花几百块钱买一套崭新的发动机、配件和杯子。作为一个训练有素的机械工程师，我知道如果其他部件和配套工具还能用，那这个修理起来其实很简单。让我吃惊和高兴的是，我所到的地方收拾得干净整洁，井井有条。零部件都装在塑料包里，再放进不同的抽屉或箱子，其他一些则整整齐齐地绕着房间码放，坏掉的零件则直接摆在干净的工作台上，工作台也干净利索，房间墙上还挂着漂亮的中国传统书画作品。

需要修理电器的人带着各自的电器排队等候。向顾客解释这些零件的老人穿着整洁，得到每个人的尊重。他向顾客建议不要做不必要的修理或购买。修理工娴熟地给果汁机换了刀片，并用加固用的塑料外壳固定住它们，这样可以保护它们不会被轻易磨损，最终只花了18块钱。显而易见，他对自己的工作颇感自豪，也希望从他的顾客那里获得同样的尊敬。

在我上楼到结算部门付费时，我同样吃惊于这间房子的干净和井井有条。墙上挂满了书法作品，是一些诗歌和格言，镶裱在简单的黑色镜框里。这间看上去很简朴的房子，简单中却透着优雅。这些格言，从"正确对待顾客，顾客就会正确对待你"之类的规范性语言，到其他关于正直和自尊的更具哲学意味的话，可谓内容丰富。

即使在美国，以这样的价格获得这样的服务也是不可能的，那里的修理中心通常都会收取小费。我离开那家修理中心时，既感动又愉快。这就好比在一个焦急、烦躁、愤怒的世界里，走进一块平静而文明的绿洲。这种经历让我从每天那些事务性的条条框框中跳出来，让自己和自身内在的尊严保持联系。这个修理中心真的是棒极了。

我经常被学生问到的一个问题就是：哪个专业领域是最容易找到工作的？其实，这个问题本身就有偏颇。我总是建议说，任何工作，无论职位高低、技能难易，只要带着对服务对象的爱与尊重去做，就可以既有尊严，又卓有成就。哪怕一名用白漆刷墙的油漆工，只要他把自己的工作视为一种召唤而不只是一揽子单调至极、收入又低（一点工钱、一顿饭就把人打发了）的活计，也能触动他的老板、他的同事，乃至他的客户，而坐在玻璃楼房里那些首席执行官们却不一定能做到这一点。

这将我导向一个我最关心的职业问题：如何做母亲？当我的孩子年幼时，我全职待在家里陪他们，我常常受到一些年纪大一点的女人的指责。她们对我品头论足，告诉我不要浪费我的教育背景，不能只是待在家里换尿布、拖地板和清理卫生间。一位母亲生活中的那些日复一日的事情确实简单，技能要求也很低。然而，只要你满怀爱意去做，对一个女人而言，那就是最高贵的职业。谁能说一个MIT的高才生就不能回应做母亲的召唤呢？

　　你看见办事殷勤的人吗？

　　他必站在君王面前，必不站在下贱人面前。①

―――――――――

① 出自《箴言》22章29节。

　　这个世界不只需要聪明的科学家、善于表达的律师，或是精明的商人。这世界也需要爱自己的孩子、用心培养自己孩子的父亲和母亲，需要建造不会在地震中像稻草一样一吹就倒的为楼房打牢地基的建筑工人，需要生产合格的牛奶以喂养婴儿的乳制品厂工人，需要不会为过多修理而要价过高的修理工，需要不掺杂过多的水分、把墙刷平的油漆工，需要能做出可口而富有营养的饭菜以滋补身体和灵魂的厨师。我愿意加上德兰修女的一句话——任何工作，无论报酬高低，技能高低，只要带着忠诚去做，就可以成为一项高贵的职业，一个崇高的召唤。

品格就像肌肉

　　肌肉想要变强壮需要阻力，勇气、信心、冒险能力想要提高，同样需要阻力。人要成长，更需要阻力，这个阻力往往就是自己内心的限制。

　　战胜恐惧的最佳办法就是直面恐惧、见招拆招。一旦成功了，下次再遇到问题，因为有之前成功的经验，你就会充满自信。但如果是依赖外部诱因战胜恐惧，我们最终将变得很被动，毫无自信、毫无自制。品格的获得需要通过挑战与之完全对立的要素。举个例子来说，要训练一个人的耐心，最好的办法就是让其通过不断的等待来锻炼。阻力被克服后，最后阶段再进行强化，品格的"肌肉"便会逐步变得强壮。

　　你也许会问，如何设定一个标准程序来增强这种品格肌肉呢？对此，我的回答是，勇敢地做你自己。在社会这个大课堂里，到处都存在着阻力。总有人会让你的孩子学会忍耐、宽容、谦逊和慷慨。我们为人父母者需要做的就是"一放一收"，即：放——放手让他们飞翔，别在挑战还未开始前就帮助解决所有问题；收——收起我们的援手，让孩子自己去经历困苦。在一放一收的过程中，我们会惊讶地发现，放手一搏的孩子毫无畏惧地迎接挑战，展现出我们之前从未注意到的韧性和乐观。星星之火可以燎原，看到孩子的任何一个闪光点，都别吝啬你的赞扬，请尽情分享他们胜利的喜悦吧。

要让肌肉变强壮，并非一日之功，必须拿出水滴石穿的功夫来。比如，刚开始练习举重，盲目给羸弱的肌肉超荷负载100公斤，重复练习100次，只会损伤肌肉，得不偿失。相反，应该制订一个循序渐进的练习计划，从每次加小小的1公斤开始，每天练习5分钟。制订符合实际的目标，更容易获得成功，并有掌控感。随后，每周逐步加大训练强度。经过一段时间的训练之后，孩子会惊喜地发现自己的进步，旁人也会因为他拥有的力量而啧啧称奇。从小处着手，长久坚定地做下去，你会发现渺小的水滴也能将坚硬的磐石砸出个窟窿！

什么土壤长什么花

下面的诗是文学家多萝西·劳·诺尔蒂（Dorothy Law Nolte）的代表作，我将这首小诗的英文版本挂在家中多年。一直以来，这首诗提醒着我，为人父母应该为孩子创造怎样的成长环境。这首诗非常有名，后来扩充成一本教养方面的书。

真心希望这首诗能时刻提醒我们做父母的：我们的一言一语很重要，我们的行为举止很重要，我们的品格最重要。

你给孩子什么

在批评中长大的孩子，责难他人。

在敌意中长大的孩子，喜欢吵架。

在恐惧中长大的孩子，常常忧虑。

在嘲笑中长大的孩子，个性羞怯。

在猜忌中长大的孩子，容易妒忌。

在羞耻中长大的孩子，自觉有罪。

在宽容中长大的孩子，能够忍耐。

在鼓励中长大的孩子，深具自信。

在赞美中长大的孩子，懂得感恩。

在接纳中长大的孩子，懂得如何去爱。

在认可中长大的孩子，喜欢自己。

在分享中长大的孩子，学会慷慨。

在诚实和公平中长大的孩子，懂得真理和正义。

在安全中长大的孩子，对自己和别人有信心。

在友善中长大的孩子，会相信世界是美好的。

在平静中长大的孩子，内心安宁。

你的孩子生长在什么样的环境中呢？

品商应用篇

体育精神与品格

体育精神的意义如加以扩展延伸，已经远远超出了体育领域，更多的是指在任何领域的比赛中个体的行为表现，从钢琴比赛到网球比赛，或者学生会的选举。在当今这个世界，比赛的赢或输往往就意味着机会之门的开或关。能否被一所学校录取，能否得到一份心仪的工作或进入一个圈子，都是如此。为赢得这些比赛所下的赌注如今已经越来越高。结果在残酷竞争性的环境里，许多孩子丧失了他们应有的礼貌，更有甚者，丧失了他们的品格和自尊。

在违背体育精神的人中，有些就是父母。凯文6岁时有几场孩子之间的足球比赛不得不取消，因为对裁判的判决感到不满，一对父母发生了争执，结果引发了一场拳脚大战，导致那位裁判被送往医院。6岁大的孩子纯粹是为了娱乐而踢球，所有的教练和裁判都是志愿者，他们把自己和时间投入进来，只是想帮孩子们培养对足球的热爱。没想到有些孩子的父母竟然会争执到如此地步。

那对父母的行为正是一种日益增长的不良社会倾向的反映：不惜一切代价争取胜利。父母的这种只许成功、不许失败的心态，对孩子百害而无一利。这样盲目争强好胜的父母所带大的孩子也许会成为那种人——最终被检测出在体育比赛中使用了兴奋剂或贿赂裁判，或以欺骗手段赢得第一名。自尊被牺牲后，比赛就失去了原有的价值和乐趣，因为重点被放在"胜利"这个结果上。

比赛，对孩子来说，是检验他们品格的最理想方式，对父母来说，也是教导孩子豁达地对待输赢的理想机会。深入理解体育精神，从长远来看，有利于孩子在人生这场比赛中获胜。体育精神能帮助我们的孩子控制情绪，同时还能在情绪重压和精神紧张时关注别人。学好体育精神这一课，最大的赢家是我们的孩子，因为他们对自身、对自己的力量、弱点、动机和热情都有了更多了解。不过在比赛中有一些因素是要留意的：

（1）**遵循规则**。制订规则，是为了保证比赛带来最大的快乐。如果我们学好了规则并依照规则打比赛，那么，按规则获胜就十分正当，更加令人欣喜。这个道理不仅适用于一项运动，也同样适用于生活。比如说，当凯文从当地学校转到一所国际学校时，虽然他所有的考试都得满分，却在数学科目上只拿到一个B的成绩——在这里获得好成绩的规则不同于他在北京当地学校的规则。从他数学老师那里我们得知，在做调查项目时，凯文在几个方面没有做得很好：准确地引用研究资料，和比他思维稍慢一些的队友合作，用清晰而有逻辑性的方式表述调查结果。这些因素全部加起来，就让他得了B，因为判定规则不同。如果他想在国际学校的数学科目上取得好成绩，他就必须了解这些规则并遵循规则。在他学会按照规则去做，在项目上投入更多精力之后，接下来的学期，他就能够取得更好的成绩。在每一种比赛中，学好规则并很好地遵循规则，是很有助益的。

（2）**控制你的脾气**。裁判执法不公时，或有人犯规时，或你错失了一个进球时，你如何控制你的脾气就会充分暴露你的品格。那些能够控制怒火，保持冷静继续比赛的人，总是可以把他们的注意力集中在比赛上，并很好地完成比赛。做不到这一点的人，不仅输了比赛，还让其他人不愉快。和在比赛中训练控制脾气一样，在生活中遇到各种处境时，也可以在压力下表现出优雅和韧劲。

（3）**不要和裁判争论**。无论你认为裁判如何不公平或有偏见，争论只会使你看起来好像输不起，甚至令人反感。言语中表现出尊重的态度和口吻，会赢得裁判的欣赏。这不仅适用于比赛，也适用于生活，当孩子学会处理好与权威人士的关系时，情况就是如此，无论这权威人士是老师、老板，还是警察。

（4）**体谅其他运动员**。没有谁喜欢那些又抢镜头又要全部好处的人。不管你多有天赋，让其他运动员也有机会表现自己吧。当他们努力尝试或表现精彩时，一定要为他们加油喝彩。在我孩子参与的所有体育活动中，无论什么时候只要有人努力了，哪怕做得不够好或有点小差错，其他队员都会学着教练的样子对他说："做得挺好的。"只要人认真尽力去比赛，那就是好的表现，值得赞扬。

在《进球》这部足球电影里，男主角从一个单打独斗的明星运动员（喜欢占尽全部射门机会，却没有为全队射进足够多的球以赢得比赛）成长为一个学会传球的人，结果帮助他的球队赢得了整场比赛。当对方比分领先，男主角的球队需要进最后一个球以赢得比赛时，有一个镜头是这样的：他脚下带着球，但时间不允许他带球冲锋去找一个好位置来射门。在教练都已经放弃，强打精神准备面对球队的失败时，男主角快速做出决定，把球传给另一个队友，而队友立刻射门，以制胜一击赢得比赛。教练的脸上神采焕发，对男主角大叫道："你终于做到了！"只有当一个足球运动员学会作为球队的一员去踢球时，球队才能发挥出它真实的实力。1加1不仅大于2，甚至大于10。

学习成为一个好的团队合作者，对孩子的未来影响深远，因为在商业及其他竞争中，越是复杂的项目，越需要团队合作的力量，不管一个人多么优秀，他的力量都不及一个团队的力量。因此，一名好的合作者比一个"独当一面者"更有价值。

（5）**感谢队友**。当一个运动员明白他是团队中的一分子，也明白他需要和队友一起努力以赢得比赛之后，向队友表示感激就很容易了。这也是在生活这场比赛中需要学会的。

（6）**不要炫耀**。爱炫耀自己的运动员实际上暴露出他不是一个好的团队成员。喜欢炫耀自己是缺乏谦虚之心的最明显方式。最好是让别人来赞美你，而不要自我赞美。

（7）**从错误中学习**。只有当我们学会反思自己的错误，弄清楚到底什么地方出错了，下次怎样才能做得更好，"失败是成功之母"这句话才有真实意义。所以指责别人、变得不安或满不在乎等这样的态度，其实是在浪费错误所提供的学习机会。职业运动员每次比赛后都要花好几个小时看他们自己在比赛中的录像，特别是当他们失败后，这是为了分析哪些地方可以采取不同的做法以提高他们的比赛水平。教练也会采取新的训练方式或套路，帮助运动员改善那些导致他失败的弱点，这样下次他就可能取得胜利。

（8）不诿过于人。这是失败之后最常见的反应。要让宽容成为习惯，这有助于人走出迷局，发现自己的盲点。愿意承担错误的谦逊态度，有助于从错误中学到东西。

一年级时，我儿子被选送去参加一项单词拼写比赛。他记忆力很棒，但当他被问到一个很难的单词时，他非常紧张，结果很早就被淘汰了。之后他哭了，感到相当沮丧。事后，在我们讨论到底什么地方出了错时，他说这不公平，偏偏给他一个这么难的单词，而他所熟悉的单词却给了别的竞争者。我们没有让他指责别人或变得沮丧，而是积极筹划如何帮助他在来年击败对手，赢得比赛。我们想到可以通过提前学习高难度的单词表来实现，这样的话，万一他又过早地碰到另一个难词时，他也不会遭到意外的打击。

接下来的一年里，他为比赛而勤奋学习，并终于获胜，因为他的对手也遇到了一个不知道怎么拼写的难词。事后，他走上前去安慰对手，告诉她，当他去年输给了很难的单词时，他的感觉和她一样糟糕。他鼓励她不要放弃，在来年更加努力，因为他知道她是个聪明的女孩。他还告诉她，他认为她比他更聪明，他赢只是因为他更走运，碰到了一个更容易些的单词。他如此豁达地对待输赢，让我由衷地觉得自豪。他周围的人也为他赢得比赛而高兴，因为他们希望他赢，他们知道他不会拿胜利自吹自擂，或让输家感觉难受。那天他赢得了全班同学的尊重。这比在拼写比赛中赢得一等奖更重要。

豁达面对输赢，关键在于不要过于强调赢。比赛当中还有其他层面的东西值得欣赏，而这对一个人的成长同样重要，比如，队友情谊，活动所带来的欣喜或比赛本身的艺术美感，通过比赛提高个人技能的机会，突破以前的界限发挥最佳水平，很好地完成比赛后的满足感，还有老师、教练、父母和朋友的支持和鼓励等。我先生跟我说，在他停止自行车比赛后，他才意识到他多么喜欢骑自行车，而之前他的全部焦点都是为了获胜而训练。

学会豁达面对输赢，有助于建立人在生活中必需的品格。

下面是好的赢家和输家所具有的一些特征：

好的赢家：

• 为一场好比赛而感谢输家。

• 赢了自然高兴，但不洋洋得意。

• 避免过度自信乃至膨胀。

好的输家：

• 为一场好比赛而感谢赢家。

• 不因为输了就闷闷不乐或大发脾气。

• 决不因为输而责备别人。

• 把重点放在他们学到的东西和下次如何发挥得更好上。

做"水管式"的人

多年来，我与先生作为MIT校友面试官，审核了很多申请者的资料。其中，"是否曾参与志愿者活动"是一项重要的考核标准。

我们该如何判断，学生参与志愿者活动是为了在申请中加分，还是真能从活动中受益？面试官并不好糊弄，只需几个回合的问答我们就能得出答案。

（1）首先最基本的问题是，在这些志愿活动中，你自身的知识或技能是否学以致用并得到增强。这是初涉志愿者活动的学生必须学习的第一课。从事志愿者活动，不能只是凭借一腔蠢蠢欲动的激情。在这个过程中，你应当让受助者从你的服务中获益，而你自身也能得到成长。

（2）在帮助别人的过程中，你有没有发现自己的强项和兴趣？因为了解自己的优点和长处代表着清晰的自我认知。许多年前，在我们全家去甘肃志愿做英语老师时，有一次，我们夫妇都病倒了，凯文代替我们授课。通过授课，他表现出了教师的天赋和兴趣，从此我们开始培养他授课的技能。回到北京以后，他开始担任小孩的家教赚取零花钱，也得到了学生和家长的认可。授课的技能和爱好会跟随他一辈子。

（3）这些志愿者活动是如何帮助你发现自己的缺点，并最终接受缺点和取长补短的？发现并接受自己的缺点意味着心态的成熟。

我们全家人都是网球迷，经常分析这个专业球员哪里打错了，那个专业球员哪里应该进步。但当亲身站在网球场上时，我们才真正体会到这些球员的厉害。我常见一些骄傲的、"多才多艺"青少年，认为自己比别人"优秀"，轻易地去评判、诋毁别人。但我担心他们像只入不出的水桶，里面装的是死水。有理论没有实践很容易带来无知的骄傲。有了实践以后才能依据理论来看清自己距离理想有多远。

相反，做一个"水管式"的人，虽然只是一个小小的管道，却拥有一直流淌不息的活水，这些活水能够给周围的人供应生命所需、滋润他们。他们用"活水"充实了自己，还让别人受益。更奇妙的是，我们会发现水管流动的水量越大，活水的流动率也越快，水也就越新鲜、越有活力。

我们常常挑战自己，也挑战孩子们，鼓励他们做水管而不是水桶。知识或技能就好像流进来的活水一样，学到了就要使用。活水可以祝福别人，滋养生命。如果你学到知识和技能只停留在简历或是大学申请书上，那你就只是一个水桶，而不是水管。水桶里的水是死水，没有生命，因为水没有流动的机会和空间。如果你肚子里的学问没有让周围人受益，那你很可能会成为一个骄傲无知、没有深度、不了解自己的可怜人，比水桶里没有水的人还要可怜，至少没有水的水桶不会发臭。有一句古老的箴言说："知识叫人自高自大，唯有爱心能造就人。"做水桶的人很容易骄傲，因为他们虽然容量很大，能装很多水，却缺乏爱心，无法让水桶里的水流出去跟别人分享。他们容易成为评论者，因为他们缺乏实践所带来的谦卑。就像孩子们打网球一样，自己亲身打以前很容易评论别人的技巧，但是学会打球以后再看到别人打就谦卑下来了。因为他们体会到了要把球打到那个境界要下多大的功夫，又是多么艰难。

当我们运用所长服务于他人时，我们会发现自己的力量是多么薄弱，我们其实很缺乏爱的能力。但对弱点的自我挖掘会让我们显得更加人性化、更加真实和谦卑，也更能体恤他人。

（4）从服务对象身上你学到了什么？俗话说，"三人行，必有我师焉"。在参与志愿活动的时候，无论他人的经济状况、社会地位、智力情况、身体情况如何，都有值得我们学习的地方。

我们倾向于帮助那些比我们不幸的人，因此我们经常会下意识地带着一种优势心态去帮助他人。但我们可以从受助者身上学到面对挫折和失败时的韧性，面对不公平时的勇气，以及他们面对非常有限的资源，却别出心裁地想出创造性的解决方案，或愿意牺牲自己帮助他人生存的美德。这样的例子不胜枚举，你曾经体验过吗？

（5）在志愿服务的过程中，你对于人性有没有更深入的了解？具备对人性的洞察力，表明你开始能够胜任团队工作。

我的孩子们从志愿服务中发现，来自农村地区的人往往对待友谊更真诚，更乐于分享。但是来自大城市的人往往更加复杂，对生活品质有更高的要求，且他们往往更关注自我，专注于获得更多财富，以及职业生涯的成功，经常因此而伤害人际关系。当我们在甘肃山区与农村学生一起爬山时，我们发现不同年龄和能力的孩子们非常懂得互相帮助。我们遇到一条河流时，为了让瘦弱的女孩能不弄湿鞋子，那些强壮的高个男孩都会卷起自己的裤脚，自觉地利用从河流里找到的石头为女孩们搭建一座小石桥。那真是一幅不让一个人掉队的感人画面。而这一切在以竞争为主流的大城市是很难看到的。从这些细节里，就能感受到不同的人性。

（6）面对日常事务运作时所产生的系统性问题，你是否能提出有远见的解决方案？能够对突发问题提出见解，这能显示出你不只可以做好本职工作，还是一个问题解决者。

我的孩子们认为没有一个人能解决系统性的问题，只能依靠团队团结一致、循序渐进地解决难题。你能根据自己的志愿者经历，举出一个具体的例子来说明你是如何获得一些见解的吗？

（7）在志愿者服务中，你是否增强了对世界的理解？作为一位志愿者，你是希望获得别人的赞美与感激，还是在为社会做贡献的过程中，学会了感恩？我的孩子们通过去甘肃支教，知道感激自己的家庭赐予了他们健康的身体和稳定的生活，让他们无需体会生活的艰辛和险恶。他们也意识到与很多人相比，他们被赋予更多有利的资源，理应承担起更多的责任。

西方的大学招生办喜欢询问申请者是否参与过志愿者活动，潜台词是"申请者是否愿意承担社会责任"，以及这个责任感到底有多深。但一些年轻人却投机取巧，争先恐后又盲目地参加一些志愿者活动，把那些体现社会责任感的机会当成一种不得不去担负的重担。

相比那些只为获得志愿者经历，提高自己申请入学、获取奖学金及国内外工作机会的人来说，那些在志愿者服务中成长起来的孩子将得到更多收获。

做"水管式"的人吧，因为施比受更有福。

用生命做慈善

我刚到北京时，每次与新朋友聊天或谈起个人兴趣时，时常听到张凤吟这个名字。无论是在IT领域，还是慈善事业，在这些我感兴趣的领域里，她似乎无人不知、无人不晓。刚来北京人生地不熟，我一直在寻觅一位导师，而人们对我有所了解后，几乎都建议我说："你真该认识一下张凤吟。"最终，在一个周日，在朋友的引荐下，我认识了张凤吟。

起初我是有些诚惶诚恐的，我根本不了解她是怎样的一个人，什么是她的谋生之道？随后，我渐渐知道了她的故事，她与先生林光信，这对神奇夫妇的经历更是令我惊叹。说起他们的故事，还得追溯到几十年前。

1966年，温世仁与林光信进入台湾大学电气工程专业，成为同窗好友。毕业后，温先生创立了自己的公司英业达集团，拥有非凡的身家。20世纪90年代初期，改革开放的中国内地，商业机遇俯拾皆是，有着敏锐商业嗅觉的温世仁逐渐将事业重心移向了内地。1992年，温世仁在上海建起了自己的第一座工厂。在整个20世纪90年代里，温世仁马不停蹄地走访了中国重要的工业区域。在2000年夏，他首次走访了中国西部最干燥、极富于挑战的地方：甘肃省。在甘肃省兰州市召开的一场经济会议上，温世仁听取了一场官方报告。在报告中，官方将中国西部大开发与美国西部开发进行了比较，认为这个工程将历时几代人。温世仁对此不认同，他提出：50年计划是不受欢迎的。

他的见解是：在2010年，中国西部应该实现完全现代化，比肩上海与北京。随后，他撰写了一份名为《发达西部，十年可成》的文章，这篇文章随后以中英文形式公开发表。同时，温世仁还拨用英业达集团的资金用于建设西部网站。他并不是孤军作战，同窗老友林光信也正致力于此。

林光信完成大学学业后，去往美国获得博士学位，在20年的时光里，他担任过工程师、研究员、经理人，并最终进入贝尔实验室这个美国顶级科学家云集之处，随后他转战美国NYNEX（纽约电信公司）。事业成功之余，他的生活也有声有色，娶了太太张凤吟，拿到了美国绿卡，有了两个孩子。直到有一天，改革开放的中国吸引了他，多方了解调查之后，他离开美国，于1993年为老友温世仁的英业达集团在天津创立了一个软件中心。

软件中心里有一位工程师曾在甘肃一个叫黄羊川的偏僻荒凉的村子里支教过一年。当地人生活很艰苦，得以谋生的手段无非是在过度放牧、风化严重的山坡上放牧绵羊，在雨水充沛的年份里种植小麦和马铃薯。黄羊川相当闭塞落后，当地村民对山外日新月异的世界一无所知。黄羊川的年轻一代翻山越岭离开家乡，在大工厂的流水制造线上充当劳工。唯有春节到来时，才能千里迢迢在春运中返乡，陪伴家中留守的老人与孩子。

在林光信的著作《黄羊川》中，他描述了那里农民艰难困苦的生活。

在林光信目睹的诸多苦难中，最令他震惊的是，当残酷的自然灾害降临时，这群脸朝黄土背朝天的农民完全束手无策。在《黄羊川》随书附赠的光盘上有一段长达1个小时的记录视频（可登录yellowsheepriver.com观看）。在视频中，一对农民夫妇说自己最大的愿望，便是让女儿尽快嫁出去。他们的女儿小学毕业后，因当季雨水缺乏田里颗粒无收，这对夫妇便只得叫女儿辍学，因为从地里掘食的他们实在无力支付学费（随后，一位叔叔为女孩垫付了学费）。一个男孩面对镜头，忍不住为妹妹将来的命运伤心哭泣：为了省钱，他读小学的妹妹已经辍学了，她的未来就将和他们的父母一样，大字不识，一辈子在村子里辛苦劳作。"上帝啊，帮助这些简单纯真的孩子走出贫困吧，救他们脱离缺雨所带来的折磨。"林光信在书中写道。

当时的林光信第一个想法是慈善捐赠。他首次访问黄羊川时，许诺每月捐赠2500元，用于保障学校午餐里的肉食供应，以及有开水可供饮用。但他素来信奉"授人以鱼，不如授人以渔"，他构思了一个计划。

对村民而言，一切问题的根源在于与世隔绝，那么互联网就能解决这个问题！林光信主管的天津英业达集团软件中心有足够的能力为学校提供电脑与网络。通过与政府合作，便可在村中架设网络设备，建立一个计算机中心供村民自由使用。那些当地贫困学校的学生，将不受师资教学等资源短缺的困扰，可以在网络中学习更为多样实用的课程；他们还将有机会结交外界形形色色的人，了解他人千姿百态的生活；当地村民可以通过网络了解天气状况安排农事生产，以及农作物的市场走势；当地的手艺人可以将他们的货物远销他方；适龄劳动人口可以在网络上搜寻更好的工作……在首次为时几周的走访中，林光信为黄羊川建立起了计算机中心与门户网站"Yellow Sheep River"，他宣称黄羊川已经成为一个"互联网村庄"。在做出这一切努力后，林光信写道："他们的精神囚笼已经被打破了。"

在这次重要的山区之旅后，林光信与温世仁两人也迎来了再度聚首的机会。2000年是两人大学毕业30周年庆。温世仁在圣诞节之际邀请全班同学携带家属参加同学会，他负责所有费用。在聚会中，温世仁无意中听到林光信谈及黄羊川对其生活所起到的无法言喻的意义，两人这才发觉对方都对中国西部这片土地很感兴趣，他们感到帮助祖国西部开发在某种意义上是他们俩精神上的义务。

温世仁告诉林光信，他认为这片贫困区域能在10年内达到与发达城市相当的经济水平，而林光信在黄羊川创建的"互联网村庄"正是他一直寻觅的模式，这种模式能使村庄与村民跳过漫长的工业化过程，直接进入电信时代。

很快，温世仁创建了一个名为"千乡万才"的公司并给予资金支持，林光信则负责起整个公司的运营管理。林光信不是创建了黄羊川这个"互联网村庄"吗？随后，他将让1000个小村庄成为"黄羊川"；装备、运营与维护一个村庄的计算机中心需要5万美元，这意味着温世仁随后将投入5000万美元，作为1000个"互联网村庄"的建设费用。

温世仁还另外拿出400万美元，在黄羊川建了一座五星级度假村，其奢华程度堪比阿斯彭或杰克逊·侯尔酒店。会所里拥有特殊声学瓷砖和高端视频投影仪的会议室；拥有最新反波功能、外带健身房的泳池……当然，每个房间都有宽带。唯一的区别是，这个度假村并非服务于达官显贵，而是为那些来自中国富饶的东部城市的游客，让其了解同胞的生存状态。当然，这也为来自世界各地的游客们提供了便利。

温世仁用各种方法成功地吸引了一些对此感兴趣的官方组织与工业集团加入他的计划，同时，他还鼓励和资助林光信的项目。2003年12月，当"千乡万才"已经在超过50所西部学校建立了互联网项目，其豪华会所的外部设施也基本建设完成时，温世仁却突然中风，送往医院后，不到3天便去世了，享年55岁。在为老友悲痛万分之余，林光信也陷入了危机：用于建设度假村的400万美元，温世仁只来得及支付其中的120万美元。经过林光信3个月的争取，2004年3月，温世仁的一个兄弟终于拿出280万美元填补了资金缺口。

温世仁留下的遗愿之一，是"千乡万才"将互联网力量带到更多的偏远村庄。林光信认为，互联网的确可以更好地帮助甘肃的年轻人走出来，他们将学到进入工厂务工的必要知识，更符合大城市、大公司对人才的需求。"劳动力外包到工厂带来了经济利益，"林光信说，"但在道德上，我们无法对这些孩子的将来负责。他们来自乡村，在大城市里，他们不知怎么处理钱财，怎么交新朋友，甚至不懂怎么过马路。"

所以，"千乡万才"的策略有了一些改变。它仍然致力于帮助孩子离开由于极端干旱和过度使用而贫瘠的土地，但它并不是简单地催促孩子们加快脚步奔往富庶的东部打工，因为这样对他们的家庭和社会关系有负面影响。"千乡万才"尝试利用互联网在中国的西部城市里创造出更多的工作机会，采用的策略是将那些已经在上海、杭州等繁荣发达的东部城市日渐消亡的产业吸引到中国西部。"千乡万才"已经在中国西部超过150所学校建立了项目，培训学生使用计算机（计算机均来自捐赠）和互联网，这样学生将有机会在高科技领域工作或自行创业。

温世仁的另一个遗愿是他那纯粹彻底的慈善事业，那个"发达西部，十年可成"的几乎不可能的慈善梦想。"千乡万才"将10％的人力物力投入到一个英文名为"West China Story"（中国西部故事）的项目，这个项目只有一个目标：让偏远山村的孩子与世界沟通。

在这个项目中，偏远地区的初高中学生可以得到一个类似勤工俭学的机会。这份工作提供的报酬一年约1000元人民币，基本能涵盖学生每年的学费与食宿费，即便家里收成不好，他们也不至于辍学。而他们的职责便是在网站上写博客。他们要对乡村生活中的方方面面进行调查、记录、说明，并将自己的研究报告发布在网络上，每年不得低于10次。这种做法的初衷是，让学生用自己的方式赚钱，而不是被施舍。与此同时，学生们还能学习网站页面的设计技巧。许多学生团队精心制作的许多多页站点——关于在有持续阵风的西部地区建立风力涡轮机的前景，关于宁夏黄河流域的灌溉系统历史等，其中有一些已在国际高中"网络博览会"上获奖。

学生们的文章可登录westchinastory.com进行了解，文章均为汉语，但学生们为方便访问者，在页面上还设置了简单的英文，这当然也是他们培训内容的一部分。网站上的许多照片都相当具有说服力，远胜于文字（"千乡万才"赠给每所学校一台数码相机，学生们均可使用）。现在，大约2200名农村学生通过持续写博客总共赚取了50万美金，这笔捐款主要来自中国大陆、中国台湾、中国香港，以及其他地区的商业捐赠。

我和张凤吟认识时，正值温世仁去世不久。这个噩耗对于林光信夫妇而言，意味着一段混乱时期。林光信此前已经辞去了天津英业达集团副总裁的职位，将全部时间与经历投入到"千乡万才"项目中。这个决定意味着他们家庭的生活方式的巨大改变——他们举家搬至城镇里的小公寓，生活方式也完全改变了。但张凤吟对先生的每一个决定都予以理解和支持，包括他决意离开IT领域，成为一名全职慈善家。

温世仁的去世，也让越来越多的人加入了慈善的队伍。在校舍里装配好计算机后，师资紧缺，学校欢迎能教授电脑或英语的志愿者们加入。张凤吟替我们全家安排了在甘肃一个村子为当地孩子们教授英语的机会。随着计算机中心的逐步建立，当地的毕业生们得以通过就业网站寻觅工作，"千乡万才"也在寻觅外部投资者为每个计算机中心的当地运营者们提供资金支持。作为一个小家庭，我们没有能力支持整个中心的费用，但还是希望能做些什么。林光信夫妇的"低成本理念"，让我们家在可调用资金的预算内贡献出一己之力：我们负责照顾一所学校，就是出资购买50头猪、羊和牦牛，这些牲畜放养在学校附近的原野上，学生有机会学习与畜牧业相关的技能。这样，毕业后如果没能升入大学，至少也有一技傍身。与此同时，学校的运营管理成本也能从牧场的收益中得到回收。此外，我们还采购大量书籍和杂志帮助学校组建校园图书馆，同时为学校的水泵建立维修基金。

林光信夫妇的生活相当低调。林光信骑自行车上班，拉小提琴是他的业余消遣，家里吃得也很简单健康，他们不稀罕成为五星级酒店和高档餐厅的座上客。人们不会在杂志、新闻报道或者各种颁奖典礼上看到他们的名字。但他们却改变了我，改变了我的家庭生活，改变了上千名西部地区学生的人生。张凤吟脸上闪耀的光芒不是来自昂贵的珠宝，而是来自她喜乐的心。有句老话说："助人为新，己亦随新。"这对夫妻的生活激励我要活得有意义，做真正有意义的事，而非追赶那些"今日犹在，明日消散"的一时风潮。

他们，就是"水管式"的人的典型代表。

第二辑
丰盈心态养出的孩子改变世界

育己篇

家的使命和影响力

对一个男人而言，哪里是最困难也因而成为最有意义的地方？是在家里！和他的妻儿待在一起。在那里，他的一切言行都是真实的，在那里，伪善被清除，真诚得以滋长。

——沃尔夫冈·西姆松

家的影响力

家是最基本的社会单位，是充满爱的坚固堡垒。在外面，我们可以戴上各种面具，但与家人在一起，我们的真实则会毫不掩饰地展示出来。因为在家里，没有什么奖励需要我们去争取，没有什么人需要我们去取悦。如果家是我们自私的欲望得到满足的所在，那家将会变成一个充满操纵、控制和折磨的地方；然而，如果家成为一个学习爱与被爱的地方，如果家里有这样一种使命和目标，它就会有一股强大的祝福力量，并影响整个社会。

在由社会学者理查德·戴尔完成的后代研究中，这种影响得到了有力的诠释。马克思·杜克斯（生于1700年），200多年前住在纽约，他以冷酷无情著称，并和一个"作风开放的"女人结了婚。在他的1200多个后裔中，130个进过监狱（7个是因为谋杀，平均刑期为13年），310个是流浪汉，190个是妓女，60个是惯偷，还有680个是酗酒者。他们对社会没有做出任何值得一提的贡献，而仅仅为了监禁他们，并把他们引上正路，纽约州政府就花费了百余万美元。

与此同时，另一位名叫约拿单·爱德华兹（生于1703年）的人是一名传教士，也住在纽约。他雄辩而有力的演讲和文章至今还仍被人广泛引用。在他的929个后裔中，430人成为传教士、牧师或神学家，100位律师，60位法官，60位医生，60位优秀作家，100位大学教授，14位大学校长，3位市长，3位州长，1位掌管过美国财政部，7位入选美国国会，2位入选美国参议院，1位曾任美国副总统。至今，他的家族没有耗费国家一分钱，但他们为美国做出了不可估量的贡献。

我家的家庭价值观

当想起你的家，你和你的配偶是否曾经想过，你们的家庭将给社会留下什么？我们的祖先会想到家谱、家训、家业和家传秘方，因为他们明白家庭的重要。一个现代的中国家庭是什么样的呢？是这一代人的幸福所在，家人都很喜欢并希望共度时光的地方吗？

在我们家，我们有"十大家庭价值观"的讨论。比如，我们想要养育出谦卑而有责任心的孩子，他们以别人为中心，而不是沉浸于一己之私。其他价值观还包括：我们为能生活在同一个家里而兴奋；我们希望能作为一个家庭单元来一起服务别人等。

这些关键的价值观，可以帮助我们明确家庭的整体焦点和目标，也能帮助我们在一些争夺我们时间和精力的事情上，说"不"。比如，我们的家庭价值观之一是热切服务别人，每个人就可以找到各种机会去实践：我先生通过他的工作，我通过我的邻里关系和养育子女的网络，而我的孩子通过他们的学校和社区。这些机会固然很好，并且符合我们的家庭目标，但它也剥夺了我们家人在一起的时间，割裂了我们家庭的整体。

作为一个家庭整体，我们积极寻求各种办法一起服务别人。我们不是把孩子留在家，自己远去甘肃志愿教英语，而是请求甘肃的教育部门允许我们为这些孩子们创办一个实验班，如此一来，我们就可以作为一个大家庭来一起教授英语。虽然这对教育部门来说是个额外的麻烦，但这样做不仅对我们服务的孩子们很有好处，而且我们整个家庭也能从中获益，因为我们学会了在帮助别人时发挥每个人的作用。甚至我们最小的儿子，在他3岁大时就开始参与其中并从中体现了他的价值。

在一起做所有事情，彼此扶持互助的价值，体现在生活的各个方面。无论是去体育馆打羽毛球还是周六上午做早餐，这意味着大儿子经常要放缓自己的步调，好让小弟弟们跟上。有时这并不那么让人愉快，甚至可能很烦闷。不过，通过彼此帮助扶持、彼此欣赏，我们学会用种种方式彼此相爱。

传递使命感

中国家庭比较缺乏的一种家庭价值观就是，传递一种使命感。父母着力于帮助孩子获得各种技能，比如，弹钢琴或解决一道奥数难题，但忽略在孩子身上培养一种使命感。这意味着对一个孩子来说，最高的目标是考试得高分，进好大学，获得一份好工作，或者是有良好的行为和品格。然而，如果没有帮孩子认识到，他们是独特的，他们的生活自有其目的和意义，那么他们的生活就会没有方向，我们的孩子就难以拒绝他们身边的种种分心之事和诱惑。于是，决定对他们来说变得复杂和困难。当他们要对分心之事说"不"时，那更多是出于担心在竞争中被打败的恐惧感。然而，有更高的"是"的理由则可以激发他们欣然地说"不"。

凯文15岁时经历过一次艰难的挣扎。他那时非常喜欢一个女孩，而那女孩也喜欢他。他们是很好的朋友，非常想成为一对情侣。当凯文觉得他快要放弃曾经的承诺——进大学之前不谈恋爱时，他邀请自己的父亲和他讨论这件事情。

他爸爸告诉他万物各有其时，而最优的生活次序应该是：理想（Master）、使命（Mission）和配偶（Mate）。一旦你确定了你为什么理想而奋斗，以及你将通过什么方式完成这一使命，那么找一个和你志同道合的配偶就不难了。然而，如果你前两件事情尚未明确规划，就先找到一个配偶，这意味着两个没有目标的人一起相处，甚至两个兴趣相悖、没有共同基础，或根本就志向相反的人生活在一起，将会导致一生的痛苦、孤独和冲突。这个合理的解释使凯文轻松地做出决定：和这个女孩维持朋友关系。

之后他和那女孩经过一次长谈，跟她解释他非常重视和她的友谊，以至于将困惑、自私和矛盾也带进友谊中来了。虽然他们都很遗憾不能将感情再往前进一步，但他们能够继续做朋友，并以朋友的身份思考种种办法以促进彼此成长，而不是寻找另一个人作为可能的配偶，来满足他们未得到满足的需要和欲求。

如果没有更高一层的目标，对凯文来说，世上最自然不过的事就是向他的欲望屈服，使他们的友谊走向下一个层面，而不是欣然决定，将对欲望的满足延迟到生命中更合宜的时节。

精华在家庭中传递

把这些家庭价值观传递给孩子，在他们身上培育出使命感，要用上一生的时间。价值观像风一样无形而难名，但培育它们的方式却很具体。像在喝咖啡时的讨论，或弯腰盯着一张小脸告诉他，即使你因他不听话而处罚他，你依然爱着他。2008年北京奥运会开幕式以其壮观和华美令人目眩神驰，其中展现出来的那些中国元素，比如，我们的发明、艺术、服装、语言和武术，我认为并非真正的文化精华。比较而言，真正的文化精华是在家庭中世代传承的，因为价值观或技能正是通过家庭代代相传的。举例来说，中国古代的中医并没有获得任何名牌大学的文凭，他们的孩子作为他们的学徒长大，而已经精通医术的父亲则是通过他们的父亲和祖父代代相传，每一代在上一代的基础上再加建树，进而青出于蓝。

我母亲的医生，他在我母亲的整个成人阶段，都照顾着她的健康，他是我们家庭的朋友和可信赖的健康顾问。他们一家常会和我们一起用餐，并且在作决定的时候，我父母也会咨询他的意见。如今，他的儿子接替了他的工作，负责我们家人的健康问题。

他对我父母健康史的了解，使他对我的健康状况有独特的洞察，而这在许多方面是其他医疗技术所不能胜过的。这种在家庭内部"师傅带徒弟"的传承不仅适用于医学，而且也适用于我们的文化，包括艺术、音乐、武术、杂技和其他可以代代相传的技能。

虽然技能或艺术具有巨大的价值，但更大的价值则是世代绵延不绝的父母与其子女之间的这种关系。甚至在选择终身伴侣方面，父母提供的参考意见也有很重要的作用。现在，我正开始欣赏和感激父母的明智。

我们的文化尊重年纪和权威，我们的社会清晰地界定了领导和权威的角色，以及管理的秩序和结构，无论是在个人家族中还是在政府所管理的人群里。当我们家庭及社会的父亲们能够用爱引导，以身作则，为了他们所引导的人们的益处而牺牲其自身利益时，祝福将源源不断地流入这个社会。

中国以前是一个著名的礼仪之邦，可是多少年来一直缺乏爱，而爱看起来更像是一个柔和的西方价值观。不过，当你用礼仪配合爱心，把爱作为你所有行为后面的驱动力时，会将"礼仪之邦"推向更高的境界。

当今社会，关键在于重视我们的传统，并在此基础上加以建设，同时要超越那些彼此分离、互不相干的表面元素。我们要在中国的传统当中重新发现金矿，使之和取自西方的精华相结合，并将这些精华应用到快速、现代而且高科技的生活中去。那么，我们的孩子、我们的下一代，将成为我们奋斗、牺牲和努力的最大受益者，而这些努力是要和当今流行的浅薄、自我中心和盲目的唯物质主义文化相对抗的。

一则古老的犹太预言说：那一天终将来临，父亲的心转向儿女，儿女的心转向父亲①。父母们有着神圣的使命，一个崇高的使命，要以你的承诺健全

---

① 出自《玛拉基书》4章6节。

你的家庭。这个国家不需要更多老师，而需要更多愿献出生命，真正去保护、培养他们的孩子的父母，如此，这些孩子也能保护、培养他们的下一代。那时，祝福将奔流不息，遍布大地。父母们，你们愿意挺身而出，接受这一神圣的使命吗？

走出婚姻里沿袭的模式

原生家庭对人的婚姻有很重要的影响。父母在养育孩子的同时，需要剖析自己原生家庭的环境，看清里面存在的问题，从而努力地走出沿袭的模式，建立自己全新的幸福婚姻和家庭。下面是几个原生家庭对子女婚姻影响的实例，希望对读者有所借鉴和帮助。

实例1：否认问题的存在

鲍勃的父母分床睡已有多年。除了必需的沟通，他们几乎不和对方交谈，并且从来不曾在公开场合表达过对对方的爱意。但即使这样，鲍勃的家庭生活仍然是安静有序的，父母没有过任何争吵。在和安娜结婚一年后，鲍勃用两个人的存款去投资朋友的一个项目，结果失败了。安娜发现此事后感到很受伤，因为鲍勃投资前没和她商量就擅自动用了这笔钱。于是，安娜搬到了另一个房间睡。到目前为止，他们已经分房睡3个月了。鲍勃没有承认自己的错误，也没有道歉或试图寻找办法让两人能对这个重大的经济决策失误释怀，而是选择假装一切照常。安娜渐渐地心灰意冷，对这段婚姻关系开始失去希望。鲍勃在孩童时代养成的冲突应对机制使得他能够自如地应对父母的冷战，但当他组建自己的家庭时，却让他不会正面解决冲突，不知道要承认错误，并从中吸取教训。鲍勃这样的应对机制，要么会导致安娜彻底崩溃，要么会激发安娜反抗，直至失去信心，最终和他离婚。

实例2：逃避、幻想、理想化现实、假装不在乎、发呆

李强生长在一个父母每天都会争吵的家庭。如果哪一天父母没有争吵，母亲就会对父亲或他唠叨个不停。对此，李强经常选择去看书或玩电脑游戏以逃避母亲的唠叨。和YY结婚后，结束一天忙碌的工作后回到家，李强就会习惯性地打开电视或是玩电脑游戏。看到他明明闲着却不帮着干家务，YY感到很懊恼，于是就在李强身边碎碎念。李强不但不倾听妻子请求帮助的心声、不改正自己的行为，反而越来越专注在自己的游戏上。在他的孩童时代，这种应对的机制可以帮助他在面对父母争吵时免受伤害，但成人后仍使用这种机制逃避冲突，则注定他会重蹈覆辙。他的逃避，使他难以享受与妻子更亲密、更和谐的关系，令夫妻关系日益糟糕。

实例3：压抑感受、麻木、使自己变得冷漠、跟自己的感觉隔离

蕾切尔是家里"没人要的孩子"，总是惹继母生气。她的亲生母亲在她很小的时候就过世了。为了给她更多照顾，父亲选择了再婚。父亲工作很忙，经常出差，而年轻的继母很讨厌照顾她。为了应对这种状况，蕾切尔试着让自己变得麻木，让自己与真实的情感隔离，决定一旦有机会就远离这个家。后来，她找到合适的人后就结婚了。但她发现很难对自己的丈夫有很深的情感。久而久之，她的丈夫也发展出了自己的应对机制，那就是变成工作狂。由于蕾切尔选择将自己的情感隔离，而无论好的坏的情感。这导致她在婚姻关系中无法与丈夫有更进一步的亲密感。

实例4：移转情绪（愤怒、忧伤）到别人身上

玛利亚的妈妈经常受到婆婆的严厉指责，丈夫却没有为她挺身而出。对此她愤怒不已，但是又不能多说什么，因而只能迁怒给女儿玛利亚。渐渐地，玛利亚也学会将她的情绪转移，将怒气都发泄在"安全"的人或事物上，诸如学校里她认为看起来呆笨又弱小的男孩。有

时在街头也能看到类似的景象。比如，在餐馆里被妻子责骂的丈夫往往会对身边的服务员发飙；因婆婆而恼怒的妻子常常会冲营业员大声指责他们收费过高。这种应对机制可以避免重大的冲突和随之而来的不可避免的家庭战争，但是同样也妨碍了冲突的真正解决，以及妥协的最终达成。这种根本问题若不被解决，将会一次又一次地浮出水面，产生越来越多的挫败感和愤怒感，从而需要新的途径来转移这些不良情绪。

实例5：转移目标

电影《活着》诙谐且形象地刻画了屡试不爽的转移目标的方法。为了转移丈夫的注意力，不让他因为儿子输光了家里的钱而动怒，妻子特意用一块湿布给丈夫擦脸。擦脸让丈夫忘记愤怒，儿子赌博的事也不再提起和纠正。直到有一天，儿子赌光了所有家产，全家人被扫地出门。转移目标这种方法对于孩子逃避问题也许管用，但当孩子长大成人需要面对成人世界的现实问题时，再使用这种方法就会是致命的。因为越是长久没有得到纠正的错误行为，最终导致的结果就越致命。除了要学会转移目标以避免处理负面情绪，还需要培养孩子独立面对问题、解决问题的能力。只有这样，他们才能在长大成人后足够成熟，并能承担起相应的责任。在这部电影中，好赌的儿子最后只能眼睁睁地看着整个家庭为他背负恶习的后果，并从教训中学习今后该如何过自律的生活。

实例6：情感补偿

戴安娜一直都是个"好女孩"，但她的父亲却喜欢喝酒，因此常常因喝酒成瘾而被解雇。她的母亲一边得忍受别人轻蔑的眼光，一边还得出去做清洁工以维持整个家庭的生计，同时还得设法去改变丈夫不良的行为。事实上，戴安娜从未有过真正的童年，因为在很小的年纪她就得一边照顾自己，一边为母亲打理整个家庭。母亲工作一直很辛苦，因而很容易突然情绪失控而动怒，对身边的每个人大声斥责。尽管如此，戴安娜还是把家里收拾得井井有条，班里的成绩也是排名第一。她不自觉地变成了完美主义者，对自己和身边的人都高标准、严要求。后来，在她的婚姻里，她变得难以尊重自己的丈夫，因为丈夫常犯令她难以忍受的错误。她像上了发条的机器一样井井有条地操持着自己的家。尽管她对这个家劳心劳力，但家里缺少欢笑。后来有了孩子，她变得愈发焦躁，对家里的卫生过分地要求完美，甚至开始把丈夫当佣人使唤，差遣他随时待命做各种事情。不久，她的丈夫就开始把更多精力花在工作上，与另一位愿意耐心听他抱怨的异性伙伴共事。她能给予他妻子所不能给的关爱和友谊。不自觉地，戴安娜孩童时因照顾家庭而形成的完美主义，在婚姻关系中逐渐将自己的丈夫推离了自己。

很多时候，拥有两种截然相反应对机制的人往往最终会结成连理。当婚姻里发生碰撞时，各自使用自己的模式去反击，这必然会导致负面情绪的产生，并且这种模式将代代相传，继而阻碍我们甚至下一代与心爱的人发展亲密的良好关系。

长大或变得成熟，很重要的一个标志就是能够以正面、深思熟虑和客观的态度坦然面对自己负面的情绪，将之与已发生的事区别开来，并着手解决（无论它是冲突还是挑战），而不是被各种负面情绪包围。成熟意味着有勇气及时解决难题并有责任感地兑现自己的承诺。

希望我们都能有这样的勇气来摒弃孩童时代的应对机制，努力学习沟通、解决冲突、处理问题，试着学习道歉，原谅自己和配偶，接受不完美的自己。只有这样，才能使我们的孩子在组建自己的家庭时也能用健康的应对手段来处理负面情绪和棘手的难题。

意外的收获：跟随自己的价值观

现在的中国父母很"焦虑"，因为我们大都只有一个孩子。在无法参考过去经验的环境里，在西方理论不一定全部适合国内情况的时候，我们需要自己摸索新方法。以前大部分父母都有好几个孩子，要是第一个孩子的教育方法有失误，还有老二老三可以纠正改进。唯一的孩子就不能失败，也没有失败的空间。矛盾的是越不能失败，越有更多让人担忧的现象：孩子一出生就要去著名幼儿园报名，幼儿园有考试和面试；小学生们的时间被课程挤得没有游戏空间；中小学生们严重缺乏睡眠，体育、音乐、美术课被轻易取消，被题海代替；学生肥胖率和网游上瘾人数日益增加，视力问题和留学的低龄化日益突出……

我和先生为千也是在这种环境里养育我们的3个孩子的。我发现，周围人群的速度越快，我越需要慢，甚至停下来思考大家正在疯狂奔跑的方向是否是我们所要的。我常常在试图看得更远一点的时候，发现大家正在恐慌奔跑的前面就是悬崖。当我们做了让周围朋友担忧、逆社会潮流方向的决定后，却发现我们获得了意外的收获。指导我们前行的指南针不是随着社会流行做法而飘忽不定，而是根据我们内心的价值观。

我们认为夫妻是家庭的中心，不是孩子。在为孩子做出教育的选择时，我们以"父母"为中心，尽量不因为孩子而换工作、搬家、买车、买房子。我们根据家庭的经济情况来规划家庭该走的路，坚决不过度消耗家庭的资源，给我们带来过大的压力，给孩子带来不切实际的期待。最重要的是，我们希望当孩子看到我们如何活出自己的人生，他们就能够效仿我们做人处事的心态和品格。

为母校担任多年的面试官，纯粹是出于我的兴趣和热情，是完全自愿的。但是站在面试官的角度看教育让我有了意外的收获，也帮助我对养育孩子有自己的独特洞察。在我的人生中，最美好的收获都是遵循自己的内心和价值观、逆社会潮流的决定而带来的，决定的结果让我们全家受益。人生没有公式，我建议父母们多多聆听自己的心声，走少有人走的路。

只要全家在一起互相陪伴，就会发现一路的风景多么美好。教育的过程比终点更值得庆祝与享受。只要我们在一起走，就能够怀着感恩的心态回忆过去，坦然无惧地面对未来的挑战，因为我们不孤独。

下面是我们林家的10个核心价值观。你们有机会坐下来一起讨论你们家庭的核心价值观是什么吗？

- 敬畏上帝。
- 以别人为中心。
- 感恩心态。
- 谦卑／容易受教。
- 祈祷的生活方式。
- 负责任。
- 根本的信心。
- 跟随圣灵的带领。
- 顺服上帝。
- 内外一致的正直。

父母要支持哪种教育体制

美国家庭教育专家萨莉·克拉克森（Sally Clarkson）在《母亲的使命》（*The Mission of Motherhood*）一书中这样说道，儿女原本是上帝在婚姻中的祝福和一种托付，而现今，一旦孩子只是为满足父母的情感需求，或只是由于性行为导致的副产品，那么，在教育这项既实际又艰难的工作中，父母就会推卸责任，孩子的价值观培养、智力开发、沟通和情绪调节等就会缺乏，孩子的安全感和价值感也就随之缺失。

这是我所读过并经常参考的有关母亲的最好的书之一。在我逆大众流行的教子观念而行的亲身经历中，它给了我宝贵的帮助。当时流行的观念认为，我选择陪孩子待在家里度过他们的幼年，纯粹是浪费我在MIT所受的教育。

父母是教育孩子的最佳人选

几天前和朋友一起吃饭，她给我讲了她一个朋友的故事。那个朋友和她10来岁的孩子矛盾重重，于是她决定把孩子送往加拿大去接受"更优良"的教育。然而孩子根本没有学习和读大学的欲望，父母的建议、威胁、说理或是哄骗对他都没用。是孩子的过错吗？我说，如果父母都是忙碌不堪的职场人士，那结果就会是这样。

我常常看到这样的悲剧。许多忙碌而成功的父母认为，孩子成功的关键就是接受更好的教育（而更好的教育就意味着需要更多钱来支持）。我困惑不解的是，实际上他们自己就是抚养孩子最合格的人选，这些聪明人如何能说服自己，把他们最宝贵的孩子托付给习惯于溺爱孩子的祖父母或"职业看管人"，或者干脆把孩子送往一个"更先进的文化"中接受教育？谁更爱孩子？是他们自己，还是保姆？保姆可能没有什么教育背景，也没有什么家庭使命感。把一个10来岁的孩子打发到美国或欧洲，就能给他们提供更好的教育，并突然之间就愿意听父母的话吗？

在有孩子之前，我和先生花许多时间帮助"太空小孩"，比如，为一些一个人住在洛杉矶的孩子们提供咨询服务（他们的父母在亚洲工作）。我们看到整整一代聪明又有天分的孩子的挣扎和困惑：为什么声称爱他们的父母，却不想花时间和他们相处？父母对他们的要求无非就是好成绩。我们听说有这样一位极端的母亲，她儿子自杀了，因为他没被伯克利或者斯坦福大学录取。在葬礼上，这位母亲站在儿子的棺材边说："如果他不能进入伯克利或者斯坦福，他最好还是死吧。"她听不到孩子内心的哭号，甚至在儿子因母亲对他的拒绝而奔赴死亡时，这位母亲仍然无动于衷。

我的求学经历

我是在重男轻女的家庭里长大的，祖母认为我和两个妹妹不值得受教育。父亲作为家里的长子，注定要继承一个庞大的企业。他的想法不像祖母，他把我们送到加拿大读书，那时我们身边没有其他华人。我父亲一再告诉我们，不要盲目崇拜西方文化，但要汲取两种文化的精髓，并化为己有。我在对有色人种存有偏见的英国文化中长大，逐步形成以批判的眼光看待中西方文化，不认为哪一种文化更高级一些。

我住在北京的时候，反倒发现了一种让我烦恼的大众倾向——认为一种文化比另一种文化好。父母在因孩子的教育问题而面临各种选择时，这种倾向尤其显得真切。在嘈杂声中，他们或者支持这种教育体制，或是支持那种教育体制。但我认为，最好的教育体制是由父母和孩子一起选择的，如此一来，父母和孩子在接受教育的过程中就成了伙伴。

不要将问题两极化为东方和西方，我相信不管孩子在哪种教育体制中长大，他都可以成功。在此，我引用吉姆·柯林斯在《基业长青》中的一段话来说明：

> 在本书以下部分，我们会持续运用中国二元哲学里的阴阳太极图。我们特意选择这个象征符号代表高瞻远瞩的公司的一个关键要素。这些公司不用我们所谓的"非此即彼"来限定自己——那是一种不能轻易接受矛盾的理性观点，认定两种表面冲突的力量或理念不能同时并存……此处我们不只是谈论平衡。"平衡"意味着中庸路线、彼此各半。高瞻远瞩的公司不在短期和长期之间寻求平衡，追求的是短期和长期都有优异表现……
>
> 不合理吗？大概是吧。罕见吗？不错。困难吗？绝对。可是正如斯科特·菲茨杰拉德所点明的，"检验一流智力的标准，就是在头脑中

同时存在两种相反的想法但仍保持行动能力。"这正是高瞻远瞩的公司所具备的。

在整个自然界中，你会发现同样的矛盾现象：光既是粒子物质又是波能量，量子物理学和爱因斯坦的狭义相对论充满了这种矛盾现象。生活与自然是一幅充满"并且"而不是"或者"的画卷。我认为只有一方面存在，另一方面才成为可能。没有自律（在东方被高度提倡的品格）就没有真正的创造力（在西方被高度提倡的品格）；没有竞争（东方式的）就没有合作（西方式的）；没有坚韧（东方式的），激情（西方式的）就只是浪费情感，然而，没有激情的纯粹坚韧将把一个人的生活引向无趣和枯燥；没有自我认知（西方式的），谦卑（东方式的）将变得空洞，而离开了真正的谦卑，自我认知将变成自私。

凯文的两种求学经历

凯文在汉语教学的本地学校待了4年，然后去了全英语教学的国际学校读高中。凯文是我3个孩子当中最有想法也最健谈的，在上高中的第一个学期，我经常和他交流。他告诉我，4年前他刚进入汉语教学环境时，虽然那时他根本不认识一个汉字，也没有从其他地方了解中国文化，但相比起来，他这次进入英语教学环境的调整更加困难。因为北京本地学校的老师和同学们都很友善，乐于助人，他在适应和融入陌生环境的过程中得到了大家真诚的帮助。而在国际学校，基本就靠自己了。

凯文还告诉我他所面临的诱惑与挣扎。西方的中学是由受欢迎的孩子统治的，那些受欢迎的孩子并不就是聪明的学生。这些人可能是"帅哥"或运动员，还有比赛中做头领、为运动员加油的漂亮的啦啦队队员。而在凯文所在的国际学校，受欢迎的孩子是乐手和重金属音乐爱好者，那些爱好者炫耀着油亮的长头发，看上去他们的精神似乎绝大部分时间都在外太空漂浮。这就出现一种普遍的"降低标准"，在此影响下，那些对各种事物能发表独到见解的孩子会因为太有头脑、太聪明而被别人认为很"愚蠢"，装痴扮傻的风气反而大为流行。学校只为达到最低的期待做基本的、少量的努力。

当时作为学校的新生，凯文急于和受欢迎的孩子打成一片，因为他自己是个吉他手，并有自己的乐队。不过，他特别关注那些易于被忽视的人。很快，凯文发现自己既和那些受欢迎的人交上了朋友，也和那些不受欢迎的人交上了朋友。但是他能感受到游走在两个圈子之间内心的挣扎。

更复杂的是，凯文所有的朋友都有稳定的男朋友或者女朋友，凯文很挣扎，他要抵抗这种影响——仅仅为了避免被贴上"不正常"（变态）的标签就把自己和某个女孩连在一起。他告诉我，他有时真怀念在本土学校读书时的那种简单天真。在那里，种种事情规划明确，界定清晰，也没有彼此不相往来的朋友圈。

正如凯文所说，诱惑和挑战在国际学校更加微妙。对一个学生来说，国际学校更容易迷失自我，更容易屈服于同伴的压力，变成他们本不该成为的某种人。

但是在国际学校，他有探索新事物、创造性解决问题的空间，并能因此得到鼓励。但在本土学校里，他被要求把注意力只放在书本学习上，在某一学科获得某种成绩，而不是放在动手学习和发现的过程。然而，国际学校的自由同样是把双刃剑，获得更多自由的学生，有一部分人把它用在了喝酒和无所事事上。

通过凯文的经历，你是支持本土学校还是国际学校呢？

严师出高徒吗

在学校里，教学风格迥异的老师都可以培养出获高分的学生——有的老师采用的是高压式教学法，抹杀孩子的学习兴趣；有的老师会激起孩子求知的热情并使之伴其一生。在本篇文章里我举正反面的例子，说明什么样的老师才是孩子们所需要的。

"造高分"的教育结果

凯恩在一所重点中学就读。他的班主任在学校和父母中享有盛誉，是位"造高分"能手。这位老师的教学手段可谓一绝，其中包括责骂、羞辱、威吓学生，使他们乖乖听话，努力学习，考出高分。为了监督凯恩的学习情况，她甚至找来凯恩的同学向他们询问了近1个小时，目的是查明凯恩是否对班里某位女孩怀有爱慕之意。班主任要设法斩断少男少女们之间懵懂的浪漫情丝，为的是让孩子们专心学业。班主任每周都要抽出一天课后时间，让学生们在教室里听她训责，内容大都是学生们近期表现得糟糕之处，需要竭力改进等。班级的总分一直在学校中名列前茅，学生的考试成绩也不错。但是，几乎每个学生都害怕她、反感她，而且也不喜欢她教授的英语科目。学生们无休无止地背着单词、课文，不为别的，只为考个高分。在枯燥的循环往复中，学生们丧失了对英语的兴趣。英语学习成了令人讨厌的不得已而为之的事。因为对其厌烦，所以学生们既不想说英语，也不想学英语。他们学习英语的兴趣已经没有了。

我曾经问过一位北大的物理学教授，那些获得了国际奥林匹克物理竞赛金奖的学生之后的动向。让我吃惊的是，这些金牌得主没有一位继续从事物理学研究，而是转入了其他领域。没完没了地做练习、做习题使学生对物理科目感到厌倦。即便是表现出色、对物理学有极高天分的学生，也没兴趣继续研究下去了。这使我对这些竞赛活动的有效性产生了质疑。我们到底期望借由这些竞赛来达到什么样的效果呢？

有趣的学习

几年以前，我为儿子凯安请了一位汉语家教高老师。汉语不是凯安的母语，所以其汉语成绩大大落后于同年级的同学们，他需要额外的辅导进而赶上其他学生。这位高老师深受学生的喜爱，已年过半百，对孩子们和蔼可亲。高老师总爱称赞孩子们，也经常给凯安开小灶。尽管凯安的汉语考试成绩大大低于班级的平均分数，高老师还是让凯安感觉到他在汉语上是不断进步的，这让凯安有了掌握汉语的信心。凯安从不拿自己和班里其他同学比较，因为高老师从不拿他和其他同学相比，而是让凯安按着自己的进度学习，她使凯安感到汉语既有趣又容易。不久之后，汉语便成了凯安最喜欢的科目，他相信自己能学好它。第二年，凯安的汉语成绩仍旧低于班级的平均成绩，但凯安学习汉语的兴趣和信心却没有丝毫减退。今年，凯安的成绩已经赶了上来，甚至开始有所超越了。凯安的作文成绩开始持续上升，之后便一直保持在班里数一数二的位置上。而且相比英语书籍，凯安反倒更愿去读汉语书籍。他对自己的识字能力颇为自豪，深信汉语是自己的强项。

我对高老师真是满怀感激，因为她使凯安喜欢上了汉语。更重要的是，凯安很期盼高老师每周的到访，因为他喜欢和高老师待在一起，希望自己的汉语成绩出色，能不断获得老师的赞许。

凯文读高一时开始学习微积分。考试时，他得了最高分——5分。乍一听，也许觉得他可真不错。不过他们全班同学在微积分上都得了5分，所以不足为奇（这是个标准的AP考试，由组织SAT的机构负责实施）。不仅如此，凯文他们上一届也是全班都获得了微积分满分的成绩。这两个班为什么会取得如此突出的成绩？原因就在老师格伯先生那里。格伯老师让学生们觉得微积分容易又有趣，每位同学都可以轻易掌握，即便是数学成绩不好的学生也不例外。有些原先讨厌数学的女生在上过几次格伯先生的课后，立志选定数学作为自己今后的研修方向。每位同学都对格伯老师喜爱有加，在教室的各处都张贴着他和学生们的合影。同学们努力学习，力求掌握微积分知识，想拥有出色的表现，原因是他们喜爱格伯老师。

这也让我想到了我中学阶段最喜爱的化学科目。我的化学成绩非常优秀，曾为一个市级的科学博览会做过化学领域课题的研究，因此两次获得该领域的奖项。这些都要归功于我的化学老师特恩布尔博士。她不辞辛劳地对我指导，鼓励我，让我相信女孩也能在化学上表现卓越。我实在太喜欢特恩布尔老师了，我总是希望多些时间和她待在一起。我总会在课余时间找到特恩布尔老师，向她请教化学方面的问题，而且也想学习更多超出课堂范围的知识。甚至在我高中毕业后，特恩布尔老师仍会写信鼓励我。而我呢，也会每次从大学返家后去看望她。

某些学校以制造高分学生而闻名。然而我认为，培养出的学生类型比分数本身更加重要。课堂是否满有活力与求知欲，同学们是否愿意积极学习？还是学生极度紧张，担心自己考不好，不能达到老师的要求？作为父母，你愿意帮孩子找到他喜爱的老师吗？倘若你是老师，你是否愿意真正激发起孩子们的学习兴趣呢？不同的选择，会产生不同的结果——这些影响将会贯穿孩子的一生。

从优秀到卓越

吉姆·柯林斯在他的著作《从优秀到卓越》中谈到了"非此即彼"这个概念。人生中，除了对貌似截然对立的事物怀揣一份适当的紧张外，有时你还需要在处理事情时分清轻重缓急。我曾与人分享过我对那些有幸获得全球顶尖教育的孩子进行观察后的一些心得，得到很多人的认可。我认为，凡是拥有良好品质的孩子，其人生的马拉松道路也必将五彩缤纷。他们不但能成长为优秀的人，更能为后世书写属于自己的传奇。

正如你所见，教育孩子的过程中有许多可消化与吸收的东西。这个任重而道远的职责是否能单一地托付给母亲、教师，或是个人？我的回答相当确定："不行！"但这个任务，我们可以先在家庭中演练，从"我们巴掌大的小花园"开始。在学校尚未出现之前，教育的重担责无旁贷地落在家庭身上。"子不教，父之过"这句古话，有失偏颇。教育从来不是父亲的专属职责；同样，也不应像当今的中国家庭一样，变成母亲的个人重担。为什么呢？因为2永远大于1。在这里，我想引用所罗门王曾经说过的话为证：

> 两个人总比一个人好，因为二人劳碌同得美好的果效。若是跌
> 倒，这人可以扶起他的同伴；若是孤身跌倒，没有别人扶起他来，
> 这人就有祸了！再者，二人同睡，就都暖和；一人独睡，怎能暖和
> 呢？有人攻胜孤身一人，若有二人便能敌挡他；三股合成的绳子不
> 容易折断。[1]

我们能给自己的最好礼物就是谦逊之礼。我们并非超人，不可能懂得所有事情，也不可能依靠自己赤手空拳地打天下。我们需要彼此扶持，需要和睦的集体生活；需要学校的辅导，而学校也需要家长的协助！即便相处总是很难，我们还是需要在磕磕绊绊中学会携手工作。《圣经》中的使徒保罗，这位撰写了部分《新约》、奠定了西方文明的基础、哺育了大部分的西方文学的著名犹太学者曾经说过：

> 我们现在所知道的有限，先知所讲的也有限，等那完全的来到，
> 这有限的必归于无有了。我做孩子的时候，话语像孩子，心思像孩
> 子，意念像孩子；既成了人，就把孩子的事丢弃了。我们如今仿佛对
> 着镜子观看，模糊不清，到那时，就要面对面了。我如今所知道的有
> 限，到那时就全知道，如同主知道我一样。如今常存的有信，有望，
> 有爱；这三样，其中最大的是爱。[2]

我们养育孩子的最终目标是使其懂得如何去爱。爱什么呢？爱学习，爱生活，更重要的，是去爱人。爱是什么？保罗给出了爱的完美定义：

---

[1] 出自《传道书》4章9-12节。

[2] 出自《哥林多前书》13章9-13节。

> 爱是恒久忍耐，又有恩慈；爱是不嫉妒，爱是不自夸，不张狂，不做害羞的事，不求自己的益处，不轻易发怒，不计算人的恶，不喜欢不义，只喜欢真理；凡事包容，凡事相信，凡事盼望，凡事忍耐。爱是永不止息。[①]

　　这种爱并非靡靡之音所歌颂的那种甜蜜多汁、忧郁多情的浪漫之爱。因为一旦热恋感觉散去，只会留下一片暴风过境后的满目狼藉。与之不同的是，这种爱需要我们倾尽自身的思想、意志、情感、能量、热情，耗费我们一生的时间去习得。只有全身心投身于成为"最佳爱人"的修炼中，教育才能超脱于个人的智力和出身，回归为它最初的意义。

　　愿我们都懂得爱、了解爱，一直爱到这场生命马拉松之终。

---

① 出自《哥林多前书》13 章 4–8 节。

育己篇之家庭应用

完美主义的特征和修正

完美主义的特征

完美主义具有以下特征：

（1）做错一件事后，很难不去想这件事。

（2）要是失败了或犯了错，会对自己很失望。

（3）做事一定要做到完美，差一点都不行，不然就干脆不做。

（4）不愿意尝试新的体验，因为害怕被拒绝，也因为没有十足的把握。

（5）有强烈的竞争倾向，很难输得起。

（6）跟别人争论的时候很难主动认错。

（7）对自己、对别人的期待都非常高，也容易自责和论断别人。

（8）认为家长对自己的期待过高，自己无法达到。

（9）常常给自己强加压力，虽然觉得很累，但还是觉得有很多事情要做，而且必须要做好。

（10）常常觉得自己"应该"如何。

（11）认为寻求别人的帮助会让自己显得软弱，宁愿靠自己慢慢摸索。

（12）即使很多人都放弃了，还继续试图完成这件事。

（13）很难彻底完成一件事，因为不断修正。

（14）要是别人做错了，觉得有必要去纠正他们。

（15）对自己或别人都缺乏耐心。

（16）对别人的要求和期待很敏感。

（17）经常为自己制订不可能达成的目标。

（18）很介意在别人面前犯错。

（19）项目开始前常常拖延，因为惧怕失败。

（20）永远不能满足：无论获得什么成绩或成就，总觉得"不够"，很难知足。

（21）有强烈的控制欲望和倾向。

（22）心态长久焦虑，总担心事情做不完、做不好。

（23）看事情很悲观，总是抱着最坏的打算，怀着负面的期待。

（24）不愿意让别人看到自己的挣扎和痛苦，所以会回避风险。

要是有三分之二以上的现象，你已经有比较显著的完美主义倾向了。不及时有效地处理这种倾向容易导致忧郁症、婚姻问题，以及各种各样的心理问题和生理问题，甚至走到极端——自杀。

如何修正完美主义

以下建议有助于修正完美主义：

（1）接纳自己原本的模样，学习去爱真实的自己，而不是爱一个你认为你应该成为的那个人。

（2）当做错一件事以后，勇敢认错，从中学习和成长，同时提醒自己：我没有必要十全十美，因为失败是成长的一部分。然后不要再去想这件事或为错误继续痛苦，让发生的事情过去就过去了。

（3）容忍与接纳自己和别人的不完美。一颗钻石用独特的瑕疵证明它的真实，因为每一颗钻石都有独一无二的瑕疵。要是全世界的人都一模一样地完美，世界肯定很单调，也很无聊。

（4）尽量只要求自己在非常在乎的一两个方面做到卓越，其他方面让自己"足够好"就可以了。当你放低要求，不再追求十全十美，你会发现自己的出错率也降低了。

（5）寻找一个能够鼓励自己、支持自己的社交圈。朋友们会帮你知道，你是否对自己或某件事的期待过高或不切实际。他们也能够帮助你建立自信，帮助你停止自责。

（6）认识到你的任何进展都是在往正确的方向前进。建立实际、可衡量的小目标，清楚自己不可能短短一两天就能马上改变，允许自己慢慢地进步。

（7）把眼光放在位于终点的目标，而不是一味地要求有个完美的开始。让"一次进步10%"成为自己的小目标，不是一下子就100%。

（8）要是你无法控制自己的完美主义倾向或内心自责的声音，你需要去寻找一个专业人士来帮助你，避免日益陷入忧郁的状态。我们都偶尔需要外来的帮助，这很正常。要是你封闭了自己，不主动寻求帮助，很难让自己走出完美主义控制下的阴影。

父母如何处理自己的焦虑

处理焦虑的实操建议

焦虑是一种包含恐惧、不安、担忧的感觉。焦虑首先是一种精神状态。

有研究表明，一旦人的大脑逐步适应了压力和焦虑，它会习惯性地回到压力和焦虑的状态。还有证据表明，当人还很小，甚至意识不到"什么是压力"时，压力便找上了门。那些时常处于压力中的孩子们，他们的大脑结构被塑造成习惯处于焦虑的情绪之中。也就是说，即使不存在令人感到压力和焦虑的理由，他们的大脑还是会自动地找到理由让心态回到焦虑状态，就好像大脑怀念焦虑，没有焦虑会不习惯。

在我们周围，很多孩子从小得到的爱都是有条件的、视表现而定的。换句话说，当孩子的表现达不到父母的预期时，便得不到爱的反馈。在这样的成长环境中，孩子没有安全感，会长期处在焦虑状态。这样的孩子长大成为父母后，如果没有后天的学习改进，就容易用同样的方式教育后代，无意中将焦虑和压力，而不是快乐、满足传递给孩子。如果我们不能从根本上正视和解决自身的焦虑问题，就会变成恶性循环，甚至影响孩子的将来。

如果你发现自己有轻度的焦虑，这里有一些行之有效的建议（但如果你常年饱受焦虑折磨，建议你去寻求专业人士帮助）：

（1）你身边是否有这样的朋友、亲戚或同事，他们过着忙碌而充满挑战的生活，同时保持着乐观和轻松的生活态度？如果有，去观察、学习和效仿，向他们征求处理焦虑和压力的方法。

（2）多看看励志性的主题电影和书籍，如主人公通过努力战胜困难。我是伟人传记的忠实观众和读者，如特蕾莎修女、南非前总统曼德拉，以及其他一些有着丰功伟绩的英雄们。他们的勇气和品格总是鼓励我要充满希望、乐观地看待问题，有勇气去面对内心的挣扎。

（3）让你的周围充满好榜样，寻找能帮助你成长的人生导师。观察他们如何应对压力和焦虑，如何扫除人生路途上的艰难险阻。

（4）生活充斥太多压力必然会给人带来焦虑。我的先生和孩子发现，定期运动有助于他们减压，因为运动会令身体产生一种让人感到快乐和满足的激素。

（5）形成定期自我反省的习惯。问问自己，焦虑究竟从何而来，看看焦虑的产生是否和成长环境及养育模式有关；问问自己是否还受过去经历的影响，包括影响现在的想法和决策。请下定决心，不要再让那些使你焦虑的过去继续影响你，请专注于当下现实。

（6）反思时，形成用笔记下所思所想的好习惯。比如，当你焦虑时，最糟糕的情况将会是什么，还有要是发生了，打算采取什么措施。如此坚持一段时间后，你会发现即使面对最糟糕的事情，你也不会像以前一样束手无措。阅读之前写过的日记时，你会发现自己的成长让人惊讶，很多以前害怕的事情在今天已经不值一提。这会让你越来越有勇气，更乐观地面对未来。

（7）多年来，我形成了默想的习惯。事实证明，这比我之前知道的很多方法都有用。冥想推崇的是大脑中万物皆空，而默想则可以只想着那些能解放你的思想、充满正能量的事情，代替那些伤害你、让你焦虑的负面事情。诸如下面这段文字：

> 应当一无挂虑，只要凡事借着祷告、祈求和感谢，将你们所要的告诉神。神所赐出人意外的平安，必在基督耶稣里保守你们的心怀意念……凡是真实的、可敬的、公义的、清洁的、可爱的、有美名的，若有什么德行，若有什么称赞，这些事你们都要思念。①

让我们做父母的一起通过以下步骤，用那些好的、有爱的思想代替恐惧，克服焦虑吧。

第一步：表达谢意。将孩子身上的闪光点列出来，不吝于向孩子表达谢意。多肯定孩子，而不是一味地否定。

第二步：将你的担心扔给上帝吧。勇于承认你并不是事事都能掌握，不要将自己捆绑在那些遥不可及、无法解决的焦虑身上。要知道，担心忧虑对解决问题一点帮助都没有，只会让心情更加焦虑而已。

第三步：开始思念一些真实的、可敬的、公义的、清洁的、可爱的、有美名的德行，称赞的事和想法。这有可能是一张照片、一幅画、一首诗、一首歌或者是任何能带你远离焦虑、释放正能量的事物。当然，最理想的状况就是专注于孩子那些真实、值得表扬奖励的方面，哪怕只是给孩子一个单纯的微笑。如果你想不到这些，也没关系，花点时间看看孩子小时候的照片，回忆你们曾经一起度过的美好时光吧。我的孩子们就经常和我一起翻看相册，回忆那些美好的过往。不骗你，这些美好的记忆真的能成为我们力量的源泉。凯安就曾经说过，当他怀疑自我，身边无人可以倾诉的时候，他就会

---

① 出自《腓立比书》4章6-8节。

打开自己的相册，提醒自己拥有那么多的爱。一想到这些，他马上就会笑起来，情绪也高涨起来。

没什么是不可改变的

"依恋理论"（Attachment Theory）首先由约翰·鲍尔比（John Bowlby）和玛丽·安斯沃思（Mary Ainsworth）提出，这一理论奠定了之后由著名儿童心理学家西尔斯博士所提出的依恋养育思想。依恋理论证实，如果孩子在幼年时期与母亲（或照顾者）形成了良好的依恋关系，那么这个孩子在为人父母后，也能与自己的孩子和他人形成安全稳固的情感依恋。这种依恋关系建立在母亲（或照顾者）对孩子无条件的爱和接纳上。这一理论给那些阅读了《西尔斯亲密育儿百科》（*Dr. Sears: The Baby Book*）的新一代母亲们带来巨大影响。

从很多方面来说，这种影响无疑都是有益的，因为它让许多母亲在孩子幼年时选择待在家里，留出足够多的时间与孩子们在一起，让孩子们获得安全感，形成情感的依恋。但是从另外一些方面来讲，这也给很多母亲造成极大的焦虑，因为这些母亲在自身成长过程中，并没有从自己父母身上获得安全的依恋，安全感的缺乏使她们在孩子已经准备好冒险的时候不敢放手让孩子闯，单纯因为自身的焦虑和紧张，使孩子失去了经历冒险、失败和受伤的机会。她们总是担心孩子没有足够的能力处理问题。因为自己的不安全感，导致她们呼应孩子的每一声啼哭，满足孩子的一切要求，难以下定决心执行自己为孩子定下的界限。这样的结果就是，她们活生生地剥夺了孩子在走向成熟的过程中，从跌倒和失败中学习的机会。

这种不安全感和恐惧造就了一代"直升机妈妈"和"草莓儿童"。"草莓儿童"是指那些外表美丽，但是内心却很脆弱，面临一点儿压力就会被打倒的孩子们。

对于没有安全感、总是焦虑的父母来说，学着放手让孩子成长的第一步，就是培养自身的依恋情感，因为到目前为止没有证据证明情感依恋只能在幼年时期养成。实际上，有大量的证据证明，情感依恋在成年之后也完全可以习得。除非母亲能从他人身上感受到无条件的爱和接纳，否则她是无法从根本上获得足够的安全感，消除焦虑的。

玛德琳·莱文在《教好你的孩子》中进一步阐述了"依恋理论"：

> 当父母表现出温暖、支持、稳定及情感的协调时，孩子们才能习得安全的情感依恋。成长于这样的氛围中，孩子们才能在未来探索世界时充满信心，在处理各种压力时信心百倍。有安全感的孩子们一般自我感觉良好，并感觉值得被爱。
>
> 而从另一方面来说，那些能力不够的父母与孩子们之间形成的是不安全的依恋。这些父母总是太过着急，自身情感不健全，难以为孩子提供一个有安全感的环境。由此一来，这些孩子与他人形成健康关系的能力就被损害了，总觉得自己不值得被爱。更不用说，那些被认为缺乏安全感的孩子总认为自己低人一等，不是在与他人相处时总有困难，就是怀疑自身。这表明，我们或多或少都可能成为我们父母的样子，用父母教养自己的方式养育自己的孩子。所以，会有人说"简直不能相信，我越来越像我妈妈了"这句话。
>
> 在心理学领域，个体如何与外部世界形成关系，以及个体如何感受自身，对此，依恋理论依然很重要。然而，理论不再是静态的，而是动态的归纳系统。在成长早期，孩子与父母的关系确实会形成强烈的、难以磨灭的印记。但是人的一生有无数的可能性，即使是那些没有安全感的孩子也有可能在经历中逐渐成为坚定的人，比如，遇到一些可靠的成年人愿意张开羽翼为他们遮风避雨，给他们带来温暖、倚靠和支持。而原本有安全感的孩子也可能因为不幸的遭遇而成为没有安全感的成人。父母的教养模式确实对孩子的成长有很大影响，但不可否认，除此之外，还有很多其他不可控不可预见的因素也能影响孩

子。要承认"不可控"三个字真的有些痛苦。但从另一方面来说，并没有什么事情是一成不变的，无论早期的经历如何，我们都可以改变自身。[①]

有充分的研究表明，焦虑的潜在结果是思想僵化[②]。父母面临的一个问题是，在运用某一特定的育儿方法或理论时思维僵化。当他们看到别人采用一种与自己不同的育儿方法时，而且得到的成果"与预期一样"，会感到难以接受。我们习惯于评价或是纠正别人，不允许别人有不同。又或者谴责别人没有按照正确的方式做事，陷入旧时所习惯的焦虑状态。这种类型的思维定式根植于根深蒂固的恐惧和完美主义，即使披着宽容、善良和无条件的爱的外衣。我见过很多父母，孩子一哭就去抚慰，因为他们笃信哭是对孩子的伤害；我也见过很多父母逼着孩子训练，只求在比赛中孩子能获得奖牌去满足父母对"成功"的定义，而无视孩子的哭声和请求，因为他们自信，只有自己才知道什么对孩子是最好的。

另外一种对情感依恋理论的错误解读是，一旦思维定式在幼儿时期形成，那么这种依恋将无法再获得。这是对人类适应能力的轻视。我和先生在子女教养课堂上曾经谈过一个很普遍的公式：

亲密关系 + 管教 = 顺服

恶劣关系 + 管教 = 叛逆

这是根据麦道卫博士的著作《6A 的力量》提出的。建立亲密关系的基础是父母无条件的爱和接纳。没有这个基础，任何依恋都不会发生，所有的限制

---

① 节选自玛德琳莱文《这是育儿遗传吗？真不敢相信，我现在越来越像我的母亲了》，282 ~ 283 页，哈珀柯林斯出版社，纽约，2012 年版。

② 来自学生们：仅仅对成绩有兴趣的高水平的父母会给下一代带来抑郁和焦虑（Pang，1991）；在心理健康方面，父母兴趣缺乏与厌恶的看法，明显与抑郁症有关（格林贝格，1996 年；Stuart et al 1999）。

都会被认为是控制。然而，一旦奠定了这项基础，我们就需要考虑养育的高层次情况，通过培养和管教孩子的态度和习惯，来培养负责任的孩子。没有外部的压力和训练，孩子永远都不会成熟，永远保持着孩子的状态，被自身的感情和欲望所奴役。当下很多悲剧的产生都源于家庭对孩子无条件的溺爱，忽视对成熟度和负责任个性的培养，以及父母过于注重孩子的外在表现是否良好。真正安全的情感依恋，是指父母足够成熟，勇敢和智慧地把爱与管教都给予孩子。

当我们孩子还小时，我和先生对"给孩子的限制到底多严格才比较合适"这样的问题产生了分歧。我先生的父母从小对他非常宽容，总是准许他做任何想做的事情，这导致他总是被同龄的孩子认定为太专横和自以为是，因此欺负他。我们的孩子出生后，他决定要严格要求孩子们，这样一来，才不会重蹈覆辙，经历一些他曾经经历过的痛苦。这是我先生总结自己过去的经历所得出的结论。在我的成长过程中，我的父母经常不在身边。因此我没有安全感，孩子们一哭，我就感到特别焦虑。这样一来，我们就必须在"界限"方面达成一致。首先，我们要检验自我，坦然承认自己的过去和独特的性格会给自己管教孩子的风格带来偏见与影响，然后放下自己的思维定式，形成一个健康的、有弹性的、有自我检讨和调整能力的育儿风格。

我从小就形成了完美主义和焦虑的性格特点。因此，当回忆自己建立依恋关系的过程时，我非常感谢那些让我有机会重建安全感的人。没有他们，我可能也变成了一位神经质的"直升机父母"。我现在仍在摸索当中，但是当焦虑冒头时，我能马上意识过来。也许我的依恋经验能抛砖引玉，鼓励如今许多的焦风格的父母抛弃焦虑，以寻求安全和自由的情感依恋。

我重建依恋的故事

移民意味着去往一个全新的国家，进入一个陌生的环境，说一种完全不同的语言，体验一种完全不同的文化，所以毫不夸张地说，移民就意味着新生。

孩子们缺乏基本的生活技能，必须依靠他人的帮助才能过上基本的日常生活。

我从中国台湾移民到加拿大是一个失败的情感依恋例子。移民后，我是当地学校唯一的华人，面临着种族偏见。我与新社区并没有形成强烈的依恋，只是很高兴能身处其中而已。

我第一个较为强烈的情感依恋是在MIT形成的。大一时，我是全校100个国际新生中的一员，要求提前一周报到，有师兄师姐们照顾我们。国际事务学院的院长尤金（Eugene Chamberlain），非常仁慈、亲切，他的办公室与我的宿舍离得很近。他对我来说，渐渐成为父亲一般的长辈。很快，我活泼的个性得以在高接纳度的校园里展现，我积极投入到国际学生协会的活动之中。我有位叫约翰林的师兄，来自委内瑞拉，他是国际学生协会的主席，带着我进入这个协会，视我为自己的妹妹。他总是在选课、旅游及恋爱等方面给予我建议。更重要的是，他看到了我的潜力和领导素质，给我机会与他一起协调各种活动，为我拉资源，使我在大二时有机会操办了一个有60个国家的学生参加的会议，以展示他们的民族特色，分享各自的文化。最终我成功接替他成为国际学生协会的主席。同时，我也不断得到尤金院长的帮助，要知道，他可是一个资源宝库。与他们的依恋在今天仍然在继续。从这个协会走出来的一群好友，即使已经分散世界各地，可是仍然保持着联系，关系依旧亲密。当几年前尤金院长去世时，上百名来自世界各地的学生去他的教会参加他的葬礼。为他哀悼的"子女"有国家领导人、世界500强企业的董事长，也有像我一样的普通家庭主妇。尤金院长一手带着我进入大学生活，他的爱和鼓励，以及社团兄弟姐妹们的支持和帮助使得我最终收获了友谊和接纳感。这也就是为什么我自愿年复一年担任MIT的面试官，因为MIT是我的第二个家。

在这之后，我还有更多"第二家庭"：我的婚姻学习小组、在洛杉矶的妈妈公主小组等。我有幸遇到了带领我们前行的导师，也遇到了能一同前行的朋友，我们亲如兄弟姐妹。我们在波士顿的牧师和师母，不但主持了我们的婚礼，还带我们上了一系列的婚前辅导课程。当年牧师开着破旧的车，穿着最简朴的衣服，与妻子带着他们两岁的女儿，穿越整个校园只为帮助我们。他们简直成了我和先生的家长。当我的孩子们还小时，他们的3个女儿总是陪着我们那几个精力充沛的男孩们玩，这样才让我们有时间和他们一起探讨婚姻与为人父母之道。现在我们的孩子都大了，我们也为别的有需要的家庭做着同样的事情。我后来才知道他和妻子竟然都来自极富裕的家庭，但他们身上丝毫没有任何奢华生活的影子，有的只是将时间和精力慷慨地给予如我一般需要帮助的学生。

我们来到北京也是出于一种类似于"乡恋"的情结。在动身之前，导师建议我们第一年先适应中国的文化和语言。我们的孩子进入中国当地学校学习，我们也逐步和孩子同学的父母建立起友谊。我和先生在北京找到了新的人生导师。导师和他的妻子会慷慨地和我们分享他们在中国生活的经验，以及在中国的工作之道。从导师身上，我们目睹了他们在工作中的成就、对中国的热爱，以及无私的奉献。来自"千乡万才"公司的林光信博士夫妇就是值得我们信任的导师，他们介绍我们一家去甘肃教英语，带我们进入了一个新的环境，形成新的情感依恋。我们到现在还与甘肃的一些学生保持着联系。就这样，中国变成了我们的"第二个家"。

环境和境遇带给我的力量，使我获得了足够的情感依恋和安全感，让我懂得自己是值得被爱的，能够有足够的勇气去面对生活中会出现的任何困难和恐惧。在这个过程中，我学会了在爱孩子的过程中，不放弃帮助孩子守规矩和养成良好习惯的努力，以及为了孩子能成长为有见识、有担当的人，而对孩子采取适当的"严爱"，这样一来，我才能保证孩子成长为与我们有共同价值观的人。

让家庭与学校互补

美国2011年在社交网站上最常被分享的40篇文章中，排名第二的文章是《老师真的想告诉父母的》（*What Teachers Really Want to Tell Parents*），文章里收集了老师给父母的各种建议，做出了四大总结：

（1）老师是教育者，不是保姆。

（2）不要为孩子制造借口。

（3）要是你不尊重孩子的老师，如何让孩子尊重他的老师？

（4）我们是老师的教育搭档，不是审判者。要是父母不好好对待老师，只会让最优秀的老师离开教育，而剩下的只是"不惹事"的保姆。

我曾在新浪微博上转发了这四条建议，引起了大量争论，有人质疑我是否了解中国国情，是否知道真的有很恶劣的老师存在。然而，在北京多年，这些我还是了解的。我也认识很多对教育充满热情和理想的老师和校长们，确实有优秀的老师因为对教学环境灰心或态度恶劣的学生父母而离开教育事业。我面试了很多优秀的大学申请者，我看到他们有一个共同点，他们的父母跟学校有积极的关系。习惯跟学校对立的父母会把自己的不满从一个学校转到另外一个学校。不满的原因不同，但是不满的态度和处理问题的方法没有改变。

如今在城市的父母们对孩子的教育有很多选择，就近入学，考进重点学校，自费读私立学校、国际学校，甚至出国。在北京等地还有越来越多的家庭开始探索在家上学的道路。无论父母选择哪所学校或者教育体系，都有可以抱怨的空间，但是也一定有可以称赞的亮点。

我观察到，被美国一流大学成功录取的中国孩子们，分别来自于不同层次或类别的学校。他们的父母虽然对学校有不满，却怀着积极的态度陪伴孩子一起面对，而不是跟学校对立，对学校教育的方式方法强烈不满。我也观察到，无论在哪种学校，这些孩子的父母们都善于用他们的优势和资源跟学校互补，就像夫妻在婚姻磨合的过程中取长补短。

教育的最根本功能是育人，因此师资也就是人，是最重要的，而不是学校的硬件或使用什么教材、采用什么教育理念。在调查诺贝尔奖获得者的学习背景的时候，研究者们发现有5位物理学获奖者是纽约同一个高中老师教出来的学生。洛杉矶著名的五年级老师雷夫·艾斯奎斯（Rafe Esquith），他所在学校的学生多来自新移民或贫困家庭，但他的学生几乎全部进入好大学。他的学生自愿早上6:30就来上学，不仅学规定的语文、数学等课程，而且组建乐队和剧社。他在同一所学校的同一间教室，年复一年地教同一个年龄段的学生长达20多年，他的著作《第56号教室的奇迹》成为美国最热门的教育畅销书之一。但他仍然坚守在他的56号教室，证明着一个人能够在小小的空间里创造一次又一次的奇迹。

刚来北京时，我们选择让孩子进入北京本地学校读书，因为我们无法教他们汉语。我们不抱怨学校英语教学水平如何，因为可以在家里弥补，但是会尽力利用学校的优势让孩子受益。本地学校功课繁忙，我们帮孩子争取更多时间和空间，让他们玩耍和发展个人兴趣。到了国际学校作业不多，我们教他们管理时间，获取更多做题机会，打好基本功。

孩子该走怎样的教育之路，父母拥有选择权。所以父母需要对自己有所了解和认识，在教育的过程中不断自我成长。每个家庭的选择不同，因为每个家庭的优势和弱点不同。盲目跟从别人或社会流行去选择学校，只因担心被别人赶上或被潮流淘汰，是最不理智的。相反，了解自己的家庭，根据自身优势去选择，虽然会遭到周围人的不理解，甚至反对或耻笑，却是最聪明的选择。

认识自己，认识孩子，怀着一颗积极的心去选择能和你们互补的学校，对孩子来说是个再美好不过的礼物。父母是孩子教育的把关者。孩子要受到什么样的教育，最终成为什么样的人，选择不在于学校，而是父母。

父母成长清单

当我们做父母的无力去改变当下充斥着高压的教育系统时，为什么不试着改变自己，成长为更好的父母呢？在学生的压力和焦虑日益高涨的今天，为人父母应当帮助孩子不断减压，而不是加压。

下面这张清单虽不详尽，却可以帮助父母迈出自我成长的第一步。希望在你自我成长的旅途中，能不停地去丰盈这张清单。我们永远身在旅途，旅途所得便是意义所在。

（1）我有完美主义倾向吗，使得我无法接受真实的自己和他人？（参见《完美主义的特征和修正》）

（2）我是否常陷入挣扎和焦虑，我是否很容易气馁和沮丧？（参见《父母如何处理自己的焦虑》）

（3）面临压力和问题时，我会用哪些不健康的方式来应对？如逃避、否认、责怪别人等。（参见《走出婚姻里沿袭的模式》）

（4）面临选择时，我是否坚持自己的核心价值观？如果没有，那说明是时候坐下来与你的伴侣深入探讨，写下你们愿意一代一代传承的家庭价值观，活出生命的价值。（参见《意外的收获：跟随自己的价值观》）

（5）我花时间反省自身了吗？如果没有，赶紧将这个记在你的日程表上。

（6）我关爱我的身体吗？

（7）我有没有花时间去追求及培养自己的兴趣爱好？

（8）我是否有意识地审视自己的内心世界，并设置切实可行的自我成长目标？

（9）当你引导孩子如何处理自身压力、焦虑、愤怒、损失或挫折等问题时，你有属于自己的奋斗故事和行之有效的方法去跟孩子分享吗？你是否只会干巴巴地说教，却缺乏鲜活的事例与孩子分享？当你毫无保留地与他人分享交流个人经验时，随之产生的共振和移情所带来的教育意义远远好过居高临下、盛气凌人的说教。

（10）我懂得聆听吗，懂得聆听别人的情绪而不局限于内容吗？我是否更倾向于理性分析，直接找出解决方案，而不是停下来去感应配偶以及孩子的情绪？

（11）从行程表上看，我是否平衡好了工作与生活的关系？

（12）我善于理财，还是被金钱控制？

（13）我是否在外面的世界游刃有余，而处理起家庭关系却一团糟？

（14）我是否很难与他人建立亲密关系，我会不会害怕陷入一段亲密关系？当别人为了安慰我而靠近时，我却用忙碌当作借口去回避？如果在成长过程中不懂得表达需要，那么你可以与配偶开始练习，直面你的感情与渴求，学习沟通技巧，随之建立起亲密关系。

（15）我的婚姻是否因为疏于经营而陷入困境？大部分问题儿童的父母都有着糟糕的婚姻。如果这正是你的境况，那在你"修复"孩子之前，先为婚姻把把脉吧。大部分父母惊奇地发现，当他们的婚姻起死回生后，孩子也不再像脱缰野马般难以驯服了。

（16）在婚姻中，我是积极完善自我，积极主动修复婚姻中的隐患，还是在问题爆发之后才疲于应对？（婚姻健康的一个重要指标是你与配偶有着稳定的夫妻行为）

（17）我是否会用自己特定的方式，在日常言语中经常表达对配偶的爱与感激？试试从坐下聊天开始，翻翻旧照片，重温那些一起走过的地方，做一些爱的温习，细数相爱的过程。多开口表达你的谢意，感谢有TA一路以来的坚定陪伴。

（18）我静下心来花时间好好回忆过去，感激曾拥有的那些美好回忆了吗？有没有反省成长过程中，原生家庭带来的负面影响，并为成为更好的父母而寻找解决之道？我将如何书写自己的人生剧本，在为人父母方面，我希望自己在哪些方面能做到与自己的父母不同？

（19）当我与孩子共处时，我更倾向于通过说教的方式还是提问的方式去了解他，以及他的思想和情感？

（20）谁是我的行为楷模？在一生当中，我是否有一位自己的人生导师能帮助我成为更好的人？

（21）我是否具备批判和逻辑的思维能力，懂得运用自身价值观指导思想，用思想引发情感？还是很容易成为情绪的俘虏，总是左右动摇？

（22）我是否有勇气不随波逐流，反世间主流思想而行之？而当他人有不同意见时，我是否能尊重他人想法？

（23）我是厌恶风险还是渴求生活中出现新的挑战？

（24）我是如何处理失败的？

（25）我对时间与金钱的态度是否符合我的人生价值观？如果不符合，该如何调整生活方式，使之更符合？什么是我该做的，什么是我该放弃的？

张开双臂准备迎接更成熟的你吧，只要能做到上述几点，我相信你一定能培养出一个走向成功的孩子。

育儿篇

男孩危机

男孩哪儿不对劲

我常有机会为父母朋友们做讲座。其间，来寻求我辅导和建议的学员有很多是男孩的父母。他们的男孩通常被贴上这样的"标签"：不守纪律、调皮捣蛋、不专心、贪玩、不愿安静下来做作业、叛逆、没有学习兴趣、多动症等。父母们越来越沮丧和懊恼，开始思考：我们的儿子到底出了什么问题？

两年前，在MIT的迎新会上，当时在场的校友惊讶地发现，被录取的来自北京的尖子生全都是女生！这是个令人担忧的倾向，因为理工学科一直以来都被视为是男生擅长的领域。我们的男孩到哪里去了？

MIT的校长苏珊·霍克菲尔德（Susan Hockfield）来北京时，我有幸与她及其丈夫单独相处一会儿。我问他们，是全球性不断增强的对标准化考试的重视正在毁掉这一代的男孩，还是现在的男孩没有女孩聪明或成熟？在目前左右脑无法均衡开发的教育体制下，我们是否应该在初级教育阶段先着重基础教育，之后在较高年级阶段，开始着重培养学生的发散思维能力？苏珊及其丈夫都是耶鲁大学培养出来的神经系统科学家，多年从事人脑研究。丈夫汤姆现仍在哈佛大学从事神经系统科学的研究和教学工作。汤姆没有直接回答我的问题，而是跟我分享了最新的研究成果。

美国有一个全美性的原创赛车模型比赛，有研究人员对其不同年龄阶段的获奖者进行了分析。在低年级阶段，所有的获胜者都是女孩。原因是女孩能专心听指令，严守规程，所以赛车的每个部件都能恰当安装，正常运行；而男孩的条理性就显得不那么好，思维方式显得更为抽象，而且他们愿意做冒险尝试。男孩在低年级的时候，由于没有掌握足够的赛车模型基础知识，不知如何才能让其正常运行，所以胜出者很少。然而，当孩子们过了四年级后，比赛结果就来了个大翻转。此时，男孩变成了压倒性的胜利者。这是因为女孩仍遵循指令，按照常规方式设计、制作赛车，男孩却勇于开拓创新，喜欢进行新的尝试，不怕冒险。尽管许多男孩的创新尝试没有成功，但仍会有那么几个男孩因为其令人惊羡的新颖设计和制作而毫无悬念地荣登榜首。

虽然这只是个小型研究，却启示我们针对性别差异实施差别教育的重要性。答案不是"二选一"，而是"二者都可"。如此，便能帮助男孩、女孩在未来的生活中对对方的优势予以欣赏、重视，互补彼此的不足，从而迈上成功的阶梯。

我们的文化和教育体制

我们通常欣赏文静、听话的乖孩子，性格活泼的男孩总是会被贴上"贪玩""调皮捣蛋"等标签。然而，社会欣赏的这些"好"品质却是与创新性人格背道而驰的。在此，我引用一段凤凰网微博上的话：

男的为什么变娘？有以下几点分析：

（1）小孩子见到的几乎都是女老师；

（2）家长太呵护了；

（3）学校教育压抑个性；

（4）考试压力让男生静态；

（5）爸爸在孩子教育中的缺席。

我的二儿子凯恩在北京一所当地学校就读的时候，有一次，他在数学考试中答错了一道题。试卷上的问题是这样的：有一个多层建筑物，每层高X米，如果你想爬到楼顶，需要多长的梯子。这道题其实就是简单的加法题。可凯恩该题的得分为零。他认为人可以通过楼梯到达建筑物的最高层，然后通过阳台再爬到楼顶。凯恩觉得自己的答案也能达到题中要求的目的，所以就去问老师为什么不对。老师告诉他，在我们的教育体制下，要想在考试中得分，他必须明白出题人的出题目的，并力求自己的答案符合出题人的答题思路。即便凯恩的答案合乎情理，我们的考试制度也没给这些答案留下任何可回旋的余地。这样看来，老师非但没有对凯恩的创造性思维予以肯定和鼓励，反而是打击了他的发散思维能力。男孩"不对劲"的"功劳"很大程度上归功于我们的教育体制和文化背景。男孩独树一帜的特质难以得到承认，男孩承担风险的机会也很少，然而，敢于冒险是创新精神中不可或缺的素质。

我们做父母的状态

凯恩在北京一所当地重点中学读完初二后便转校了。在就读期间，他感觉很孤单，觉得自己是学校里的少数人群。周围的同学们都忙着上各种各样的课外班和补习班。不仅初中学生的学业重、压力大，就是小学低年级的孩子也处在极大的压力之下。因为不仅高年级大孩子的父母会焦虑，就是年幼孩子的父母也开始焦虑起来。我曾询问老三凯安的老师能否减少三年级学生的作业量，因为作业实在太多，会影响到孩子的体育锻炼和睡眠时间。老师告诉我，一旦把作业量降下来，父母们就会焦虑地要求她布置更多作业，因为他们担心孩子的学业会落后于其他学校的学生。凯安跟我说，学校所有的同学都很羡慕他。上次，他跟同学说下课以后要赶紧回家把作业写完，这样就能跟哥哥玩弹珠，同学们都对他说："你好幸运哦！我们回家以后要是写完作业，爸爸妈妈会很高兴。因为他们能够给我们更多家庭作业，把我们累死了。所以，我们回家以后尽量拖拖拉拉写作业，为了避免做更多作业！"

呈现在我们眼前的常常是焦虑的母亲和心不在焉的父亲。做父亲的，之所以会心不在焉，要么是缺乏参与教育孩子的意识或能力，要么就是想避开焦虑万分的母亲。

美国有个著名的时事新闻节目曾报道了非洲的某个禁猎区大象数量过剩的情况。科学家提出的解决方案是将小象移送至新的动物保护区。于是，人们便开始这样行动了。小象来到了新地方，开始的时候，表现一切正常。可是过了大约10年之后，其中一些小象长成了年轻的公象，它们居然开始袭击并试图杀死犀牛群，表现异常。研究人员通过分析得出的结论是，这些大象在成长过程中缺乏足够的雄性榜样示范，也就是没有象爸爸的陪伴。尽管有不少人觉得一切的补救行为都来得太迟了，可是人们还是把这些年轻的公象运送到了有大量成年公象的区域。在成年公象的带领下，年轻的大象逐渐懂得了秩序和纪律，之后再没出现对其他动物的攻击和杀戮行为。

由此看到，象爸爸在象儿子的成长过程中占据了多么重要的位置，大象都如此，更何况人呢？父亲参与教育孩子，能帮助孩子建立和运用"对立统一"的思维模式。父亲参与进来，就能和孩子的母亲一起，使孩子既懂得遵守秩序和纪律，又不会失去爱玩、活泼的天性。

父母的责任

为了自己的孩子（尤其是男孩）不成为环境的牺牲品，父母需要努力学习正确的教育方法。父母首先要学习的是有关儿童发展方面的知识，要找到一些在目前体制下成功教育孩子的良师益友。如此，父母对孩子未来的发展方向才能了然于心。

在早期阶段，男孩的学业普遍比不上女孩，所以很多男孩的父母在其小学阶段都是忧心忡忡的。这时，倘若有年长一些的父母对男孩的父母予以肯定，赞同他们的教育方式，或者对早期阶段的教育关注点给予点拨，他们内心的焦虑感一定会减轻不少。

富于创造力的人常会有坎坷的成长经历。坎坷本身并不能生成创造力，但是能让人学会变通——变通则有助于创造力的产生。换句话说，为了让孩子学会缜密思考、聪明判断、娴熟地处理矛盾的困境，父母就得从自身做起，也开始学习用这样的方式去思考、处理问题，为孩子树立良好的榜样。为了让孩子学会用不同的方式思考问题，父母首先要改变。我们要改变教育方式，让男孩身上蕴藏的创造力得到充分开发，使他们有朝一日能贡献自己的力量。

如何培养健康快乐的孩子

健康不只是身体的健康，也包括心灵、智能、人际关系、性格和品格的发展、面对挫折的能力，还有对社会负责任的意识。另外，如今"快乐"已经成为一个拿来压住教育者的口号了，但是我们对快乐的定义和如何达到快乐的途径还没有达到一致。作为3个在美国出生、在国内公立学校就读过的男孩的妈妈，还有在美国和中国面试很多申请MIT的优秀学生的经验，我认为建立健康快乐的童年需要跨文化，而父母需要调整自己的价值观和眼界才能达到这个目标。

首先，我们需要以正确的定位和眼光来看待孩子。孩子是一份宝贵的未打开的礼物，而不是一个经常为我们带来头痛和困惑的问题和麻烦。要是我们天天带着兴奋的心态来打开这份礼物，享受孩子带给我们的一切，他们将会在我们的接纳与欣赏里成长。这样的孩子可以有弹性地面对挫折，跌到的时候能够爬起来，重新开始，因为他拥有在父母赞赏的眼光里成长的自信。要是我们天天怀着焦虑和担忧的心态来面对要解决的难题，孩子将会在我们的否认和批评中成长。这样长大的孩子会觉得自己做什么都不好，好像自己本身就是一个错误。他在自我否定和消极心态中成长，过度追求完美主义，不愿意冒险，很难承认错误或乐意承担责任。

我认为，每个孩子都是一本独一无二的书，父母和教育者需要用心去读。孩子不是一张可以让我们按照自己的心意而随意涂抹的白纸，更不是可以按照一个公式来生产的产品。

其次，孩子绝对不能成为家庭的中心。美好的婚姻关系才是家庭的主要关系，不是亲子关系，因为孩子无法为父母的快乐承担责任。父母的快乐需要被配偶满足，而不是孩子，因为孩子有一天会长大离开家，留下来的是配偶，不是孩子。他们需要成长在一个父母相爱的环境里来培养安全感，而不是在一个为了他的成就而牺牲一切的环境里，这样只能增加他心里的负担。父母的婚姻是孩子未来婚姻的教室，也是孩子培养情商的主要方式。美好的婚姻是父母能够给予孩子幸福的未来最好的礼物，比名校文凭或事业成就都更重要。

再次，我们需要拒绝抢跑。现在全国都在疯狂、焦虑、恐惧地抢跑，却没有人愿意停下来思考大家这么着急是要跑向哪里去？为什么要这样跑？牺牲了什么来跑？我的二儿子凯恩多次被老师要求跳级，但是被我们多次拒绝，因为我们不愿意把成人对他高智商的期待强加给他，更愿意他拥有一个正常的童年，给他的情商和社交能力足够的空间，能够跟智商一起成长。一个高智商的孩子不一定在生命的其他部分也能一样快速地成长。他虽然有能力阅读一本深奥的小说，但是不一定有足够的成熟和人生经历来了解里面深刻的意义。我们需要养育一个完整的孩子，不能为了成绩而牺牲其他方面。

最后，快乐不是孩子的目标，而是一个副产品。要是孩子的快乐成为父母养育孩子的主要目标，孩子就会成为一个自私、不会为别人考虑的"暴君"。一个孩子从小就需要学会延迟满足，控制自己的欲望，考虑别人的需要。他也需要父母允许他经过失败而成长，而不是禁止他失败，恐惧他失败——失败在人生里一定会发生的。当孩子认为失败是生活的一部分，他就不会被挫折打败，灰心放弃，而是学会迎接冒险、创新、思考，从失败中学习和反思。

孩子们也需要足够的时间与空间来休息和发呆，让他发挥内心的想象力。最重要的是，无论孩子的智商和能力高低，每个孩子都能在父母的管教下培养出良好的生活习惯和责任感，而良好的品格和责任感最终会让孩子成为一个受人欢迎的孩子。当一个孩子拥有良好的品格，快乐就会自然而然跟随着他。相反，当一个孩子认为周围的人都应该马上满足自己所有的需要，他的自私会让周围的人反感他，最终带来孤单和痛苦。

一个快乐的童年最重要的就是父母的陪伴，而不是物质的充分。孩子的童年不需要贵重的玩具或高级的衣服，而是父母的接纳与关爱。他不需要排得满满的周末，而是父母用心的管教。他不需要五星级酒店的假日，而是经过长期忠心地承担家务而获取的一个心怀天下的责任心。他不但需要被尊重，也需要学会尊重别人，才能真正获得别人真心的尊重。父母们，我们需要做的太多了。不要抱怨体制的不足，赶快改变自己，让自己成长为一个孩子愿意效仿的英雄吧！

育儿能力

每一位专家都曾经是新手。那他们是如何从新手变成专家的呢？有"专家父母"这个证可以考吗？把自己的孩子养大就是"专家"了吗，那世界岂不是会有很多"专家父母"了？

我的孩子刚出生的时候，我很不知所措，所以我觉得需要找专家咨询才能学会如何做正确的事。现在，我的3个男孩都长大了，我也终于意识到，即使一个人是教育专业的，她第一次生孩子的时候，也是新手。

其实育儿是一种能力，而不是以知识或专业为主的领域。没有人在孩子一生下来就是育儿专家，但是任何人只要愿意用心亲自去育儿，就都能掌握育儿的能力。

有育儿能力的家长既要懂得育儿理念，也要坚持实践这些理念。

我们夫妇在主日学做过几年老师。我们发现，对我们要求最苛刻的家长都是自己很少带孩子的。他们大多都懂很多理论，看过很多育儿书，但却因为很少去实践这些理论而对孩子有过于理想化的期待。因此，他们对其他带孩子的成人也有一样不切实际的期待。相反，对我们表达最多感激的家长都是自己带孩子的，或者是自己教过孩子的老师。他们学过的理论也很多，并不比前面提到的家长知道的要少，但同时他们花了很多时间和精力去实践所学到的理论。

他们知道教养孩子是一件多么不容易的事，因此对其他实践者有更多的尊重和感恩。

我在回答家长提问的时候，很容易能从他们的期待和态度中看到他们自己实践了多少，也会建议缺乏实践的家长，对看顾他们孩子的长辈或保姆多怀一份感恩和尊重，少怀一份指责和期待。这是因为育儿的实践越多，就越会发现它是如此不简单的一个大工程！

那么，智慧妈妈管教孩子的理念是什么呢？我来跟大家分享养育孩子的十大原则：

（1）不要爱你的孩子超过爱你的配偶，因为婚姻关系比亲子关系更重要。一个刚出生的孩子是那么弱小和无助，什么都需要依赖妈妈，我们很容易就会把所有注意力都放在孩子身上，而忽略了我们曾经时时刻刻都要跟他在一起的那个爱人。但那个爱人对爱的需求不会因为孩子的出现或时间的流动而降低。我们都知道孩子需要安全感，而孩子最大的安全感源自父母有一个美好的婚姻。一个孩子，即使他拥有了一切想要的，也得到了妈妈所有的关注，但如果他父母的婚姻岌岌可危，他就不能拥有他所需要的安全感。我们的婚姻就是孩子未来婚姻的教室。当我们在婚姻里经历冲突，然后让孩子们看到我们是如何去沟通、解决冲突、道歉、饶恕与和好，孩子们的情商很自然地就会提高，以后他们也会按照我们相处的方法来经营他们自己的婚姻。因此，我们能给孩子最好的礼物就是好好地去爱我们的配偶。

（2）要求孩子的事情，自己要先做到，然后才能以身作则。我们可以回忆一下，在我们的成长过程中，那些最深刻、最受教的功课，是怎么学来的？有多少是因为成人的指责或讲道理而学到的？成人讲的道理，你到底听了多少，又做了多少呢？比率高还是低？这些我们都知道，但自制能力有多强呢？一方面，我们都喜欢要求和教导别人；另一方面，我们又都反感冲我们讲道理的人。在教育孩子的时候，我们的以身作则与说教相比，孰多孰少？

总之，我们需要尽量平等地跟孩子交流，这样才有可能跟他们建立起亲密的关系。我想给大家一个挑战。这个礼拜，找一个颜色鲜艳的橡皮筋套在手上，每次你要跟孩子讲话的时候，先问自己：我在说教吗？有没有其他方法来教育孩子？要是你不小心说教了，可以拉一下橡皮筋并自问：说教的效果如何呢？也可以顺便提醒自己，下次可以用比较灵巧的提问和有创意的说法来帮助孩子自己悟出道理。

（3）关系的质量比方法更重要。最近，我最常回答的问题是关于二宝出生后大宝在行为和态度上的变化。很多时候，来咨询的父母都是请教管教大宝的方法和秘诀。当我把建议的重点转移到父母跟孩子的关系上时，他们往往很惊讶地发现，大宝的叛逆、抵触和脾气会随着跟他们大宝的几次单独约会而消失。每当孩子特别抵触我的指令或者比较叛逆的时候，我首先会想，这是不是孩子最需要我积极关注的时候。

我曾在微博上分享过一句话："要记得，当人们最难爱的时候，恰恰是他们最需要被爱的时候。"从我们家老二出生后，我跟先生就开始每周都跟每个孩子单独约会。现在，孩子们都大了一些，没有在家住的孩子回到家要做的第一件事就是跟我们单独约会。当老三情绪低落，跟我们有误会或冲突，或者需要征求我们意见时，都会主动要求跟我们约会。

其实，约会的地点和内容，不需要统一规定，唯一要确定的就是每个孩子跟爸爸或妈妈需要有一个特别的地点和活动，其他孩子不能一起去那里。让我们没想到的是，这些特别的地点成为孩子们精神世界里的一种营养来源。举个例子，为千跟老大约会的地点是星巴克。在老大还很小的时候，他最喜欢的就是星巴克的热巧克力，等到他大了一点，父子俩就开始一起研究咖啡。老大在他的间隔年写了一本小说，里面最重要的一个主题就是咖啡。小说中的男主角跟爸爸去星巴克；他遇到喜欢的女孩时闻到的也是咖啡的味道；每次出现咖啡，就代表着爱的出现。老大现在跟爸爸常常讨论的一个话题还是咖啡，这是他们父子共同的兴趣。而我呢，则在他小的时候就带他去公主屋喝下午茶。所以，每次他要向妈妈表达爱的时候，就会带我去一个特别的地方喝下午茶。到了大学，他每周六会跟女朋友在兄弟会举办下午茶活动，邀请弟兄们，以及他女朋友宿舍的一些闺蜜们，一起喝茶、聊天。听说，他们还因此促成了两对情侣呢！

（4）陪伴孩子，需要"同在"的质，也需要"同在"的量。 我想在这里分享美国育儿专家凯瑟琳·华莱士（Catherine Wallace）的一句话：

> 无论如何，你要用心聆听你孩子想要跟你讲的任何事。在孩子小的时候，要是你不用心聆听他的小事，等他们长大以后，他们也不会跟你讲他们的大事。因为对于他们来说，他们跟你讲的所有事情一直都是大事。

当我们刻意坐下来要跟孩子聊重要事情时，很多时候，我们会发现他们不想对我们敞开心门。我们不可能刻意安排时间去捕捉孩子的第一个微笑、第一次走路或者第一次开口讲话，这些都是在孩子成长过程中自然发生的，不是我们刻意安排就可以控制的。有时候，我们全家会一起打扫卫生、做个手工或者各看各的书，然后，突然间孩子口中就会冒出一句深奥的话或者打动我们心灵的话。要是我们没有一起沉浸在那些看似无聊又平淡的时光里，很可能就会错过那些"突然"降临到我们身边的惊喜时刻。

去年圣诞节，老大和老二回家度假。现在他们都已经大学毕业，开始在不同城市工作，也都不住在家里了。我们特别珍惜他们回家的每一个时刻，因为他们现在难得有时间回家陪我们。以前是我们给他们时间，现在是他们乐意付出时间来陪伴我们。我们以前"投资"在他们身上的用心陪伴，现在到了收获的季节。

（5）心态比理念更重要。 我是一名礼仪教练。在《佩蓉教孩子学礼仪》一书中，我提到很多关于礼仪的正确理念，但相对于这些理念，我们如何教礼仪这件事要更为关键。比如，吃饭时，不礼貌的习惯是嘴巴里有食物的时候大声说话。我在书里建议大家把建立好习惯变成一个家庭游戏的目标。如果大家能连续7天没有被发现嘴巴含着食物就开口说话，就算完成目标，可以获得一个事先商定的奖赏，比如，大家可以一起去看电影。然后，大家一起开始建立下一个礼仪习惯。我们还可以组织大人与孩子进行比赛，如果有一方被发现嘴巴含着食物就说话，那么他们就要从头开始。当我们看到孩子这样做的时候，我们可以生气地严厉斥责孩子，说他没礼貌，真丢脸，但我们也可以笑着对孩子说："哇！我看到你说话的时候嘴巴里有食物，哈哈！你要从头开始啦！"同样是在培养习惯，我们的心态是平和、积极还是充满焦虑或负面情绪，两种心态带来的结果是完全不一样的。

（6）引导孩子的心态比塑造他的行为更重要。 很多时候，我们的孩子在外面出了丑以后，我们往往更在意的是别人的反应，以及这种行为给我们带来的羞耻感。当孩子的外在行为不好时，我们会赶紧予以纠正，之后就不想再花时间去跟孩子解释、讨论或者思考他们的行为给别人带来的影响，以及背后的意义。对我们来说，单是纠正行为就已经很累了，所以我们往往会忽略进一步跟孩子讨论更重要的部分，即孩子行动的出发点和心态。

我记得孩子们还小的时候，有一次，我们跟我父母的朋友一起吃饭。他们从远方来，很难得，很想看看我的孩子们。在餐厅，老大一直不好好坐着，不停地玩弄弟弟，搞恶作剧，结果把弟弟给弄哭了。为千警告了老大两次，说第三次就要去厕所谈谈。我父母听到了就过来劝为千，说客人在这里，就不要为难孩子了。老大看到后头有靠山，就故意再去戳弟弟一下，把弟弟戳得直叫。为千毫不犹豫地抱着老大去厕所，但态度还是很友善。老大哭了起来，一直看着我父母。我父母非常不高兴，叫我去阻拦为千，还说他不懂人情、不讲理。其他人也都过来为老大说情，他们说我们的孩子已经够乖了，还说高高兴兴地出来，就不要让孩子们难过了，对消化不好。我觉得很尴尬，但也知道为千是绝对不会妥协的，所以只好硬着头皮跟大家道歉。我一边安慰弟弟，一边被长辈们数落，他们都以过来人的身份劝我们不要那么死板，对孩子要放松一点。

　　为千过了好久才带孩子回来，桌上的菜都冷了，但老大一回来马上就跟弟弟道歉了。当在座的长辈们又开始责备为千的时候，老大说，是我无聊了故意去戳弟弟来玩，而且爸爸也警告了我好几次，但我都没有听他的话。所以，这个结果是我明明知道又自己去选择的，是我自己不对，不是爸爸的错。在座的长辈都对为千说："你看孩子这么懂事，你还对他这么严格，以后就多让他去吧。"我们笑笑，没有回应，但我们知道，有了第一次，就还会有第二、第三次，因为孩子知道我们的要求和标准是可以妥协的，就会来试探我们的底线。这种情况发生几次以后，孩子们就会知道，我们在家里的要求和在别人面前的要求是一致的。这样他们就会遵守我们的要求，而不是看成人的脸色做选择了。

　　我很欣赏为千的一点就是，他不会因为觉得尴尬就草率地处理跟孩子的事情。在管教孩子方面，为千愿意付出时间和耐心，帮助孩子接受管教，帮助他们冷静下来，并给他们情绪上的安抚，然后通过提问和对话来帮助他们了解自己的行为所带来的后果，以及下次要如何避免。那一次，父子俩都饿了肚子，是将剩饭打包回家才享用了那顿美食。但对我们全家来讲，孩子的外在行为是次要的，孩子需要了解自己行为背后的动机和心态，并能在思考之后，从正确的动机和心态出发去行动，这才是最重要的。为了引导孩子的心态并帮助他们形成好的心态，花再多的时间、付出再多的心血都是值得的。

　　(7) 我们越能干，孩子就越没成长空间；我们越放手，孩子就越能干。家里要做的事情是有限的。能力的锻炼需要实践的机会，不是懂得道理就好了。这就像上面所说的，孩子不仅需要懂得道理，更需要主动去实践。一个负责任的孩子看到地板脏了会主动去拖，不需要别人提醒。一个不太有责任心的孩子虽然知道怎么拖地，但看到脏了的地板会期待别人去拖，感觉这件事跟自己没有关系。这两种孩子的差异在于，前者的家长懂得如何训练他们去做事，然后放手让他们去摸索，学会自己动手做事情。

　　(8) 再能干的家长也不如一个会合作的智囊团队。育儿是一个系统工程，而不是一个单人项目。一个人在成长过程中，需要接触父母、亲人、朋友、老师、学校、社区和社会，这些人都是培养孩子的智囊团。他们之间越和谐、越懂得合作，就越有利于孩子的成长。如果他们之间关系不和睦、不能彼此尊重和相爱，他们自己再能干，也很难对孩子产生正面的影响。我讲的不只是夫妻之间或亲子之间的关系，还有婆媳之间、家庭与学校之间，以及家庭跟社区、社会之间的关系。

以前，要是爸爸妈妈吵架了，孩子可以跑到隔壁邻居或者姑姑、舅妈家里躲一躲，等风暴过了以后再回家。同样地，要是妈妈跟婆婆闹矛盾，妈妈可以去隔壁找阿姨或嫂子去吐吐槽、出出气，冷静以后再回家。现在，大家基本都住在城市里，都是以小家庭为核心单位，很多情况是邻居间彼此都不相识。在如此有限的范围内长大的孩子需要更多的空间，作为父母的我们要为孩子们营造一个"村落"，给他们一个社区来成长和呼吸。这样，父母闹矛盾的时候，大家都有地方去透透气。如果我们的小家庭全部都闷在都市的小房子里，我们就需要扩大自己的社交圈子，去跟闺蜜、哥们儿、邻居或者相同兴趣圈的朋友们交流。

（9）除了孩子以外，我们需要有自己的生活与世界，不需要用孩子来证明自己的价值。 孩子永远是家庭中很重要的一部分，但不能是全部。他们年幼的时候需要我们很多的时间与精力，但随着时间的推移，如果我们做父母是合格的，我们就会发现他们越来越不需要我们了。我们能够给孩子的最大祝福，就是允许他们活出自己想要的人生。想要真的给予子女这种自由，我们自己需要活出想要的生活，不需要用子女的人生来让我们幸福。因此，除了孩子和家人以外，我们有没有自己的信仰？使命感？朋友圈子？自己的兴趣、爱好？在社区里的服务？如果我们的生活圈子只限于自己的孩子和家人，我们的幸福感就会随着他们的高低起伏而波动。他们好的时候，我们会觉得幸福；他们陷入低谷的时候，我们也容易陷入焦虑和抱怨，而且我们的反应会给他们带来更大的压力。

我记得有段时间为千失业了，我问他需要我做什么。我心里想，可能需要想办法省钱，说不定自己还需要去找一份工作补贴家用，但他的回答让我很惊讶。他说："我最需要你做的就是相信我，对我有信心。"我告诉他，上帝会照顾他的，要有信心。他对我说，我说的那句话把他肩膀上的大石头突然间挪走了，因此，他才可以去追求自己想要做的事情。人都是不完美的，所以，即使他再能干，也不是我们可以完全依靠的人。当我们把自己人生的盼望交托给一个人，这是很危险的，因为没有人是完美和全能的。人生会有很多高低起伏，我们无法完全掌控，但我们可以勇敢地面对这一切，过真实而且充实的生活。孩子只是我们人生的一部分。除了孩子以外，希望我们都还有其他能够充实自己的人际关系。只有当我们自己的杯子填满了，我们才有能力去滋润别人。无论你是全职妈妈还是兼职妈妈，都不要为了某个人或某件事而失去自己。

（10）智慧妈妈的最后一个养育原则是，大家都应该学点儿童心理学，了解孩子不同阶段的需要，这样才能对孩子有合理的期待和对应的教育方法。

育儿篇之家庭应用

如何面对孩子不同成长阶段的挑战

在上一节的最后，我鼓励家长们都要学点儿童心理学，了解孩子在不同阶段的需要，这样才能对孩子有合理的期待。

我经常会听到家长们的一些让我哭笑不得的问题。我会想，哪怕他们懂一点儿童心理学，也会知道对"这个"年龄段的孩子有"这种"期待根本就是不可能也不切实际的，也就不会把自己搞得这么焦虑了。家长们如果不懂得自己的期待是不切实际的，就只会因为孩子所谓的"不配合"而沮丧和有挫败感，不然就是对孩子很生气、很失望。因此，了解和调整我们对自己、对孩子的期待就显得特别重要。

比如说，常常会有2岁孩子的父母来问我，跟孩子讲了很多道理，告诉他生气不能打人，我们家的人也都很有礼貌，孩子每次也都同意，但为什么他下次生气了还是会继续打人呢？这种挫败感来自于家长对孩子不切实际的期待。要是他们懂一点儿童心理学，就会知道2~3岁孩子的大脑还没有发育到可以懂得逻辑思考，他们无法想象看不见的情景，也没有能力去了解"因果联系"的作用。因此，跟这个年龄段的孩子讲道理根本就是浪费时间。这个年龄段的孩子需要另一种策略来训练他们的自制能力，比如父母的肯定或否定，或者抱他们离开惹他们生气的场地，抑或让他们自己去体会他们的行动所带来的自然后果。当父母放手让他们去探索、经历自己的行动所带来的逻辑后果，他们就能把行动跟产生的后果联系起来，下次行动前就会考虑是不是还要那么做了。

另一个比较普遍也容易引起争议的问题，就是孩子被别人打了要不要反击回去。你会看到各种专家给出各种各样的回答，但没有人问这些孩子几岁，因为答案会因为年龄段的不同而有很大差异。有的老师会提倡让孩子自己解决问题，但这种建议只能给4岁以上的孩子。对于4岁以下的孩子而言，他们在自制能力、表达能力和规则意识等方面都还没有成熟到可以自己去解决他们之间发生的问题。这时候，如果发生冲突，成人不干涉的话，很有可能演变成强者欺负弱者。以孩子们之间抢玩具为例，父母可以干涉，向孩子们解释轮流玩玩具的规则，并告诉他们不可以抢别人的东西；或者帮孩子把别人抢走的玩具拿回来；抑或在旁边观察，孩子如果不介意反而主动递过去，就不要为孩子感觉不平，而是继续观察孩子们之间的互动，因为孩子天性是乐于分享的。等孩子长大一点，他们就可以学会游戏规则，自己可以通过警告等方式来保护自己，也可以向老师或其他成人求助，或者自己选择远离欺负他的人来解决问题。但是，这些回应都需要考虑孩子们的年龄段、心智发展和性格来决定如何应对。

在美国，很多心理学家根据孩子每个年龄段的成长和需要写了一些好书，比如，布雷泽尔顿和斯帕罗的《儿童敏感期全书》系列。这本书对我们养育孩子有巨大的帮助，但可惜的是，国内目前只翻译、出版了0~3岁这一辑，3岁以上的还没有。

因为本书字数和篇幅有限，我在这里简单总结一下每个年龄段成长的特点和需要。

0~3岁阶段

0~1岁孩子要学习的成长功课是信任。这个阶段的宝宝需要完全依赖妈妈，他的需要应该得到满足。因为他还没有语言能力，就只能用哭声和肢体来表达自己。父母要做的就是了解孩子的信号，满足他的需求，让他感觉到自己所处的世界是安全的。宝宝快要1岁的时候，父母可以训练他用肢体来表达自己的需要，渐渐脱离用哭声表达需要的习惯。

2~3岁孩子要学习的成长功课是独立。这个阶段正是心理学家常说的"敏感期"。他们开始意识到自己是一个个体，什么都要自己做，也尝试着离开过去一直完全依赖的妈妈。他们最擅长说的可能就是"不"。这个阶段的宝宝，也经常会因为想做他这个年龄段还没有能力去完成的事情而发脾气，因为他们感觉到了挫败。我们也经常会因为他们发脾气和所谓的"叛逆"而受挫，因为情绪会互相影响。这个阶段的孩子还没有逻辑思考能力，所以想要跟孩子讲道理的家长会更有挫败感。很多时候，他们看起来听见了道理，但事实上根本没有理解，所以下次还是会做同样的错事。这个年龄段的孩子虽然会说话了，但还没有认识自己的情绪，更不会管理情绪或者控制自己。

在这个年龄段，家长需要避免讨论、解释或说教，而是应该更多地通过创意的游戏、积极的言语和行动，来帮助孩子学会用言语表达自己的感受和需要、控制自己的冲动，以及延迟满足自己的欲望。

敏感期的孩子需要探索世界的空间，因为他们正处于快速成长期，不断收集周围世界的信息。家长需要鼓励孩子探索，但同时要保证孩子的安全。因此，家长在这个阶段最需要学会的就是设立界线，帮助孩子安全地探索世界。

我们不仅要训练孩子用言语和肢体表达自己，也要开始训练孩子有规律地作息，训练他们自己吃饭、入睡、洗漱和穿衣服，养成自己的事情自己做的习惯。这些都是为了下一个阶段做准备。想要了解更多的家长可以参考前面提到的《儿童敏感期全书》，或者去我的微博搜索"敏感期"这个词，找到相关的文章。

这个阶段，我们很容易把孩子的吃喝拉撒当成生活的全部。父母需要获得足够的休息时间，能放松的就尽量放松，好好享受可爱的孩子。初生婴儿对成人的完全依赖，容易让夫妻忽略彼此之间的感情需要，而把所有时间和精力都放在孩子身上，夫妻之间的距离越来越远。有时候为了喂奶，妈妈睡眠不稳定，情绪更不稳定。爸爸可能因为需要工作，就跟妈妈分开睡，夫妻生活停止。夫妻关系因为长期被忽略而面临危机。

因此，在这个阶段，父母们需要为未来的家庭生活建立健康的习惯。妈妈需要在最快的时间内恢复正常的作息，保证自己有足够的睡眠，因为睡眠不足会严重影响到妈妈的情绪，以至于影响到整个家庭的气氛。妈妈的情绪会影响到一直和妈妈在一起的宝宝，还有跟妻子一体的丈夫。父母要保护好夫妻关系，彼此投入爱的时间，尽快恢复夫妻生活。爸爸也要多参与育儿的过程，跟妈妈一起学习和成长。妈妈需要放下自己的完美主义，降低对自己、对配偶和对家人的要求，让大家都能参与养育宝宝的过程。父母把这些基础建立好，就可以用心去训练孩子独立完成睡觉、吃饭等任务。

在这个阶段，最大的诱惑来自于长辈们。这些长辈看到自己的孩子成为新手父母，因为是"新手"，就难免笨手笨脚，这使得他们忍不住要介入其中。但这种介入却剥夺了年轻父母在养育孩子方面必须要经历的摸索、失败和成长的机会。有的年轻父母也为了省事就替孩子代劳一切，因此错过了让孩子学习独立的机会。老人需要放手，多让年轻父母动手。年轻父母也需要为自己育儿能力的成长争取机会和空间，育儿的工作尽量自己来做，并且跟双方的长辈设立一定的界线，让新的家庭有情感凝聚的空间和时间。

我们的老大出生时，双方的父母都不在身边。当时很艰苦，有时候也会抱怨为什么别人家都有父母帮忙，我们自己却要那么辛苦，什么都要自己做。当我们生老二时，我的父母在我们身边帮忙，那反倒是我们婚姻处于最低谷的时期，因为我们经常会为了孩子的事，以及我父母出于好意的干涉和建议而吵架。因此，到了生老三的时候，虽然我母亲要来照顾我坐月子，但我还是坚持请了月嫂来照顾自己。母亲很不理解我们为什么要这么浪费钱。事实是，月嫂不会给我心理压力，也不会骂我不懂事，叫我不能这样、一定要那样，所以，我休息和恢复得很好，无论心情还是身体都很快得到复原。

3~6岁阶段

接下来我们来看3~6岁的孩子，也就是学龄前期的孩子。

3~6岁的孩子已经有了自控能力，也可以理解因果联系了。但在他的思维里，还是非黑即白，也容易高估自己或贬低自己。这个年龄段最重要的成长功课就是主动。因此这是建立良好生活习惯的最佳时期，也是把外在行为内化成内心动力的阶段。这个年龄段的孩子开始走出家门，进入幼儿园，跟其他小朋友建立社交关系。

学龄前期的孩子最主要的两个学习渠道是玩耍和听故事。这些活动都是爸爸们最擅长的，所以也是把爸爸拉进来陪伴孩子成长的最佳时期。没有人能比妈妈更能静心呵护宝宝，但爸爸却能鼓励孩子挑战自己、突破自己。父母对孩子能力所表达的认可和相信，会让孩子越来越愿意独立，并愿意去尝试各种各样的事情。

没有为这个年龄段做好准备的家庭可能会面临一些亟待解决的问题，比如，不愿意参与育儿的爸爸、疏远的婚姻关系、紧张的两代关系，还有因为孩子睡眠、吃饭的不规律而继续筋疲力尽的父母。这些都是在0~3岁没有为这个阶段做好准备而留下的"后遗症"。

要是孩子可以定时自己入睡，从天黑睡到天亮，吃饭不需要大人追着喂，日子就比较好过。这个阶段的很多父母，好不容易有了一点自由呼吸的空间，又开始像以前一样为孩子做所有的事情。也有一些父母，他们自己是在强势、压抑或被严厉指责的环境里成长的，对国内的应试教育会有反感，因此比较不想管教孩子。

这个阶段的父母最容易掉入的陷阱是不给孩子任何限制、约束或管教，但这些恰恰是这个阶段的孩子最需要的。管教的重点不在"管"上，即惩罚过去的错误，而是在"教"上，即训练孩子未来需要拥有的技能。虽然我们也需要纠正错误，但"教"要比"管"更重要。尤其是孩子要开始看见自己的行为所带来的好处或伤害，并将其内化为内心的动力。

这个年龄段的孩子需要什么样的训练呢？首先，他自己要会按时睡觉、起床、吃饭，还有学会看钟表，开始有时间的观念，学会自己管理时间。我们要帮孩子学会量化时间。比如，用定时器来跟孩子说"再过3分钟，你要穿好鞋子，在门口等爸爸，定时器响了我们就要出门上车"，而不是不断地跟孩子说

"快一点"。因为孩子对"快"和"慢"的理解跟父母的不一样，这常常给双方带来挫败感。再者，孩子开始在幼儿园里有社交了。所以，小朋友们之间发生摩擦的时候，他们会需要我们的帮助，帮助他们提升社交的情商，以及疏导这些社交可能带来的紧张、焦虑等情绪。第三，这个阶段的孩子也开始有了责任感，所以是他们学习帮家人做些家务事的时候了。在我们家，我们会让保姆留一些家务给我们做，让孩子们学会为家庭承担一些责任。

相对于主流社会比较流行的"不作为"理念（虽然"不作为"在这个阶段是很美丽的画面），管教和对于习惯的训练会比较麻烦。但等孩子进入小学，很多"不作为"的家长就开始发现孩子出现了接轨的问题。这是因为孩子已经习惯成人的"不作为"，他们没有规则和纪律的概念，不听从老师的指令，生活没有规律，也没有建立良好的生活习惯，没有时间管理能力和社交能力。到了孩子要进入小学的时候，诸如"注意力不够""拖拖拉拉""不守纪律""不合群""不听老师的话"，还有"成绩不理想，作业做不完，拖班级的后腿"等出现在老师发给家长的信息中。要孩子顺利接轨，家长就不能事先省事，而要花一些精力去做会让孩子终身受益的训练，帮助他建立一些好的习惯和能力。

有关建立这些习惯的细节，有兴趣的家长可以参考肖恩·柯维的《快乐儿童的7个习惯》。另外，《佩蓉教孩子学礼仪》一书中有分年龄段的能力清单，家长们可以参考；《佩蓉的妈妈经1》和《佩蓉的妈妈经2》里面有一些关于情商、品商和管教方面的文章，也适合这个年龄段的孩子。

小学阶段

小学阶段的孩子不仅了解因果联系，而且有逻辑思维能力了。对于一些"灰色思维"，他也能明白，比如说，虽然我不擅长写作文，但我擅长解数学题。小学阶段的孩子大脑发育迅速，能根据过去的经验预测未来的结果，也能根据一个标准或者跟周围人的比较来客观地看待和评价自己。虽然他能运用抽象思维进行思考，但他的判断能力和经验还无法跟上他的抽象思维。我发现，我的孩子虽然可以阅读像《基督山恩仇记》这样比较深奥的文学作品，不会被里面的单词或概念难倒，但却会因为缺乏人生经验而无法理解书中更为深刻的含义。这是在养育孩子的过程中我最享受的阶段，因为他们思想活跃，充满了对世界的好奇和感叹，也愿意向我们敞开心门。这个时候，孩子还没进入青春期，所以情绪稳定，跟我们会有高质量的互动。在这个过程中，我们也会为他们将要来临的青春期做预备。我们要跟孩子建立良好的亲密关系，要脱离说教，开始敞开自己，分享自己的想法和感受，逐渐从老师和教练的角色转变成青春期孩子所需要的顾问和朋友。

小学阶段也是孩子发现和追求自己兴趣的时期，这些兴趣给孩子带来的快乐，会在他们面临升初中考试压力的时候，帮助他们调节情绪。

小学结束以前，孩子们要面临小学升初中的升学压力。为了孩子能升入好的中学，家长们会给他们报各种兴趣班，让他们考各种证书，以至于这些变成孩子压力的来源，真正的兴趣反而被抹杀掉了。所以，在这个阶段，家长们需要避免过度安排孩子的时间，不要因为报了各种兴趣班而挤占他们和自己的休息时间、社交时间，以及运动的需要。否则会影响整个家庭的生活，也会影响孩子跟父母的亲密关系。我们要竭力争取和保护我们跟孩子在一起的时间，因为到了中学，彼此就更难抽出时间。

因为有各种各样的认证和荣誉，攀比、炫耀、焦虑、恐惧等也会随之而来。因此，在这个阶段，父母要鼓励孩子真实地看待自己，不要过度批评自己，要了解和肯定自己的优点。

小学阶段的孩子要学习的成长功课是勤奋。他们处在基础教育阶段，学琴、体育、数学计算等都需要大量重复性的练习。我们应该鼓励他们在这些看似无聊和重复的基本功中学习忍耐和坚持，学会苦中作乐，而不是称赞他们聪明，让他们想要走捷径。

在小学阶段，孩子们的友谊还很单纯，是培养良好人际关系的最佳时期。如果孩子在这个阶段有了健康的同性友谊，这样到了青春期需要面对异性朋友时，他们就不至于不知所措，也不会过度依赖或期待异性朋友来满足自己全部的社交需要。

初中阶段

这个阶段，孩子们的荷尔蒙来临了，情绪也随着荷尔蒙的分泌而经历戏剧化的波动。家长最需要做的就是保护孩子的睡眠质量，不要让睡眠的缺乏对孩子的情绪产生更大的影响。随着荷尔蒙的起伏，再加上应试教育带来的压力，孩子们对压力会有比较强烈的反应。我们要用诚实的鼓励和评价来帮助他们往前进步，不是跟别人比较，而是跟过去的自己相比。这个阶段的孩子整天都是用分数和做题来衡量自己的价值。家长在家里要多给孩子拥抱、语言上的肯定和鼓励，还有对孩子真实且具体的欣赏，成为他们最铁杆的粉丝。

孩子们在小学期间发现和追求的兴趣，到了这个阶段会帮助他们解压。已经有足够的研究证明，运动会产生多巴胺，这种物质能传递快乐的信息，因此有助于抵抗压力。要是孩子没有机会天天运动，就请在家里制造机会，跟孩子一起散步、跑步、做体操、跳绳或踢毽子。音乐和画画也能很好地帮助调节情绪。

在小学期间，我们正确培养了孩子对情绪的认知、表达和梳理，在此基础上，初中的孩子应该完全可以用语言来表达自己的情绪和需要了。我们可以每天多给孩子一些机会，让他有表达和处理情绪的方法与渠道。

孩子在童年时期对世界的好奇和求知欲在这一阶段并没有消失，但在快要进入高中的一年时会转化成对刺激和亲身体验的渴望。这种渴望会导致他们追求冒险性比较高的活动。在国内，这意味着孩子们的部分刺激来源于想要尝试父母或学校禁止的事情。因此，在这个阶段，家长最需要保护的就是孩子跟自己之间的信任和沟通，让自己成为孩子无所不说的对象。我们要抛弃说教，成为好的聆听者，开始向孩子学习和提问，为的是要进入他们的内心世界。孩子们在小学和初中建立的比较稳定的友谊，将会帮助他们度过这个冒险倾向比较高的阶段。要是孩子在这个阶段没有比较成熟和稳定的友谊，他们就可能会做出一些对自己有危险的行动。

高中阶段

这个阶段，孩子的智商会有很大提高，尤其在男孩身上更加明显。我家的3个孩子，他们的成绩都是在高中阶段快速追上并超越同龄女生的。随着智商的提高，孩子们理性的成长开始超越情感。因此，他们开始有能力凭着理智来控制他们比较强烈的情绪。我的老大在申请美国大学的时候，自己主动关闭了所有的社交媒体账号，也停止玩电子游戏，为申请大学做出了取舍和牺牲。

随着荷尔蒙的起伏，大脑同时也在继续发育。孩子们的意识需要从"遵守规则"变成"思考如何选择"。家长们除了需要聆听孩子的感受和想法以外，更需要帮助孩子学会分析和分辨，进而让他们根据这些信息和思路来为自己做出选择，也需要明白自己的选择所带来的后果。经过自己的分析、分辨和选择，孩子慢慢地就会学会如何做决定。

高考的"独木桥"开始侵袭孩子生活的每一部分，洪水猛兽一样的挑战也开始侵袭孩子的心思意念。这时候的高中生时间紧张，因为题海淹没了一切。在这个阶段，升学所带来的压力急剧上升。同时，题海也正在凝固大脑的思维方式，让聚合思维（正确答案）成为唯一的思考方式，把发散思维、批判性思维和横向思维的发展全部都排除了！对于智力正快速发展的孩子来说，他不仅需要学会做题，更需要学会用不同的思维进行思考，并将自己累积的知识加以应用。我们家长的角色也要完全从童年的教师、教练，以及初中的顾问，转型为朋友和粉丝。

在这个阶段，孩子对异性的好奇心、好感，还有性发育所需要的引导，虽然会被高考赶到"地下"，但还是需要通过跟家长的沟通而获得疏导。否则，孩子太容易从网络或同龄人那里学到不正确的性教育、爱情观和人生观。如果家长因为担心孩子早恋而回避性教育，也不跟孩子讨论异性交往和爱情观，双方很容易产生误会，孩子的内心更容易对父母封闭，家里的关系也会因为这些压力而更加紧张。因此，在这个阶段，家庭最需要的就是通过民主、透明和敞开的沟通来建立彼此之间的信任和友谊，不要让孩子因为担心父母不理解自己而向父母隐瞒，并且背着他们去追求自己的爱好。

孩子们很快就要离开家开始独立的大学生活。在这个阶段，应该凝固家人的感情、家庭传统和沟通模式，也应该让孩子们了解我们对他们的接纳和赞赏。家长应该在节假日尽量找机会陪孩子出去旅游，接触大自然，开阔自己的视野，走出自己的小世界。要让孩子了解世界很大，除了学习以外，还有很多美好的东西在等待自己去发现和享受。

在孩子离开家进入大学之前，我们也需要指导孩子，使他们有时间管理、理财和独立生活等能力。我先生公司的一位从哈佛毕业的员工对他说，她一生最受益于父亲的教导，就是学会如何报税和理财，因为这些都是她周围的高才生朋友们所不会的技能。她的人生也因为有了这些技能而避免了很多财务上的危险。这个阶段是家长们收获的时期，十几年前播下的种子已经生根、发芽、开花、结果。曾经给予孩子接纳、关爱、管教、陪伴和引导的家长，现在得到的是有自制自理能力、能承担责任并享受与父母亲密关系的孩子。曾经对孩子焦虑、施压、发泄情绪又缺乏陪伴的家长，他们的孩子现在也是焦虑、自责、困惑、消极、缺乏信任，存在叛逆、麻木、网瘾等各种问题。

本辑前面提到："育儿是一个系统工程，而不是一个单人项目。一个人在成长过程中，需要接触父母、亲人、朋友、老师、学校、社区和社会。这些人都是培养孩子的智囊团。他们之间越和谐、越懂得合作，就越有利于孩子的成长。如果他们之间关系不和睦、不能彼此尊重和相爱，他们自己再能干，也很难对孩子产生正面的影响。我讲的不只是夫妻之间或亲子之间的关系，还有婆媳之间、家庭与学校之间，以及家庭跟社区、社会之间的关系。"

在教育孩子这条漫长的路上，我们能为孩子做的最有益的事就是好好经营这个"智囊团",让夫妻恩爱,两代人彼此尊重,家庭和学校彼此互补和协助。

这个阶段是孩子留在父母"屋檐下"的最后一个时期。希望我们能够好好利用这个阶段为过去所缺失的"补课",也凝固和庆祝过去做得好的,修复"智囊团"里破裂的关系,让孩子在离开家的时候,成为一个身心灵健康的年轻人——已经装备好自己,可以放手去面对世界。

第三辑

丰盈心态面对焦躁的世界

中国崛起，下一代拿什么来领跑

微博带给我的感受

我在微博上相当活跃，非常积极地阅读各类原创和转发的微博。实话实说，其中有一些的确是有营养的内容，但也有很大一部分是糟粕。人们尤其喜欢在微博上不断抱怨事情是何等糟糕，希望别人能转发那些他们认为非常有思想、有深度的文字。

有一天，我看到了这样两条微博：一条是有关食品安全的，博文中列举了劣质牛奶、地沟油、染色馒头等食品领域的丑闻。有非常多的人@我，希望我能够转发这些文字，并宣称"人们有权得知真相，希望能够发出更大的声响"。有人甚至将此称为"呐喊"。但问题出来了，朝谁呐喊呢？空气吗？为什么要呐喊呢？为了感觉好受点还是让愤怒更多一点儿？另一条微博则是一个男孩子在国旗下的演讲，他将原本按老师要求准备的演讲稿偷偷换成了一篇抨击现阶段中国教育的文章。

从表面上来说，转发这两条微博是向社会传递信息，让更多人知道和抨击那些"丧尽天良"的人。但我没有转发任何一条微博，因为我认为这两条微博反映的问题在中国是众所周知的。我相信大家都已意识到，中国的食品安全和教育体系已经很脆弱。我们需要的真是"呐喊"吗？微博上活跃着一种人，他们随时随地、自以为是地为社会把脉，然后"指点江山"，一大批愤青出来了。他们所做的就是生气、抱怨、攻击甚至摧毁。但这样除了徒增烦恼，给社会制造出更为紧张的气氛之外，别无益处。

也许我被母校MIT的文化影响太深，MIT的口号就是"脑和手"。单纯的思考和无休止的理论对于改变现状来说一点用处都没有，反而只会让人在几乎没有变化的现状面前变得越来越绝望。对我来说，除非我准备着手解决问题，否则在此之前我不会只在口头上讨论相关问题。

如今的微博上，有一个出现频率颇高的词汇——"思考"。这样看来，我们的表现是，思考重于一切，却不预备将思考转变成行动力。很久很久以前，我向教会领袖抱怨教会的运营模式。他问我，除了抱怨，你有没有什么对策来解决问题，因为你也是其中一员，也是造成这种问题的原因之一；如果你只是在一旁喋喋不休，期待他人来解决的话，一点益处都没有。一语点醒梦中人！

我希望在外留学或即将出国留学的中国孩子，不要把"逃避国内教育制度"作为出国的理由。作为国家未来主人翁的你们应当致力于解决那些力所能及的问题，而对于那些无能为力的事情，要学会适度放手。

立与破，孰重孰轻

如果你是一位建筑工程师，你会知道拆毁一栋房子只需要几天时间，但是要盖一栋新房子却要花费至少几个月的时间，而且盖一栋坚固持久的建筑比推倒已经岌岌可危的房子难多了。在今天的中国，看到某些事物被推翻时，人们的眼中总是发出兴奋的目光，但是却很少有人对创造全新的、伟大的东西感兴趣。在这里我想问年轻的一代、未来的栋梁：你们想为下一代创造出什么呢？比如，创建一个企业、建造一栋建筑物、创作一部文学作品、进行科学发明、解决某些能源或资源危机、创造新的教育模式、克服某种疾病……还是说，你们只着眼于推倒或享受现有的一切，然后给后来人留下一个烂摊子？

我从微博上看到过如下一段文字：

军史上的今天：1889年4月20日，德国纳粹党元首、第二次世界大战的主要发动者阿尔道夫·希特勒出生。希特勒少年时期的经历很不愉快，他中学时期学习成绩非常差，曾两次报考维也纳美术学院，均被拒录。他少年时父母双亡，生活窘迫，流浪到维也纳街头，靠卖画为生，同时大量阅读政治书籍，为其后来的经历埋下伏笔。

让人很不安的是，我发现现在社会上有不少如同希特勒一样对世间的美好不再抱有希望、对现状满身愤怒的年轻人。他们之所以这样，是因为中国庞大的社会结构与短缺的教育资源根本无法对个体付出足够的关注、鼓励和培养。这些被长期忽视、缺乏关注的年轻人心中的怨恨与日俱增，怕是终有一天这些年轻人成为炽热的熔岩，吞噬目光所及的一切，造成难以挽回的破坏和毁灭。

但其实还有另外一条路可走。

我们可以用一种具有建设性的方式来释放年轻人心中那如火的热情。年轻人喜欢去寻找值得他们奋斗终生的信念，如此他们才有生存的激情。他们崇尚如同烈士一般的牺牲，与志同道合者献身于伟大的信仰。我们从史书上可以看到，很多破坏和战争都源自年轻人的浮躁和对捷径的渴望。

现在的问题是：作为未来世界的领导者，是继续满足于过去的辉煌而无作为呢，还是乐于充当愤青的角色，以牺牲无辜者为代价摧毁一切，再让后世花精力去重建？或者，我们未来的中流砥柱立志着眼于未来，制定出一些有价值的、伟大的、能流传后世的英明决策？

中国将领跑世界吗

中国目前有一个日益普遍的现象：越来越多的人移民国外。这些人中有将财产转移到国外、亲人移居海外的官员，有将资产转移海外的民企老板，还有那些在海外求学期望能够长期定居的年青孩子们。人们是因为看到了危机，准备逃离自己的国家了吗？

在逃离这个"你认为很糟"的国家之前，你了解发生在华尔街的美国次贷危机吗？美国人忙着从银行贷款买那些他们根本就负担不起的大房子，银行为了一己私利不断给申请者办理高风险贷款；美国人为了让生活更悠闲，将产品生产外包给那些人工成本低廉的国家……这幅画面很和谐，是吗？但当申请者最终无力偿还银行贷款，房地产泡沫破裂，整个金融市场崩溃，金融危机爆发时，美国政府只得强行入市，拯救那些奄奄一息的银行。中国的领导者们为了维持中国的GDP增长，也源源不断地购买美国债券增加自身的外汇储备，再度提高美国国内的购买力。如果想了解更多，我建议去看看电影《监守自盗》。由此看出，中国崛起不再是异想天开，而成了一个可预见的事实。但中国的这次崛起靠的是那些在大工厂里挥洒汗水的工人们。

与此同时，也有很多惨痛的社会新闻刺激着我们的神经：如富士康这样的巨型工厂里，层出不穷地曝出自杀事件。这件事的意义可不单是占据了报纸上的一个小版面而已，它提醒我们注意到在中国发展过程中存在的诸多问题。这类事件意味着中国低人工成本、无技术含量的生产模式正遭遇前所未有的困难。不同于自己的父辈，新一代的工人并不满足于找一份填饱肚子的工作，他们也不再满足于站在流水线上枯燥地重复组装电路板的工作。在进入社会前，他们努力学习，以期能收获一个美好的人生，当一切幻想都破灭后，有的人承受不了现实与理想的落差，于是选择了跳楼自杀。

因为人民币汇率制度的保护，"金融海啸"对中国的影响最小，于是中国现在面临一个问题：如果中国的工人不再愿意以低工资工作，中国又是美国最大的债权国，美国极可能没有能力偿还债务，而在美国身后，还有许许多多试图解决本国经济问题的发展中国家，中国应该如何掌控这一情况呢？中国又拿什么来跟他国竞争，并引领整个世界呢？

中国目前的确存在危机。"危机"这个词很有趣，有些人会将其视为"危险"，但有些人也会将其解读为"机会"。其实，从历史上我们就可以看到，机会往往伴随着危险而来。你知道"股神"巴菲特的致富秘密吗？当每个人都忙不迭地为了减少损失而抛售手中的股票时，他反其道而行之，以相当实惠的价格购入大量的低价股票。因为公司总是有固定价值的，但在抛售的高峰期，价值肯定被低估，而他看准时机出手买入，随后继续帮助那些公司获得长远的发展，如此一来，他的财富将大幅增长。

所以，我想问问年轻的留学生们：有没有人打算出国后再回国？有没有人打算要坚守这个国家，与之共进退？

如何领跑世界

当你已经摩拳擦掌想要领跑这个世界时，你做好准备了吗？

1990年，哈佛大学的教授小约瑟夫·S.奈曾经在《美国注定能领导世界吗？》一书中首次提出了"软实力"一词。他认为，当希望他人按照自己的意愿行事时，不能靠使用武力威胁他人来达到目的，而是要运用自身的影响力，或者又称"软实力"，让他人心甘情愿地听从指挥。

我们模拟两个情景：第一个是，有人硬性规定让你阅读我撰写的《佩蓉谈商务礼仪》；第二个是，你要准备一场即将到来的重要面试，当你向自己信任的教授寻求帮助时，他向你推荐了这本书。在这两种情况下，哪一次获得的阅读体验更快乐呢？答案显而易见，是后者。

软实力永远比硬实力要得人心。那么，个人如何培养这种软实力呢？我认真研读了小约瑟夫·S.奈教授的书，非常乐意在这里跟大家分享我对软实力的几点总结。

（1）**激情**。激情是什么？它让你心甘情愿从事一些无报酬的事情。但最后，你会发现这些前期无报酬的事在给你带来快乐的同时，还会带来很可观的经济报酬。如何保持激情？激情是可以传染的，就跟细菌一样，要得到它，你就必须多跟那些"感染者"在一起。把自己禁锢在书本里面，就等同于把认识新世界的机会拱手相让。多走出去，跟他人一起做一些感兴趣的事情。不论你的学习有多紧张，一定要留一些空余时间和精力去找寻能让自己充满激情的事情。不要局限于只是兴趣，必须要有激情，只有这样，你才能维持长时间的喜爱，而不是一时的心血来潮。

（2）**领导力**。"领导力"听起来很大、很空。但是，所有对外的领导力均来源于对自我的领导。如果你不能静下心来为更高、更远的目标奋斗的话，那领导下属突破困境又从何谈起？有史以来，伟大的领导者都能为了达到更高的目标而放弃一己私欲。南非前总统曼德拉就是一个最典型的例子。众所周知，他在监狱里待了27年，人生最美好的时光都在牢房里度过了，但是当他出狱后，他以压倒性的胜利赢得了总统大选，他上任后做的第一件事情就是向那些将他诬陷入狱的人伸出友谊之手。当时南非正处于四分五裂的危机当中，国家大局远比个人恩怨更重要。曼德拉成功地领导了自我，因此他才能成功地领导南非高速发展。如今南非繁荣富强的景象也与周边的其他非洲国家形成了鲜明对比，这不得不说，曼德拉居功至伟。

（3）**创造力**。中国并不缺少创造力，缺乏的是正确引导这种创造力的渠道和滋养创造力的土壤。就如消费者和问题解决者的区别。消费者在遇到产品有问题时，第一反应就是投诉，随后只要商场愿意赔偿就万事大吉，但是产品生产者必须卷起衣袖着手解决这个问题，不解决问题誓不罢休；消费者只需要空谈问题，问题解决者则是富有创造力的实干家。我为深圳中学的发明队做指导时，在他们准备为盲人进行小发明时，我建议他们将自己的眼睛蒙上一两天，亲身体会一下黑暗生活，看看盲人在日常生活中最需要的是什么。想要获得创造力，就得深入情境、深入问题，久而久之，才能看到隐藏的机会。这样你的触角会比常人灵敏很多，创造力自然也更胜一筹。

（4）**冒险**。危机时刻其实就是冒险的最好时机，危机在带来失败的同时，也能带来更多机遇。失败其实并不可怕，应付各种逆境正是增强能力的最好时机。是像缩头乌龟一样躲在安定之壳里呢，还是为了自己更好地成长，信心百倍地选择冒险？你们年轻，输得起。

（5）**自我认识**。苏格拉底说过，没有经过审视的人生是不值得过的。我们中的大部分人生下来就被不断告知我们是谁、我们应该成为什么样子。社会和他人为我们设置了太多条条框框，我们如果再缺乏自我认识，这样提线木偶似的人生还有什么趣味呢？"自我认识"是从不断自问中得来的。问问自己：我的独特个性是什么？我喜欢与不喜欢的东西是什么？什么东西最能撼动我的内心？有什么对我来说一文不值？我经历了哪些好与不好？我所成长的城市和家庭环境是怎样的？我所处时代的历史是怎样的？我在大环境下的梦想和心声是什么？你对自我审视得越多，经历的事情越多，你对自我的认识也就越深刻。自我认识越早，你就越懂得保护自己的梦想和理想。

（6）社会责任。现在这个时代，无论是申请大学也好，找工作也好，几乎都要求你有一些志愿者经历，以此来展示你的社会责任感。你的出发点是为了蒙混过关，还是真心实意自愿帮助他人呢？相信我，这个问题的答案一眼就能看得出来。我建议从年轻时，就开始将"志愿者活动"当成你生活的一部分，这样日子一久，乐于助人的良好品质就深入到你的骨子里去了。

（7）融入团体。网络上曾有一句流行语：将自己的幸福建立在他人的痛苦之上。对很多人来说，帮助他人或是对手，会被旁人视为愚蠢的行为。但今天，很多发明创新都出自团队之手，一人单打独斗已经行不通了。团队协作能将个体优势发挥到极致，并能很好地弥补各自的缺点。那些不断强调个人能力，因为害怕失去便拒绝与他人分享的人，永远战胜不了团队协作的智慧。

（8）品德。著名经济学家高希均曾说："没有人不能做事，没有人才不能做大事，没有人品大事小事都坏事。"我们的社会从来都不缺有才华的人，但这个社会永远需要更多有个性、廉正、将他人的幸福视为人生目标的人。地球上每个人的命运都紧紧联系在一起，就像蝴蝶效应，你认为是一件小事，也许就能给别人带来不可估量的影响。因此在做任何决定之前，我们都应该扪心自问：我们这样做会给别人带来什么样的影响，最后的结果将会怎样？

建议大家看看成龙主演的电影《功夫梦》。在这部电影里，主人公被要求不断重复那些看上去一点意义都没有的功夫动作，枯燥无味，师傅也没有解释为何要这样。马尔科姆·格拉德威尔在他的畅销书《异类》中提到，科研人员发现，一个人要成为任何领域的大师，其练习时间都必须在10000小时以上，即使是像莫扎特那样的神童也不例外，这也就是著名的"1万小时理论"。

军事训练营也有着同样的规则。作为身处校园的学子，你就像处于军事训练营一样。那些枯燥无味的练习题和难以招架的大小考试，正是帮助你向上攀登的阶梯。有了这个硬底子，你才能谈软实力，那时候才能无招胜有招，不需付诸武力，别人也会称你为"思想领袖"。

电影《蜘蛛侠》中有一句台词："能力越大，责任越大。"毋庸置疑，当成为拥有特权的领袖后，更应该如履薄冰地担负起随之而来的责任。

马太效应及其运用

下面讲述一个故事：主人在离家之前，召唤他的3个仆人，分别给他们1000、2000、5000两银子，吩咐他们各自支配。当主人回家时，得到5000两银子本金的仆人回报给主人5000两银子的盈利，主人赞赏了他的善良和忠诚；得到2000两银子的仆人也赚了2000两银子，主人给予了他同样的赞美；而得到1000两银子的仆人因为害怕失败而选择把银子埋在地里，主人责备了他的邪恶和懒惰。这个故事是要人明白：每个人被赋予多高的天赋并不重要，重要的是每个人如何利用他的天赋，而其所作所为将会得到怎样的评价。忠诚便是善，懒惰等同于邪恶。故事中的主人并没有夸奖赚钱的仆人有多聪明，因为智商高低是人与生俱来的特质。主人看中并赞扬的是仆人的品格，因为这是个人可以在后天获得的。在故事的最后，那个被主人评价为恶仆的1000两银子被主人夺走并奖赏给了得到5000两银子的仆人。

社会学家罗伯特·K·莫顿在1968年根据这个故事提出了"马太效应"这个概念。他认为，从名利与声望角度而言，有一个颇为有趣的社会现象，那就是"穷人越来越穷，富人越来越富"。后来，人们将"马太效应"这一概念运用到了风险投资（产品创新）、经济（财富），以及教育（学习能力）等领域，用来表示"贫富之间"差距越来越大的现象。关于这些概念，可以从维基百科上得到更详细的阐述。但是我认为，那些运用此概念的人们误解了说故事的人的意图。

这个故事意在解释潜在动机的重要性。约翰·奥伯格（John Ortberg）在其著作《行在水面上》（*If You Want to Walk on Water, You've Got to Get out of the Boat*）第2章"不愿意出船身的成长代价"中，为这个故事做出了解释：

在这个比喻里，有两个变因。第一，恩赐的多寡不同。一个得到5000，另一个2000，第三个1000。从这些细节里，我认为上帝只是纯粹地反映出我们实际经历的生活。有些人的恩赐，受到万众瞩目，为世人美慕；有些人的恩赐则沉寂无声，毫不起眼。

除此之外，关键的变因在于每个仆人如何管理运用所领受的恩赐。故事设置了3个仆人的角色，上帝希望我们清清楚楚地明白，关键不在于外在恩赐的高低或是呼召的大小。即使第一个仆人得到的恩赐远比第二个仆人多，但是主人对待他们的态度与说话的内容并无两样。我们领受的是5000、2000，还是1000，并不重要。

我们无须拿自己的恩赐与其他人比较。比较的话，如果自己拥有更多，会带来骄傲与优越感；如果拥有的少，便觉得悲惨痛苦，甚至会轻视上帝赏赐给我们的珍宝，把它埋藏起来。

你是否曾经拿自己的天赋和他人盲目相比——比如，外表、聪明才智、人际关系、成就、精力或是天生的气质？

对于自己蒙受的恩赐，我们需要辨识、耕耘、投资、珍惜，并且乐在其中。赐恩的上帝很有智慧，他在创造每个人时，完全知道自己在做什么。你的存在，他满心欢喜。你我实践人生使命的一切所需，他都已经赐给我们。

在一天结束的时候，上帝不会问你为什么没有管理好别人的生活，或是是否投资于别人的恩赐。他不会问：就你所没有拥有的，你做了什么？他会问：就你所拥有的，你做了什么？对于上帝给予你的恩赐，和他人"比较"不足以成为你浪费恩赐的借口。

当算账的主人来到第三个仆人面前，仆人自圆其说："我知道你是忍心的人，没有种的地方要收割，没有散的地方要聚敛。我就害怕，去把你的1000银子埋藏在地里。""害怕"导致人们将上帝赐给他们的珍宝埋藏起来。"害怕"不足以成为你浪费恩赐的借口……

这是个有关潜力未被发挥、恩赐原封不动的悲剧。另外，我们大多数人面对踏出船身的最大试探，是安逸舒适。安逸舒适常会阻碍我们成长。

资源分配的多寡不是问题，心态是否丰盈才是关键。因此，不去使用我们的天赋的理由包括攀比、恐惧和舒适。对于那些手握丰富资源的人来说，获得成功的最大阻碍来自于他们想囤积资源而不愿意与他人共享；对于怀着难民心态的人来说，内心的恐惧是他们的最大挑战。

社会该如何平衡马太效应带来的发展不均衡问题呢？在教育领域，发生过这样的真实故事。

俞久平教授是我在MIT读书时的朋友兼导师。他16岁进入MIT，一路绿灯高歌猛进地获取了博士学位，成为海洋工程学院一颗冉冉升起的学术明星。在我离开MIT不久，他高升为MIT海洋工程学院的教务长。当时，"将网上教材变为利润"这一观点正甚嚣尘上。作为世界顶尖的学校和科技学院，MIT义不容辞地站在了这一领域的前沿，研讨如何让全世界有需要的学生接触到MIT的优秀课程资源。俞教授却坚定不移地认为：知识应该是免费的，那些有幸发现这些知识的人，不应该用它们谋求私利，而是应该在发现的同时就与他人免费共享，这样人类才能够携手创造更好的明天。

经过一轮轮的辩论，名校公开课OCW网址是www.ocw.mit.edu正式诞生了。MIT是该领域的先行者，率先打破了以往象牙塔内的知识不往外传的传统。在2002年，MIT将本校部分受欢迎的经典课程视频上传网络，供人免费学习。10多年来，MIT超过2100门课程都已被上传网络。一个更让人激动的消息是这些课程被世界各地的志愿者翻译成各种语言，其中也包括中文。美国多所高校，如哈佛、斯坦福、耶鲁等也纷纷效仿，将本校最著名和最受欢迎教授的课程公布于网络。随后出现的TED（科技、娱乐、设计）讲座，将商业、科技和艺术领域的学者集聚一堂，大家畅所欲言分享知识、见解，这些视频也在网上免费发布，供有心人学习。在中国，"网易公开课"便提供TED讲座的免费视频。

2005年，获得3个MIT文凭、一个哈佛文凭的博士萨尔曼·可汗受公开课的启发，通过知名视频网站为全世界提供免费教育视频。至今，他挂在网络上的课程超过3000个主题，全部免费，主题涵盖了从学前教育的简单加减法到大学经济财务课程。2011年10月份，MIT和哈佛大学宣布合作一个edX项目，为开展网上教育的学院提供认证。加利福尼亚大学伯克利分校很快也加入了这个阵营，斯坦福大学和另外15所顶尖高校则成立了coursera.org（世界名校优秀课程在线分享网站）。这样一来，象牙塔的门就不再是一个小门缝加高门槛，而是大门敞开。

回母校参加毕业25周年聚会时，我原本计划在俞久平教授的办公室停留10分钟，和他打声招呼，但最后这10分钟的交谈延长了3个半小时。他问我现在做些什么，我回答说，我是MIT在中国的首席面试官，我的血脉里仍然深深烙着MIT的印记。他接口说："好吧，这有什么大不了的吗？"他毫无表情的脸显示出他对这种职位完全没有兴趣。直到我开始跟他分享我给别人的生活带来的改变，以及遇到的那些温暖的人和温馨的小故事时，他的身子才开始向前倾，表现出很大的兴趣。俞教授说，他羡慕我们夫妻能遵从自己年轻时的梦想，举家定居北京，而他却只能待在后方，觉得挺愧疚，他说自己"没做什么大不了的事情，只是做了一些无关紧要的小实验，完成一些日常任务"。我暗暗吞了吞口水，这样的他实在谦逊得让人难以置信。难道他不知道，他一手推动的OCW影响了全球数以百万计的莘莘学子，满足了无数求知者日益增长的求知欲吗？但他看上去对此事并不想说太多，而是说起了自己最喜欢的历史人物之一——特蕾莎。她并不是著名的特蕾莎修女，而是"小特雷莎"。他仰慕她的人生哲学：有些人是上帝花园中的巨型橡树，但是她为自己是一朵为花园添彩的小花而感到幸福和满足。俞教授说自己人生的抱负就是成为上帝花园中的一朵不起眼的小花，为别人的生活增添一些欢乐和色彩。

我那天带着欢欣离开他的办公室。他这朵"小花"不但为MIT的人增添了颜色和幸福，更为世界上所有渴望通过互联网来满足求知欲的人增光添彩。我也希望能在北京的某个角落，做一朵称职的、为他人带来幸福的小花。

现在，任何一个渴望获取知识的人，只要有一台与世界联网的电脑，便能足不出户如愿以偿。在这个能自由获取高新知识的时代，马太效应正在被推翻。在这个尊崇设计与创新的时代，我们该用什么领跑世界？如果在这个世界上有越来越多的人愿意当一朵小花，为他人带来或多或少的积极影响，这个世界一定能够日益美好起来。

中国式教育的恐惧与焦虑

"虎妈"引发的争论

"虎妈"蔡美儿就其如何培养孩子的作品问世后，全世界媒体纷纷聚焦她的"中国式教育方法"。她的"成功"在中国也一石激起千层浪，类似"虎妈"的父母也陆续出现。

全球化使太平洋两岸各有所长的教育理论与体系受到了前所未有的热切关注。对中国父母而言，即便孩子长大成人，他们对其依旧有着强烈的控制欲；与之不同的是，美国父母更期望孩子能基于自己的兴趣去独立探索和决定自己的未来，而不是听命于父母。他们希望孩子在长大成人后，不但能独立生活，更能独立生存，完成生理与心理的双重断奶。中国父母相当看重学业成绩，把分数看得高于一切；美国父母则强调在教育中培养孩子的兴趣，孩子的自主性和创造力始终摆在首位。

受君主制和教会影响的西方高等教育

要想真正了解西方教育体系，以及现在日益兴起的"中式家庭教育"，我们必须全面审视中西方高等教育的起源，了解这种起源对中西方教育和文化根基形成的意义。目前，很多中国家长衡量家庭教育是否成功的主要标准是：他们的孩子所毕业的大学牌子是否响亮。

西方大学成立的初衷是为了让怀有不同目标的人都能获得知识。高校的建立与君主立宪制及教堂有着千丝万缕的联系。从词根学的角度去分析"university"这个词会发现，该词是由unity和diversity合成的，就是说各类群体都能在这里追求知识和真理。下面列举一些知名高校的校训，从中能看出宗教哲学思想在西方高校发展中所扮演的角色。

牛津大学（建立于1096年）：耶和华是我的亮光

剑桥大学（建立于1209年）：此地乃启蒙之所和智慧之源

哈佛大学（建立于1636年）：真理

耶鲁大学（建立于1701年）：光明和真理

布朗大学（建立于1764）：我们相信上帝

宾夕法尼亚大学（建立于1740年）：毫无特性的学习将一事无成

普林斯顿大学（建立于1746年）：她因上帝的力量而繁荣

哥伦比亚大学（建立于1754年）：在上帝的神灵中我们寻求知识

达特茅斯学院（建立于1769年）：广漠大地上（对知识）的呼唤

由上可见，西方高等教育的目的是为了对创造物和造物主更好地了解，对知识和真理孜孜不倦地追求，以启迪思维。

从科举制到受西方影响的中国高等教育

在中国古代，富裕的家庭会为孩子聘请私塾先生传道授业解惑，家境贫困的孩子只能依靠自学。中国科举制从隋朝大业元年（605年）开始实行，考试内容基本是儒家经义，以"四书"文句为题，能在考试中脱颖而出的学子有机会加官晋爵。不言而喻的是，一人得道，鸡犬升天，中榜之人的整个家族也能随之食官俸、享皇禄。著名元曲《琵琶记》中的诗句"十年寒窗无人问，一举成名天下知"，形象贴切地描述了这种"学而优则仕"的情形。那时的教育被赋予了太多沉重且现实的意味，而不是单纯地追寻真理与获取知识。考试能造就两种截然不同的命运：是闻达于朝堂，还是劳作于荒原；是遍享荣华，还是终生被奴役。而当一名贫寒学子通过科举飞黄腾达后，他也有义务去帮助整个家族成员摆脱农业社会里的田间劳作。因为，如果没有整个家族的鼎力帮助，他如何能两耳不闻窗外事，一心只读圣贤书？换句话说，他是整个家族下的赌注，赢来的是一个改变整个家族命运的机会。

现代的部分中国大学和医学体系是西方传教士在晚清时期建立的，其中大部分传教士都来自英国和美国的顶尖高校。因为他们并不曾接受过系统的神学院训练，这批传教士也被称为"学生志愿者"。来自美国的20000多名志愿者，有超过三分之一来到中国从事他们最为擅长的行业：建立学校和医院。在这群志愿者中，"剑桥七杰"尤为引人注目。他们放弃了在英国的似锦前程，扬帆远航来到了中国，此举在当时的英国社会引发一片哗然。

国内一些大学同西方教育有着千丝万缕的联系。北京大学的前身京师大学堂是1898年在戊戌维新运动中由当时的清政府建立的，担任大学堂西学总教习的是美国传教士丁韪良；清华大学的创立与一群来华的美国传教士息息相关。极不平等的《辛丑条约》签订后，这群传教士专门返回华盛顿去美国国会游说，终于从清朝政府向美国赔偿的3000万美元中，争取到部分款项建立了清华大学，作为对被搜刮的中国人民的补偿。这笔建校经费由长老会进行统一管理，清华大学的第一任校长唐国安便是耶鲁大学毕业生。同样，复旦大学（从字面理解，复旦即"日复一日天空破晓"）创办者马相伯即是位传教士。

中国人对高等教育焦虑的根源

由于文化的差异，以及对教育的不同期望，中美对进入大学接受高等教育有着完全不同的理解。在中国，对有的高中生尤其是落后地区的学生来说，高考中的10分可以决定他是继续过着和父辈一样面朝黄土、背朝天的生活，还是成为未来在都市写字楼里工作的白领。因而，在中国人的意识形态里，教育不可避免地被赋予了"救赎"的色彩——受教育是摆脱艰辛生活的唯一出路，父母后半生吃苦是不重视子女教育而遭受的报应。在很多中国父母的眼中，孩子的学习成绩是对其家庭教育是否成功的最直接反馈。在这种潜意识的驱动下，父母就不可避免地被笼罩在恐惧和焦虑之中：对失败的恐惧，对自己是否是合格父母的焦虑。这种恐惧和焦虑就如同"莫比乌斯怪圈"一般永无止境。

中美两国在教育心态上的差异，主要根源于资源分配的不同。在美国，地广人稀，机遇众多。教育的最大意义在于尽量发挥造物主赋予每个人的潜能与天赋来服务、充实社会。而在中国，人才济济，机遇难求，金字塔尖1%的人掌握了社会绝大多数资源，个人或父母的身份和地位是决定社会资源分配的基石。教育系统像是一个漏斗，追求的不是人人受教育的权利，而是为这个社会筛分等级，筛分的工具是冷冰冰的考试分数线。对于广大出身于金字塔底层的中国学子而言，分数的确决定命运。同样地，社会也倾向于以考试成绩这种外在尺码来评价一个人，而忽略每个人的独特魅力与内在价值。如此一来，中国父母对教育的恐惧与焦虑就可以理解了。

中国改革开放近40年了，人们的生活逐渐富足。然而，许多人的心态依旧停留在过去那个物资极度匮乏的时代。更为火上浇油的是中国的计划生育政策，使得大多数家庭都只有一个孩子，他们自然成为每个家庭的中心，一旦孩子从升学考试中败下阵来，整个家庭都感觉颜面大失。

战胜焦虑的法宝

作为一个成长在华人家庭，后来在美国接受高等教育的人，我觉得自己是两种教育风格的受益者，我的孩子们也是。中国父母从骨子里认为，只有那些经过不懈追求得来的东西才值得被珍视，无论是达成某个目标还是习得某项技能。他们同样也知道勤能补拙。中国父母需要克服自身的恐惧与焦虑，让自己更有耐心，心态更加丰盈。美国父母也并不是完美的，他们在保护孩子的创造力和好奇心时，需要激励孩子克服反复练习的枯燥与厌倦，坚持学习。

通过思考中美家庭教育的种种现象，低下头审视做父母的隐蔽、复杂的内心：为何我们如此迫切地期望孩子获得成功？当我们寻找到这个问题的答案，敢于正视自己内心中关于"怎样做才是好父母"的恐惧与焦虑时，我们就能摒弃外在的影响，最终将"孩子的兴趣爱好"作为家庭教育的宗旨。那时，我们就能融合中西文化的精华，为孩子一生的幸福奠定基础。

亚裔学生学业成功背后的代价

随着"虎妈"蔡美儿的《虎妈战歌》在美国出版，她的中国式教育以其"强度"和"成就巨大"引发中国和西方国家的关注，中西方教育方式的差异又一次引发了人们的热烈讨论。表面看来，谁不想培养出一个14岁就能实现母亲的梦想——在纽约卡耐基音乐厅演奏的孩子？但问题恰恰出在这里：这是谁的梦想？这又是谁的人生？

我们做父母的都曾有过机会去实现自己的梦想，无论结果如何，机会只有一次，我们已经用掉了。而通过孩子来实现自己未曾实现的梦想，这对孩子是不公平的。他们是如此弱小，又是如此信任我们，需要我们用极大的爱意和耐心教会他们了解自己的梦想何在。

心理学家认为，感觉自己可爱是儿童健康成长的核心。对于毫无经验的儿童而言，那种看重表现的、有条件的爱，不但毒害他们的心灵，还不断吸吮他们生命的活力。那些个性强的孩子会极力反抗，而那些天性顺从的孩子只能按下心中的不快，去满足父母和他人的期望，实现他人代为设计的人生。于是，他们变得郁郁寡欢或感到迷失，不知道自己的使命和生命的意义，他们永远都会感到自己做得不够完美。

尽管如此，更多孩子却是默默地忍受者。他们不敢说出自己的感受，因为那样做就好像冒犯了自己的父母，背叛了父母的养育之恩和他们不惜一切代价的付出。这些孩子外表看来是如此成功，而内心深处却可能早已心灰意冷，抑郁和自杀的念头常常折磨着他们。

基于对成功的不同理解和定义，有些人会认为获得美国常春藤联盟大学的学位、获得高收入的工作或者显赫的身份就是成功；而另一些人则认为，获得个人的幸福感、满足感、有良好的自我调节能力、精神健康、社会关系良好才算是成功。

苏珊·宋是"亚裔美国人社会参与促进会"（Asian American for Community Involvement）的医学主任和青少年心理医师，她曾分别就读于哈佛大学医学院、斯坦福大学医学院，以及加州大学儿童心理创伤研究所。她指出，尽管"虎妈"的观念——通过在某些事情上的卓越表现而建立孩子的自信心，是正确的，然而通过情感虐待和刻薄的言语，只能背离她的初衷。一个在经常受到情感伤害的环境里长大的儿童，成人后很可能会出现人格障碍。据苏珊·宋透露，她在诊所里曾接待过许多亚裔青少年，其中一些孩子在学业上非常出色，却存在着自杀倾向。一些研究显示，许多亚裔青少年都特别容易受到抑郁症的困扰。他们成绩优秀，还不断地参加各种各样的课外班，但在发展自我认知和自尊时常常陷入困境。在考虑可能的未来时，他们思路僵化——要么成为一个出身于哈佛的律师，要么失败落魄地奔赴"黄泉"。更成问题的是，他们往往病态地抵制外人（非家庭成员）给予的帮助，他们的父母不让孩子去看专业的心理医师，想将所有的问题都控制在家庭范围内。

许多研究还显示，尽管取得了高水平的学业成绩，亚裔美国学生的心理调节能力却很糟糕。父母对学业成绩的过分关注会造成年轻人的抑郁和焦虑，父母对情绪健康的漠不关心，也显著地与他们孩子的抑郁相关联。这里再提供一些亚裔美国人的自杀数据：

15岁～24岁的亚裔美国女性是所有种族中自杀率最高的。

据报道，1996年至2006年的10年间，美国康奈尔大学共有21个学生自杀，其中亚裔美国学生13人，其比例高达61.9%。

1964年至2000年，美国MIT是亚裔学生比例较高的大学，其本科生的自杀人数是同期美国校园平均自杀人数的3倍，比例是每10万人21.2人对每10万人7.5人，此期间美国的平均自杀比例是每10万人11.7人。

苏珊·宋指出，许多人认为亚洲人是安静而努力工作的，但这并不意味着他们没有心理疾患。大量的青年人承受着严重的抑郁和自杀念头的折磨，他们感到自己毫无价值，没有能力处理好生活的压力、现实问题或者人际关系，而这些都直接与他们的父母以学业成功作为爱他们的前提条件有关。父母只有帮助孩子正确培养自我认知的能力和人际交往能力，帮他们建立起坚韧的品格，并以此作为追求学业和事业成功的基础，才能使孩子成长为一个在人生与事业上都获得成功的成年人，而这一切与人种无关。

2011年1月20日，美国《时代周刊》刊登了安妮·墨菲·保罗（Annie Murphy Paul）的文章，她引用了哈沃德（B. Howard）在《一个软弱的民族》（*A Nation of Wimps*）一书中的观点，以支持"虎妈"的育儿方式。她认为，这种教养方式有助于增进孩子的自我掌控体验，从而培养自信、乐观、果断等健康的心理素质。

可是，书中所说的"自我掌控的体验"与"虎妈"所倡导的方法存在着巨大的不同。自我掌控的体验应该源于孩子自己，而非他们的父母。当丝毫不给孩子空间让其去做选择时，孩子不可能有自我掌控的体验。孩子需要学会自己进行选择，无论他们是选择克服心中的恐惧迎接挑战，还是选择接受失败并从失败中汲取教训，只有这些选择是他们自己做出的，才能真正产生自信和自我掌控的感觉。当他们只会俯首帖耳、听命他人时，所能感受到的往往是无望和失落。每个孩子都需要一个过程去寻找自己，去发现自己的渴望与动机，并把这些内化为人格的力量。这个过程是漫长的，但却是必需的，而"虎妈"恰于此处抄了近道。

玛德琳·莱文曾在其令人信服的著作《特权的代价》（*The Price of Privilege*）一书中，讨论了自我的概念，以及为什么自我对于一个成人的健康发展是如此的重要。她在书中指出：

孩子需要逐渐变得独立，有能力调动自己内在的力量作为前进的动力。发展良好的自我感觉对一个人至关重要，因为当不可避免地缺少外界支持时，自我感觉不仅是让心灵宁静的港湾，而且是指引人生道路的内在罗盘。生活从不完美，但健康良好的自我感觉可以让生活变得有趣、美满和可以管理。在鼓励孩子完成从依赖成人到依靠自己的转变时，如果家长态度犹豫，孩子的自我发展往往会陷入困境。干预自我感觉的发展过程是危险的，父母对学业成绩的过分追求，会挤压孩子内心对寻求自我管理的努力。当成年人逼迫孩子成为一个擅于社交、精于竞争、注重表现的完美"自我"时，孩子很难成为一个充满自信感的人。这种逼迫可能会鞭策一些孩子达到更高的水平，但更为重要的是，它令大多数孩子依赖成性、情绪压抑、感到自己是残缺不全的。

玛德林·莱文强调指出，父母常常逼迫孩子表现卓越，但他们却恰恰忽视了培养杰出孩子的过程。"杰出"并不等同于学业成绩优秀、获得各种奖杯、地位尊贵或者受到他人的认同，尽管这些都是很重要的因素，但它们本身与一个人的心理是否健康没有关系。从一个心理学家的角度看，杰出的孩子是那些自信、博爱、正直，以及富于创造性的孩子。理解了什么是健康的自我感觉，意味着我们愿意透过表面现象，用多种尺度来评价孩子是否取得了进步——他们是否感到有力量；他们是否有掌控自己命运的感觉；他们能否与他人建立持久、深挚的友谊；他们是否有自己的爱好和兴趣；他们是否珍惜和接纳自己；他们是否知道如何照顾自己……这些至关重要的品质是孩子们健康成长所必需的。

玛德琳·莱文还指出，"自我效能感"对青少年的成长相当重要。自我效能感不同于自尊，是指相信自己能够对周边的世界产生影响。当孩子的自我效能感很高时，他会发现很容易按自己的意愿行事，从而产生一种个人的控制感。孩子越是明显感到可以有效地实施控制，他便越能有效率地采取行动，而父母的焦虑心情、过分保护、过分关心、过分干预都会导致孩子自我效能感和自治能力的丧失。

自我效能感在孩子青春期时变得极其重要，因为这时的孩子开始面对许多成年人的问题，如友谊、恋爱、志趣、独立等。青春期少年日益需要在健康的或者有害的行为活动中做出选择，能否成功地处理这些问题，很大程度上依赖于儿时所养成的自我管理的能力。那些感到无法拥有自己生活的孩子，那些情感、思想和行动过多地受到外界干预的孩子，他们都容易受到他人的操控。

专制的父母容易采取军事化的管理方式，他们把孩子看成是自己的下级，父母发号施令，孩子遵命照办，如此而已。这种方法通常在孩子青春期时导致严重的问题，孩子要么激烈地反抗，要么心理压抑甚至崩溃。这样的孩子通常缺乏自尊感和社交技巧，并且患抑郁症的风险很高。

克里斯蒂娜·卢对于"虎妈"蔡美儿中国式育儿方式的评价，得到了最为热烈的回应，她的故事为那些用专制方式教育孩子的父母敲响了警钟。她曾在网络上这样叙述：

> 我曾嫉妒地宣称，我的大姐"令所有亚裔父母的梦想成真"。她一直成绩优异，五年级时还跳了级。她的SAT考了满分，又是校游泳队的主力，并能弹一手好钢琴，还是学生干部，于是被哈佛大学提早录取（各高校为了争取最优秀的学生会提早录取部分申请者）。在重返哈佛大学读MBA之前，她在波士顿顾问集团获得了驻香港的职位。她拿着6位数的薪金，同一个博士谈婚论嫁，置办了家产，结了婚……

> 婚后一个月，她自杀了，年仅30岁。在暗暗忍受了两年抑郁症的折磨后，她给汽车排气口接上塑料管，塞进了车窗，她坐了下来，致命的一氧化碳在车库里弥漫，那是她在旧金山的新家，她死在了那里。下班回家的丈夫发现了她，仪表盘上贴着一张便笺，上面是她的遗言，她道了歉，并说爱每一个人。

对于每一个中国式家教法所创造的"奇迹"，我们要耐心等待后续章节的展开。当某些专制的父母谈论他们的方法是如何成功时，我们要拭目以待，看这种成功能持续多久。

每个孩子都是一颗宝贵的种子，它将要长成一棵什么样的树，我们有时并不知道。目前我们教育的风气是，只允许果园里面长苹果树，而且要求园丁们（教师和父母）挑选最高的苹果树，然后淘汰所有不够高的树苗，狠心地把它们砍掉了。最后大家又开始抱怨：为什么果园里长不出其他水果？

一粒种子是有无限潜能的，但是它的成长需要良好的土壤、阳光、水，还有用心的耕耘和施肥。如果土壤太刚硬，压力太大，园丁再怎么期待也难以让种子发芽结果。目前我们的大环境是"有毒"的——它是一个高压力、低肯定、高批评的环境，是高度紧张和高度恐惧的环境。作为园丁，教育者需要为这种风气"解毒"，保护好种子，为它保留一块能提供足够营养的土壤。

教育也应实行开放政策

中国实行开放政策以后，不仅全世界的商品如潮水般涌入中国，相伴而来的还有人员、服务、货币和信息的交流。在全球化成为潮流之际，中国恰逢其时地融入了国际世界。

随着信息时代的推进，信息爆炸波及了每一个领域。几十年前我上学的时候，如今的许多行当还不存在，更谈不上为它们做准备了。社会变革的速度在加快，并且毫无减缓的迹象：似乎你刚刚掌握某项技术，新的发展就让它过时了。我初用电脑时的记忆纸带，还有老式录像带，如今全无用武之地了。

人作为消费者，不仅消费商品和服务，如今也消费知识。人们的选择也不再被某个区域或某种特定的语言所局限，他们可以面向全世界，因为信息已在互联网上自由地流动。从词语、公式到图片、录像，所有的一切都能从电脑或手机上获得。知识如今已变成了一种廉价而随处可得的物品。

获取知识和信息曾被视为统治阶级的特权，因为只有他们才能承担聘请教师的费用。而随着信息时代的到来，教育及知识的获得发生了根本性的改变。像哈佛大学、耶鲁大学和MIT这样顶尖的大学，都逐渐将自己的课程放到互联网上，这样每一个人都可以通过网络，聆听世界各个领域顶级大师的讲课。互联网能让世界偏远地区的孩子免费学到可汗学院（萨尔曼·可汗在美国建立的免费网络课程，目前正在被翻译成中文）所提供的中学和小学阶段的知识。曾经高高在上的象牙塔之门如今门户大开，在日益开放和竞争激烈的全球教育市场中，高等院校在拼命地重塑自我，想方设法吸引优秀的学生。因为谁赢得了这场人才的竞争，谁就将赢得未来的世界。

教育带来的归属感

教育由两个阶段组成：基础教育使人们获得一系列的基础知识，为将来进一步的深造打下基础；高等教育从大学开始，涉及更高的层次，诸如专业基础的学习，为步入专业领域做准备，并形成重要的人生观和世界观，形成自我认知，建立牢固的友谊等。

作为MIT的面试官，我和先生会定期在暑假与那些在MIT留学的中国学生会面，了解他们在那里的学习情况。在一次与从本科开始就在MIT就读的研究生的会面中，我们曾询问他们，觉得自己与那些在国内读完本科之后去MIT就读研究生的中国学生有何不同。他们用流利的英语告诉我们，本科阶段是形成核心自我认知的关键期，他们的价值观、世界观、紧密的友谊都在这个阶段形成。因此，他们觉得自己在内心已美国化了，而那些毕业于北大、清华的同龄人则保有中国本色。

我自己的经历也印证了这一点。每一次与MIT的校友相遇时，我们都有共同的语言、彼此相关的经历和相对一致的价值观。这些都源于我们曾在一个富有传统、充满名人事迹的校园里度过了一段有意义的岁月。例如，MIT有"黑客"传统，而一旦有人提起这个话题，就会引发各种各样讨论或分析，并评价那些新的"黑客"方法。MIT还有传统的新生迎接方式，比如，在第一次参加物理考试的前夜，高年级学生都会把新生拉到喷头下淋湿。正是这些传统和经验将我们联系在一起，给了我们归属感和"内部语言"。我知道其他的美国著名大学也有各自的传统和经验。许多功业卓著、令人仰慕的著名校友，他们所开辟的道路激励着后辈校友不断地继往开来。

尽管知识变得商品化了，但是人类的归属感却不能被程式化和商品化，为了满足这一基本需求，人们必须同世界观相似、志趣相投的人组成社团。虽然在满足人们归属感方面，家庭扮演至关重要的角色，但学校往往也起到重要的作用，尤其是那些需要学生住校的学校。当知识日益变得商品化后，团体（包括学校或者一个学科系甚至更具体的社团等）演变成为特殊的教育者或教育机构，它们作为知识的守护者，引导后来者进入知识的殿堂。

在美国，有一种现象很好地说明了这种趋势——品牌的"族化"（Tribalization）。比如，我是一个狂热的"苹果迷"，坚持使用苹果公司的所有产品，并且我为自己成为"苹果族"感到骄傲。"苹果族"中有人从20世纪80年代上大学时，就开始用苹果的第一代Lisa电脑，其后便一直使用苹果电脑。其他也许还有"百度族""新浪族""清华族"等。当我们声称自己是某个族的一员时，我们便认同了那一族的基本价值观和体验，无论是它的审美、做事原则，还是一个特别"酷"的理念。这些"族"正变得全球化，我们可获得的教育资源也是如此。教育者在谈论他们的学校时，越来越像在谈论某个品牌，如同在谈论可口可乐或百事可乐一样。

在面临如此众多的教育形式时，我们需要想一想如何着手进行选择。

留学还是不留学

不断加速的全球化步伐意味着，那些具有更多国际教育背景、海外工作经验和全球眼光的人，更容易在竞争中胜出。我支持在中国出生并接受本土教育的孩子以后去国外留学，以增强自己的竞争力。同样地，我也鼓励自己的孩子们（他们在美国出生并接受了一定的教育）在中国公立学校读书，拓展他们的语言能力，丰富文化经历。

我认为何时去海外留学取决于孩子对家庭的认同程度。孩子是否同家人相处了足够长的时间，从而得以拥有和巩固家庭认同的、世代传递相守的价值观，并形成了宝贵的品格？对家庭认同感的形成取决于家人是否有足够多的共同经历，那些经历是正面的还是负面的。正面的经历会加强孩子的认同感，满足他对归属感的需求；负面的经历会造成孩子对家的疏离感，使孩子到别处去寻找归属感，而一旦找到了他便不再回头。人在早期经历中形成的东西往往根深蒂固、难以改变，而长大后所形成的认同感却很容易放弃或更改。同样的道理也可用在决定孩子是否要去留学的问题上：孩子何时去留学比较合适？是独自前往还是举家相随？

在孩子留学的种种问题里，最核心的是：你想让孩子归属于哪个国家？并且，你所心仪的国家是否会接纳你的孩子？

在未来，父母和明星级的老师将作为知识大厦的守护者。正如博物馆的馆长需要从大量的艺术品中精心挑选，分门别类地将艺术品展现给观众。馆长会把最引人入胜的作品置于展厅的门口，让初次参观、对展品一无所知的观众被吸引或打动，愿意走进里面看个究竟。

学子依靠优秀的导师引导其进入研究领域，因此更富于魅力的学科专家能够吸引到最顶尖的学生。例如，在MIT，每当修完头一年的公共课后，学生们便要选择专业。因此，为了吸引学生选择自己的专业，每个系都会派最好或最著名的教师去教第一年的公共课。因为要想吸引顶尖的学生，他们必须派出最好的教师。当年对我们参加医科预科课的学生来说，头一年的生物课便由诺贝尔奖得主讲授，真是令人激动不已。然而，这位教授的课却讲得非常枯燥，许多学生极为失望，开始逃课并通过自学来完成课程。一些同学选修了材料科学的课程以获得足够的科学学分，结果他们选择了材料科学作为自己的专业——因为教那门课的教授极富魅力。近年来，MIT的材料科学专业取得了许多突破，这一点并不奇怪，因为许多天才学生被那位教师带进了该领域。

知识的日益商品化，使得师生关系对一个人的成功变得越来越重要。所谓导师者可以是父母、教师、老板或者师兄师姐。一个导师越富于智慧和经验，他就越能梳理知识，引导自己的弟子获得和吸收适当的知识，他的学生会比同龄人更有竞争优势，因为那些孩子正被按部就班地教育成一个个"白领工人"。在教育领域中寻找好的导师应该成为很多学生的重要目标。

在《盖茨是这样培养的》一书中，老比尔·盖茨谈到在小比尔·盖茨读高中时，他曾就一个关于未来发展的问题给过儿子建议，但两人产生了分歧。老盖茨并没有强迫儿子接受他的观点，而是拜托一位小盖茨非常尊敬的朋友去跟小盖茨交谈。一番长谈后，那位朋友成功地使小盖茨更清晰地认识了此事。最后，小盖茨心悦诚服地采纳了老盖茨提出的建议。"当局者迷，旁观者清"，很多时候借助旁人的力量，反而能更客观地看待问题。

对于那些有意向送子女出国留学的家长来说，提前帮孩子找到亦师亦友的导师非常重要。这样，当孩子到达一个全新的陌生环境时，不会感到孤苦无援。这位导师可以是亲友、老师、邻居，或者是社区志愿者。我先生刚到美国时，他们学校的一位女志愿者每个礼拜都固定辅导他和他妹妹学习英语。这位女士最后也成了我们家的挚友和孩子们的导师。每次我们回美国时，都不忘去拜访这位女士，表达我们的感激之情。而每个圣诞节，我们都能收到她亲笔写的贺卡，以及她近期的全家福，在全家福里有她的丈夫、5个孩子，还有很多孙子和重孙子。对于那些要出国留学的孩子来说，父母即使不能常伴左右，也该提前做些准备，为孩子在异国他乡铺好一些人际关系，让孩子能有途径多认识些人，或者加入有志愿者或咨询师的社区中心。

这也是为什么对那些预备让孩子出国留学的家长，我的第一条建议就是让他们去国际学生办公室，表达其想要寻求接待家庭（host family）的意愿。大部分学校都有一个长长的名单，这些接待家庭都非常乐意充当那些背井离乡的国际生的"异乡父母"。每逢佳节倍思亲,生活在接待家庭的国际生比起独在异乡孤军奋战的孩子有了一个相当重要的优势:在那些又长又孤单的美国假期里,他们拥有了一个安全温暖的度假地,并能时刻体验正宗的美国生活方式、美国传统及文化。接待家庭亦是智慧之源,土生土长的他们对这个国家的了解远超那些初来乍到的留学生。

要是父母知道孩子要去哪里就读了,开学以前不妨先去拜访一下这个城市,看是否能够通过亲朋好友的介绍而找到一些当地的热心居民,愿意用志愿者方式来接待与照顾你的孩子。要是没有,可以经过不同的社区中心进行寻找(比如,YMCA, community center等)。

中国大学的挑战

在学生对大学的选择日益市场化的情况下,我在中国观察到了以下趋势:

(1)高考作为一种平等的象征会依旧保留,但与此同时,越来越多的富裕阶层由于有了其他教育选择(包括海外留学),因此可以逐渐远离高考。这种变化正在发生,速度也在加快。

(2)中国的大学面临着抉择:是变革还是消亡。中国台湾的教育机构预测,在未来10年内,中国台湾将有1/3的大学由于入学人数太少而面临关闭。当一所大学毫无特别之处时,它将面临消亡的命运,因为它无法激发人们的归属感或集体认同。毫无特色即意味着毫无希望。

(3)尽管看起来形势严峻,但竞争却有利于中国大学的发展,因为生存危机将促使大学采取更为迅速而有效的改革,改变目前由于垄断而形成固步自封的局面。

大学的发展趋势是,学校对学生吸引力的大小变得越来越与学校的分数及排名无关了。美国的大学已经历了这一转变。如今,美国大学的申请与录取更多是基于彼此一致的价值观和文化认同,而不再看重分数和排名。中国的大学需要发展自己独特的优势,这决定了在未来全新的高等教育经济中,学校能否生存并繁荣发展。大学需要吸引并留住在教学和指导学生方面有天赋和激情的明星教师，而不能只是忙于做科研、成立公司或者增加学费收入。在一个日益全球化的世界里，我们也许会惊讶地发现，在一所中国学校里，最具天赋和激情的教师并不是中国人。

企业也需要帮助大学的教育者去筛选和传授知识，帮助教育者确定大学生最应该学习什么东西。

在改革和发展的过程中，中国的大学需要自问：我们传授的知识是否对学生有用？是否受学生欢迎？是否能让学生具有改变世界的力量？年轻人的一个鲜明特点是，他们渴望自己的生活是有激情的，希望自己有力量改变世界。年轻人充满热情，愿意为了理想而做出牺牲，所以，多数的革命都是由年轻人所驱动。

中国的大学正在迎接挑战——已经有越来越多的优秀青年求学海外。如果长此以往，也许未来中国的思想精英外表是中国人，内心却是美国人、英国人或是新加坡人……

留学英语国家就可以学好英语吗

30年前，我的先生林为千去了美国的明尼苏达州求学，那时他是所在学校唯一的华人学生。为千周围的人都很友善，有位邻居甚至自愿每周抽空免费教他英语。为千从此爱上了英语和美国文化。他在之后的两年内，把自己的母语和文化抛在了脑后，欣然接受了新语言和新文化。结果，英语逐渐成了他与人交流的第一语言。

几乎与此同时，我来到了加拿大。我和家里的两个妹妹是学校里仅有的华人。学校里的孩子经常辱骂我们，嘲笑我们的口音。我们不愿被别人取笑，因此在之后的两年内，我们努力学习英语，进步相当快，到最后3个人都能说一口不带口音的地道英语。周围的人对我们掌握英语的速度很吃惊。

　　数年之后，很多中国人涌入了北美。许多移民得知我们的成功经历及被MIT录取之后，便刻意搬进我们的学区，盼望他们的孩子也能像我们一样成功。如今，在温哥华我的母校里，超过九成的学生以汉语为母语。许多华人学生即使在学校学了五六年，还是几乎不会说英语。记得邻居阿姨们经常摇头抱怨她们的孩子学的是"哑巴英语"，他们要么对英语没什么兴趣，要么觉得英语艰深难懂。她们想知道为何我的英语学得又快又好，而她们的孩子却无法做到。为千也被问过类似的问题。

　　其实，英语学得好不好，与智力或能力无关，起决定性作用的是个人"沉浸"的程度，即是否让自己完全处在英语的环境中。而这正是一个人学习新语言时应考虑的首要因素。

　　多年之后，我们夫妻俩带着3个孩子来到了北京。因为我们以往在家都用英语交流，所以孩子们几乎没有汉语基础。我们仔细研究了北京所有国际学校的语文教学大纲，从中选择了最好的一所，让孩子们入校学习。我们想，这样的学校一定能让孩子受到最好的汉语教育。此时，我的大儿子正好与留学加拿大时的我年龄相仿，他入学后的头一个月里，我们沮丧地发现，儿子所在的汉语初级班里，许多同学已经在该班学习了6年多的时间，然而他们的汉语仍然很有限，即使说"我家有五口人""我要买汉堡包"这样的句子都稍显困难。我们也结识了一些邻居。这些邻居的孩子虽然生在北京，却只能说一些简单的汉语词句。根据我和先生以前学习新语言的经验，我们决定让孩子们离开国际学校，进入北京的当地中学就读，让他们完全进入纯中文的环境中。我们的决定遭到了不少外国朋友的反对，他们认为当地中学的教育氛围太紧张了。然而，两年之后，当朋友们得知我们的孩子已能熟练地读说汉语时，都很吃惊。这就是"沉浸式"语言教育的结果。

　　孩子对新语言的"沉浸"究竟到何种程度，学习效率才能达到最高，我无法给出具体的指标。不过，我能确信的是，假如孩子来到新的语言环境，可是就读学校里的绝大多数同学都与他说着相同的母语，而孩子只与这些同学成为朋友，他就没有沉浸于新语言环境里的机会了。

　　我的二儿子凯恩在当地纯汉语环境的学校学习6年之后，我们又让他重新进入国际学校就读。虽然缺失了6年的纯英语教学环境，但凯恩迅速赶上并超越了同学们的英语成绩。可同年级有些同样从当地汉语环境学校转来的学生，在学习英语上面却遇到了较大的困难。为什么会有这样的差异呢？因为凯恩知道，为了使自己重新适应英语教学，他就必须疏远本地的中国朋友，结识新的以英语为母语的朋友，抓住一切可运用英语的机会。而那些从当地学校转来的中国同学虽然面临着新环境和新语言带来的巨大压力，但他们仍旧待在原来的朋友圈子里，只用汉语交流。这些学生除了上课之外，几乎不使用英语，彼此之间也是用同样水平的英语相互帮助完成作业。因此，即使是待在说英语、用英语的环境里，他们仍像是被一个无形的"汉语泡泡"笼罩着，与周围的英语氛围隔绝。倘若这些同学在之后的学习生活里，依旧待在以汉语为主的社交圈子中而不做改变，那他们在3年后毕业时，英语水平能取得多大进步，就令人担心了。

　　影响语言学习的第二个因素就是运用的情况。我上学的时候，学习了4年的法语和西班牙语，两年的德语和拉丁语。由于我记性好，所以这些课程我都取得了很好的成绩。可如今，这些外语我已经忘得差不多了，因为在之后的生活里我没有机会运用它们。

　　在儿子就读的当地学校里，有些英语考分很高的学生，他们有时会跟同学们分享学习英语的秘诀。而这些取得高分的秘诀大多数都是围绕着刻苦学习、记忆方法、学习习惯、正确的心态等。这些秘诀可能对英语科目考高分有利。但我敢说，假如那些学生没有机会运用这些英语知识，那么几年之后，他们就记不住什么了。正因为如此，我才坚决反对凯安单独背记单词。在凯安就读北京当地一所学校的双语部时，我鼓励他多阅读英语故事，因为我希望他会应用所学的知识。凯安在阅读的过程中，根据上下文内容记住新单词时，才是真正掌握了该单词并能学以致用。缺乏语境的单词记忆无法让孩子在实际生活中灵活运用。当凯文和凯恩开始阅读诸如《神奇树屋》之类的探险小说时，他俩的英语能力获得了长足进步。小说里的故事引人入胜，吸引他们专心阅读。这个办法不仅增进了孩子对英语的兴趣，而且也提升了他们的英语能力。

语言是跟随人的关系行走的。要是我跟甲讲英语，和乙讲汉语，和丙讲法语，那么我以后一定会使用这些语言跟他们沟通，因为语言是人与人心灵交通的工具。影响语言学习的第三点要素就是，语言是交流的工具，所以，学习语言一定要在人际交流中进行。尽管汉语是凯安的第一语言，可他总愿与我用英语交流，即便有时觉得用英语表达会有困难也依然如此。

大学毕业后的夏天，我去了伊斯坦布尔，结识了一群伊朗朋友。整个夏天，我都和这些朋友待在一起。在与他们共处的两个月时间里，我学着说他们的母语——波斯语。过了好些年，我在加拿大偶遇了其中一位朋友。令我惊异的是，我仍然能够用波斯语与他交流。我学习波斯语的时间很短，而且已经多年未用，我却依然能记住那些词句。而之前学习的法语、西班牙语、德语和拉丁语，我之所以没能真正掌握，是因为没有相应的语境来运用这些语言。

以上是我认为会影响语言学习的几个因素：沉浸的程度、使用的机会和交流的语境。所以，为孩子选择留学的环境至关重要。无论你是和孩子一同移民，还是打发他们独自留学，做父母的都需要事先了解孩子即将投入的生活环境、学习环境和朋友圈，了解孩子的兴趣所在，以及孩子追寻兴趣点所要用到的语言。下面是可能会出现的一些情况，你会如何选择呢？

（1）让孩子暑假去美国，与说英语的表兄弟姐妹同住，借以学习英语，还是让他寄宿在本地说英语的家庭中学习英语？

（2）移居到美国、加拿大、澳大利亚、新西兰等国的某个城市时，会看到很多华人的城区，其中华人的餐馆、商店和超市比比皆是。在那里，你几乎不需要做什么调整就可融入当地社会，因为周围的环境与国内没什么差别。这些城市里面也有另外一些城区，在那里绝大多数都是不懂汉语的居民，在那里也很难买到你惯常烹饪所需的食材，而且遇到难题时，不是轻而易举就可解决的。你会选择哪种城区居住呢？

（3）为孩子选择留学的学校时，一类学区是中国学生占大多数的学区，在那里，孩子不需要学太多的英语就可以活得很自在；另一类是一般的公立学校，在那里，中国人或亚洲人都为数甚少。

学英语，并不只是记住英语词句、明白其中的含义这么简单的事，英语学习还要了解英语文化、人际关系、地区差异性等。在日趋国际化的今天，孩子们在今后的学习、工作、生活里需要经常运用英语，因此如何帮助孩子学好英语值得我们认真地探讨。

做最坏的打算去留学

无论在什么年龄出国留学，学生都会面临一些新的挑战。大多数留学中介公司或者留学讲座都会把在国外的求学过程描述得精彩非凡，但是却略过了适应过程的艰难。这对于那些正准备融入一个全新的语言和文化环境中的学生来说是一种误导。当出国留学的好处已经显而易见时，我们更不该绕开留学可能带来的困扰，这样孩子们才不至于在经历过所有的麻烦和挫折后，再回过头来质问父母当时为什么不做更充分的准备。

当我还是一个小学生时，我便从中国台湾远渡到加拿大，开始了我艰难的异国生活，在那段适应期里我遇到了一些困难，分享这些经历希望能给准备留学的学生朋友们一些参考。

文化冲击

在中国台湾时，我和外界接触很少，大部分时间都在准备功课。来到加拿大后，我惊讶地发现我一下子拥有很多空余时间。最初，这种作业少得可怜的状态让我很是欣喜，新环境里所碰见的趣事也让我很兴奋。但没过多久，我就打心眼里觉得我来错了地方。大家交流的方式不同，玩的游戏不同，就连看的电视节目都不同。我容易害羞，本就不懂得主动挑起话题，而这个时候，我发现自己更是连话题都找不到了！

思乡病

归属感的缺失，让我开始想家，想念一切我熟悉的事物。我忘却了记忆中所有的不快，出现在脑海中的全是那些关于家乡的美好回忆，新世界中的新事物却让我感觉麻木。

陌生的语言环境

在中国，我可以理解每个人所说的话，并且会不假思索地就回答。而在加拿大，语言却成了挑战，让我常常有种挫败感，觉得自己是个局外人。几年后，当我熟练地掌握他们的语言后，我还是听不懂他们的笑话，哪怕我理解了字面意思，却还是无法理解他们的幽默和看待问题的角度。假如被排挤是可悲的话，那因为笑话而无法融入别人的世界则是更大的悲剧。

沟通方式的不同

在家乡的班级里，每一位同班同学都是朋友。然而，在加拿大，友谊基于共同的兴趣和教室外的联系。在我转入的学校里，固定的友谊圈已经形成，班上的女孩子们通过共享"内部笑话"和用特定的方式聊天，将新来的人排除在外。传统的中国人还总是习惯于回避可能存在的冲突，因此，我很少站出来表达自己的观点，不习惯与他人对抗，也不习惯太过直接的沟通方式，同时，尽力对事不对人。然而，在加拿大，老师期待我们能提出问题，参与讨论，发表自己的不同意见。

种族歧视

初到多伦多时，每天都会有一个男孩在学校大门口"欢迎"我，他嘲笑我的衣服、我的口音、我的书包。每次我经过走廊的时候，他和朋友们会叫我"中国妞"之类的带有种族歧视的绰号。然而，我记忆最深的是一节科学课，那年我作为一个新移民在加拿大上六年级。课堂上老师向我们展示了一个装有酵母和糖的瓶子。当她把水放进瓶子里，用一个气球盖住顶部后，里面开始充气。我之前在家乡的学校已经做过这个实验，所以当老师问起里面是什么气体的时候，我马上举起了手。然而，站起来之后，我才发现我不知道如何用英文表达二氧化碳，所以我的答案是"空气"。老师不但没有对羞涩的我开口参与回答问题给予奖励，还叫了一个智力有障碍的女孩子来回答问题，当然那个女孩子也没答对。于是，老师把我们叫到教室前，然后告诉整个班级，不要像这两个人一样，给出一些愚蠢的答案。整个教室的学生都笑了。在他们的脑海中，"移民"和"智障"永远生动地联系在一起。那一片笑声夺走了我的勇气，取而代之的是羞辱填满了我的身体。在此后的高中岁月里，我再也没有举起手来回答问题。选择工科的专业可能也是在潜意识中为了避免开口说话。我用了很多年才走出那个阴影。讽刺的是，我现在经常在一大群人面前讲话，而且很享受这种感觉。

为了排解身处异乡所带来的孤独，很多独在异乡的孩子开始屈服于帮派、毒品，或沉迷于性体验。那些在异乡的孩子渴望找到归属感，而这些物品能给他们带来暂时的满足体验。但满足之后，却是更为无尽的困惑和空虚。因此，父母或教育者需要引导学生们，如果想要找到真正被接纳、被认可的归属感，应当考虑加入一些友善的、有共同利益基础的团体，从中获取帮助。同样，学生们也需要意识到，没有经过自我审视而过早陷入男女关系中，最终只能导致两人陷入困惑不清的纠缠。你希望能从伴侣身上找到认同、自我价值甚至是前进的方向，但两个迷茫的人最终只能得到困惑和失落。

对于来到异国他乡的学生来说，所有的挑战首先来源于所迁移到的城市或地区。有些地区可能已经拥有了很多中国人，看似可以减轻适应的难度，但问题是，这将使你更难掌握英语，难以融入主流文化；有些地区只有少量中国人，这就意味着学生在初期的适应过程中，自我调适将会异常艰辛。

对于如何让初到异国他乡的适应过程变得容易些，我对准备留学的学生们有一些建议：

（1）**交一个朋友**。要想找到好朋友，首先你自己要成为一个别人眼中的好朋友。你可以列一个清单，看看自己有趣的地方在哪里，又是什么让别人不愿意接近你。你最爱的食物是什么？你的兴趣是什么，电影、音乐、读书，还是玩游戏？……做好介绍自己的准备。如果你是个有趣的人，要学会与别人分享你所看见、所听见的有意思的东西，这会让别人比较容易冲破文化或语言的障碍去了解你。如果你觉得自己很闷，就去找一些别致的东西，比如，关于你的家庭、你的城市、你的国家和你的文化，这些可以让你变得与众不同，可以让一个对中国知之不多的人觉得你十分有趣。离开中国前，记得要带一些有意思的手工艺品和一些关于你的家乡的资料，你能与人分享的东西越多，你就会变得越有意思。这将使你能更容易得到一份新的友谊。

（2）**参加一个活动**。最快融入集体的方法就是和别人一起做一些事情。你们可以在一起讨论策划，再齐心协力将其付诸行动，事后你们还可以交流感受。最后，如果你们都喜欢这次活动，它就会成为你建立新朋友圈子的基石。

（3）**帮助别人**。为别人服务会让自己最好的一面显露，比起那些只是一起找乐子的人，它能更深地加强每个成员之间的联系和情感。

（4）**参加一个有活力的团体**。每个地区都会有充满活力的社团，让年轻人有地方可以见面聚会。在你家附近找到一个这样的中心，你可以参加课程、工作坊、讲座，不要拒绝参加邻里之间的互动联系。

（5）**保持联系**。不要忽略你在国内的老朋友，不要让新朋友取代他们。朋友就像酒，越久越香醇。让他们知道你在异国的新际遇，通过电子邮件和即时通讯软件与他们保持联系吧。

（6）**不要妥协**。当你面对一个你觉得值得斟酌的状况时，不要因为想讨好朋友而去妥协。好朋友会尊重你，不会勉强你去放弃自己的原则。如果他们要你妥协，他们就不是你的好朋友，别浪费时间跟他们在一起。

（7）**相信自己**。不用怀疑，你就是独一无二的，你是值得被珍爱的。不要为了让别人接受自己而将自己变成另外一个人，到头来你不会产生被接纳感，反而会变得郁郁寡欢。找一些懂得欣赏你的朋友，而不是让你去服从他们的标准。

（8）**不要放弃**。任何时候，当你感到气馁时，想想蝴蝶的故事。查尔斯·科文（Charles Cowan）女士说，她曾看见过一只蝴蝶在艰难地挣扎出茧。她对这只蝴蝶产生了同情，于是她把那个小洞剪开，想减轻蝴蝶的痛苦。但令她惊讶的是，蝴蝶死了！没有经历过艰难的破蛹过程，这只蝴蝶便无法拥有振翅飞翔的力量。同样，生命中的艰难困苦可以让我们变得更好、更坚强。我的孩子常用这句话来自勉："杀不死你的，会让你更强大。"困难能无限丰盈人的内在力量，让你拥有最终破茧成蝶的璀璨。

出国留学从来不是一件容易事，但绝对会让你收获颇丰。如果你已经决定扬帆远航，记得做好最坏的打算，这样你才能更好地体味沿途的惊喜和快乐，特别是这一路上你对自己的发现！

留学和移民的剧变与剧痛

移民大潮带来剧变

20世纪80年代，除了早年那些在北美铁路上干活的中国劳工的后代、中国结束内战后的移民之外，只有少数中国上层家庭移民到北美。此后，越来越多的中国家庭加入了这股向北美迁徙的大潮，很多中国学生也远渡重洋前往美加留学，随之成为新移民。1997年，中国香港有大量家庭纷纷移民加拿大。这一风潮随后被中国的台湾人赶上，他们以投资者的身份获得居留证，换来子女在国外接受教育的机会。而现在，中国掀起了第三波移民大潮。情况看似不断变化，但万变不离其宗，为了孩子能留学海外往往是移民的重要目的。

在形形色色的移民故事中，贯穿着一些并不美妙的音符：早期来自英国和意大利的移民，是当时北美移民中人数最多的种族，他们对黄种移民有偏见；后来，老移民对新移民也开始产生极大偏见，比如，同样是来自中国，香港移民对来自台湾的新移民，香港和台湾移民对来自中国大陆的新移民，都存在偏见。

35年前，妈妈带着我们三姐妹到加拿大开始全新的北美生活。

刚到加拿大时，我是整个学校唯一的亚洲人，我的口音总被来自英国的白种孩子取笑。为此，我不得不加劲学习英语，努力纠正口音，让我说起话来不会像一个新来者（英文用FOB即Fresh Off the Boat来形容这样的人，就是刚刚下船的难民）。而现在，我的高中母校超过97%的学生都是中国人！中文差不多已成为我母校的通用语言！

大量移民给北美带来了很多变化。新移民普遍比较富裕，他们在最高档的街区和最具竞争力的学校附近买房子。一轮又一轮移民潮带来的现金数额越来越让人瞠目结舌，以至于当地的房地产价格以10倍以上的速度暴增。20世纪80年代初，在西温哥华拥有一栋漂亮的房子只需20万加币，邻居也都是地道的加拿大人。如今，同样的房产已涨至1000万～2000万加币。许多老移民在这个黄金期出售房子，跟随当地人的脚步，前往温哥华郊区生活。如今在那些高档繁华的街区，白种人反而变得稀少，温哥华成了"Hongcouver"（因为聚集在温哥华的广东人和香港人太多了，当地人以至西方媒体开始将温哥华"Vancouver"称呼为"Hongcouver"，其中的"Hong"来源于"Hong Kong"一词）。

随着移民潮，加拿大的教育环境也发生了很大变化。之前，妈妈们都在下午茶时间悠闲地讨论时尚、食谱或是家居装饰。但现在，亚洲母亲都是"开着直升机"的妈妈，她们带着孩子争分夺秒地参加各种课外班，想方设法让他们的孩子能在圣乔治或克罗夫顿这些温哥华最好的私立学校获得一席之地。妈妈们之间的话题也从家政转向如何让孩子进入加拿大或美国最好的大学。20世纪90年代，我申请大学时，从来没有听说过SAT考试，也不需要搜索哪里可以提供这个名不见经传的测试。而如今SAT和其他补习班比比皆是，孩子们可以参加多次考试以考取自己最高的分数，最大限度地获得上大学的机会。大学与大学之间也开始通用同样的申请表格，无论学生要申请多少所大学，一键点击"发送"就可以完成。曾经，如果我被课堂上的一个问题卡住，我必须在课后向老师求助或与朋友讨论，如今学生可以去找他们的家教解决。时代似乎已经改变了，教育似乎惠及了更大的人群。但是，教育真的朝最好的方向行进了吗？

移民的大量涌入，悄悄改变了整个北美的生活环境。而形形色色的移民，他们的生活也发生了翻天覆地的变化。

除了经济发达的东海岸外，加拿大其他地区往往没有白领工作提供给新移民。作为投资者前来的移民最终往往只能做些小生意，开杂货店或餐馆，不再有当年在高科技公司或工厂当白领的风光。我在最近的移民潮中观察到以下几种情况：

（1）像我家的情况一样，父母依然在原来的地方工作，而是将孩子留给当地的其他人照顾或是上寄宿学校。

（2）单亲留守，通常是母亲陪读，父亲继续在国内工作，挣钱提供家用、负担孩子留学费用。

（3）家人在一起，但不能维持在国内时的社会地位和经济条件。父母通常以开杂货店、餐厅或小型企业谋生。其实，这些人当中不乏曾经的医生、律师或其他行业的翘楚。

不管哪一种情况，移民之后都要面临很多挑战和问题，并且总不如之前预想的安宁与美好。这很符合哲学思辨中的"追寻新机遇，必定遭遇新挑战"。我和我的同辈人是留学生试验的"小白鼠一代"。父母与我的移民经验涵盖了以上3种情况，我曾亲身经历过，也看到过别人的经历。我家的经历非常典型，可以成为有移民想法的人考虑是否应该移民的参考。

下面描述的都是真实的故事，是"真实的北美移民世界"。有意移民或者送子女出国留学的父母们，需要仔细考虑每项安排的利弊。父母希望子女能接受世界最优质的教育，能说一口流利标准的英语，但需要清楚地了解，为此需要付出的代价是什么。

被留学和移民大潮击碎的家庭

留学要付出代价，我觉得这代价不光是孩子需要支付，家庭也要为此承受巨大的压力。移民潮造就了这样几种家庭。

（1）**第一类家庭**。孩子在国外，父母留在家乡。通常情况下，这些孩子会由寄养家庭的父母或国外的亲属照顾，要不就选择上寄宿学校。寄养父母有的是想获得一些额外收入，有的是想帮助那些愿意融入这个国家和文化的外国人。无论出于哪一种，在你的孩子能够和他们相处并深入了解之前，寄养家庭父母的动机是很难判断的。在大城市，随着生活节奏的加快和人们的忙碌，善良的寄养家庭变得越来越少，反而是在小城镇可能更容易找到让人放心的寄养家庭。鲁迅先生有一句话："不惮以最坏的恶意来揣摩人。"我认为父母在为孩子选择寄养家庭时，抱着更审慎的态度是对孩子的负责。

如果选择寄宿学校，孩子同样会面临许多问题。在我看来，在寄宿学校里成长起来的孩子，他们在各种规则的束缚中成长，他们所获得的对个人的重视和来自成年人的爱，着实少得可怜。

因此，对于这类家庭，我觉得让亲人代为照顾是比较理想的选择。因为亲戚更值得信任。但父母往往会因为不能亲自照顾小孩而产生亏欠之情，进而加倍溺爱孩子。布拉德一家（我父母的邻居）就是这样的情况。

布拉德夫妇白手起家，经过不懈努力拥有了一家有数百名员工的公司，年收入超过千万美元。如今夫妻俩留在亚洲管理业务，孩子在温哥华求学。对于这对创建了一个商业帝国的夫妻来说，时间始终是件奢侈品。当他们需要在亚洲监督业务、与客户拉关系时，他们只好委托在温哥华的亲戚负责照顾他们的孩子。为了弥补对孩子的亏欠，夫妻俩对小孩言听计从，要月亮不敢摘星星。

那时，我与丈夫刚好就住在温哥华，当时我已经辞职，在家哺育刚出生的儿子。布拉德夫妇希望我每星期花几个钟头帮小布拉德补习数学。他们认为，从MIT毕业的我，肯定能帮助孩子提高数学成绩。

一开始，我很高兴自己能够帮助父母的朋友。但一个月后，我发现小布拉德只希望家教能替他写作业，而对于学习知识没有任何兴趣。在与他的父母沟通后，我们采取了奖励机制：如果小布拉德能在数学考试中得到B，那么3个月后在他16岁生日时，他将得到一辆宝马轿车。然而，当最初的兴奋散去后，小布拉德重新变得散漫起来。我与他的父母再度沟通无效后，布拉德夫妇当着小布拉德的面对我说，小布拉德是含着金汤匙出生的人，他们有足够的钱聘请像我这样从常春藤名校毕业的人为他工作。如果MIT的毕业生教不了他，他们还能聘请哈佛或斯坦福大学的毕业生。小布拉德即便只能考上普通大学，他将来的身价也是我的好几十倍。

我承认，我不会神奇的魔法，只得让布拉德夫妇另择良师。不久后，我从父母处得知，小布拉德数学得了C+，但他的父母仍然给他买了一辆宝马车，因为他们不想让儿子失望。一个月后，小布拉德的宝马车就撞坏了，他的父母又给他买了新的。高中毕业，小布拉德没能进入UBC（英属哥伦比亚大学）。他的父母高薪聘请许多导师为他补习，一年后，他终于拿到UBC的录取通知书。大学毕业后，小布拉德接手了家族企业。回国后，他的事业经营得风生水起。作为一个海外留学生，小布拉德轻而易举地获得了他人的尊重、钦佩甚至是敬畏。

在国外，有很多这样的"布拉德一家"。很多人出国留学只是为了获得一个学位，随便镀一层金，以此获得新的身份。但中国有一句古话，我们不应忘记：富不过三代。

（2）**第二类家庭**。母亲在国外与孩子生活，父亲在亚洲工作，负责赚钱补贴家用。在这种家庭里，父母是最大的牺牲品。当这种生活过得太久，父母之间的婚姻纽带将越来越弱。人与人之间的关系需要人为地培养，婚姻关系、血缘关系都不例外。然而，尽管道理大家都明白，但人们经常无可奈何地放开另一半的手，各自在不同的道路上为了一个"共同的目标"苦苦支撑。

夫妻的长期分离，带来的是隔阂、冷漠、猜忌。只有极少数的父亲不会有外遇。

陈太太就是这样的例子。为了使子女能接受更好的教育、拥有更美好的未来，她与3个孩子搬到温哥华。等3个男孩都成年，已经过去20年了，她与丈夫在这20年里从相濡以沫变成了形同路人。但她的孩子最终没能如她所愿变成博学多识的学者。当她的小儿子结婚后，她终于卖掉了自己在温哥华的房子，与丈夫搬回亚洲开始过属于自己的生活。然而，已经太晚了——彼此分开的时间太长，他们之间已没有共同语言。最后，陈太太搬回了温哥华，她的丈夫留在了亚洲。现在的她，花一些时间来照顾孙子，学习园艺和太极拳，想方设法用这些新兴趣来充实自己的生活。但她坚持与家人分开，始终独居。我的母亲在谈及她时，说她现在已经把生命看得很开、很淡……

（3）**第三类家庭**。全家移民加拿大。许多夫妇为了子女的教育，放弃家乡的高薪职位，在北美重新开始。在这儿，我想说说我父亲的故事。

20世纪80年代，我父亲舍弃在家乡开办的药厂，在温哥华开始了新的生活。然而，他却发现自己变成了当地社会的局外人。他试过在木材场工作、当过餐厅服务员、开过小餐厅，他干着这些低级别的工作，却仍然要被其他本地工人歧视。最后，这位曾经的百万富翁只好像其他移民一样，用自己的积蓄去投资股票和期货市场，期望获得利益。当然，我的父亲是非常努力与自强的男人，其他很多移民根本不像他一样做过这么多尝试，他们更多的是花时间打高尔夫球，过着看似悠闲的生活。但我经常听到他们的妻子在与我母亲闲聊时，坦陈她们的忧虑，并自问："这样吃老本能够吃多少年？"

这些对未来的焦虑让他们把注意力全部集中在孩子身上，期望孩子能努力学习，在移民的新环境里获得成功。第一代移民的孩子们，许多在学校出类拔萃，并最终成为光鲜的白领专业人士，拥有稳定的工作。但不可否认，这是上一代放弃自己的光明前景换来的。但也有一些移民的孩子加入了亚洲黑帮，或者成天与不学无术的人厮混在一起，得过且过地活着。他们的父母对子女混乱的生存状态爱莫能助。我曾认识这样一对移民二代夫妇，他们生活的唯一意义就是等待年迈的父母早点去世，这样他们便能继承所有遗产。而当他们的父母最终在90多岁撒手离世时，这对夫妇也差不多是半截入土的人了。他们的儿子正在走他们年轻时的老路：泡酒吧，在高尔夫球场挥霍时光，不屑于体力劳动，又没有本事当白领，唯一的愿望就是等待父母早些死⋯⋯

我知道，这些真实的移民故事会吓到一部分憧憬国外美好新生活的家庭。但当报纸、杂志和移民中介宣传那些堪称罕见的成功移民故事时，那些少数成功故事的背后，难以计数的失败和痛楚也需要被大家了解和重视。

希望这些真实的移民故事能帮助那些有移民梦、留学梦的人更好地看清眼前的路。中国人一贯尊崇"家丑不可外扬"，但当你决定移民时，还是多问问那些老移民们，他们会把自己曾经的辛酸血泪当成朋友或者熟人的经历与你们分享。知道事情的正反面后再做决定，这样胜算会更多一些。

寄宿和出国一定能培养孩子的独立品格吗

现在似乎很多父母有送自己的小孩去读寄宿学校或出国留学的想法。父母们为什么愿意让那么小的孩子离开自己呢？我经常听到的理由是：

"孩子太依赖我了，自己什么都不会做。我想让他锻炼锻炼，学习独立，将来就不会这么脆弱，经不起打击了。"

"我们做父母的文化水平不是很高，把他送到更好的环境里对他未来的发展有帮助。我们小时候没有很好的学习机会，现在我们要为他创造最好的条件，让他长大了以后比我们幸福。"

这些理由听起来都很有道理，但会带来什么结果呢？其实，将孩子抛给他人照顾可以说是拿孩子的未来和前途做赌博。父母让出自己的责任，由他人成为孩子人生方向的领路人，由他人来塑造孩子的人生观、世界观和价值观。这意味着，在孩子人生最关键的性格形成阶段，父母没有陪伴在他身边，没有与他一同分享苦乐。这样的人生缺憾一旦形成，便很难补救了。

培养孩子的独立性并不是说父母就撒手不管。健康的"独立"品格并不是以下这些情况：

- 对人缺乏信任感。
- 即便与最亲近的人相处，也会存在"亲密恐惧"心理。
- 缺乏寻求他人帮助的能力或缺乏对帮助需求予以正确认知的能力。
- 不易与他人维系健康、稳固的关系。

健康的"独立"品格怎样培养呢？我认为，只有在充满爱和安全感的环境中才能培养起来。

我并不是劝说父母一定要放弃选择寄宿学校，尤其是有的父母迫不得已必须这样做，我只是希望这些事例能成为父母做决定时的参考。即使不得不让孩子小小年纪便离家学习，父母还是可以采取预防性的措施来保持与孩子间的亲密交流。

下面是3位寄宿学生的真实故事。

伤心后悔的父母

王先生和王太太从小在农村长大，家境贫寒。经过多年奋斗，王先生成了一位非常成功的商人。王先生想让儿子得到最好的学习机会，不愿儿子承受高考的压力，而是希望他能接受西方的教育。因此，他和太太拿出一大笔积蓄，将儿子送到澳大利亚读书。刚到澳大利亚时，儿子面对完全陌生的环境，碰到了不少困难。但是没过多久，他就掌握了当地的语言，进而在思想和行为上都变得像本地人了。

王先生和太太很为儿子满口流利的英语骄傲，周围的朋友也是羡慕不已。可是，他们的儿子却不喜欢读书，也不知道尊敬父母，高中毕业后，考分没有达到澳大利亚知名大学的录取分数线，更没能通过国内高考，不能进中国的大学学习。最后，儿子还是回到国内和父母生活在一起。但儿子很看不起父母，觉得父母很俗气，不愿跟父母在一起，自己整天在屋里玩电脑游戏。每当王先生向儿子提出去找份工作或继续学习的意见时，儿子就会冲他大吼大叫，抱怨让他出国全是父亲的错。王先生和太太陷入了深深的痛苦之中。他们觉得自己和儿子之间似乎有一层隔膜，他们无法走入孩子的心灵世界。夫妇俩满心懊悔，真希望当年没有让儿子出国读书……

被疏忽的露西

露西在出国之前就觉得自己被父母抛弃了，因此去寄宿学校上学并未让她感觉有多受伤。露西的父母都是成功人士，时常忙碌奔波，照顾她的时间很少。不过，露西的哥哥因为是家中的男孩而备受家人的呵护。从小到大，露西在家里都觉得自己不受重视。露西被送往美国东海岸一所知名的寄宿学校就读。在那里，露西以优异的成绩获得了全额奖学金，但她仍觉得需要获取更多奖项来证明自己的价值。但她无论如何努力，都觉得自己做得不够好。

由于没有亲人相伴，所有的事情都需要自己打理，露西变得非常独立。结果，露西变成了一位外表冷漠、难以信赖他人、自我保护意识极强的人。在工作时，露西总感到危机四伏，因此在言行举止甚至穿戴上都无法表现出温和的状态。遇到难处时，露西也是独自担当，因为她觉得不能把弱点暴露给任何人。幸运的是，露西在寄宿学校碰到了一位可亲的老师。这位老师像母亲般呵护着露西，给她温暖的关怀。

父母将露西扔给了寄宿学校，一晃就是10年。这十年的岁月一去不复返，老师鼓励露西善待父母，做孝顺的女儿。露西下了不少功夫去重建与父母间的亲情，可是由于彼此间的认同点很少，露西对父母始终觉得疏远。要找回已淡漠的亲情并不容易，露西只有在未来艰难地修补与父母的关系。

比尔的心声

寄宿学校绝对能让人变得独立。学校里的老师、看护人员、室友不会为你包揽一切事务，自己的事情必须自己打理。如果处理不好，就会陷入麻烦。你能在寄宿学校学到的就是责任和结果。离开了父母的关爱和监督，孩子可以自由地交朋友和做出许多出格、糟糕的事。我是被公立学校开除了之后才进的寄宿学校。父母希望我在寄宿学校能学好，结交良友。然而，寄宿学校的同学不会真正在意对错，只是当心别在违规之后被校方抓住。

碰到问题时，我会去请教那些年长的校友，寻求他们的意见。但这些校友自身都未必有正确的价值理念。寄宿学校给学生提供了非常多的机会学习好的事物，比如，专业知识、语言，以及其他的知识和技能，可是像泡吧、色情、酗酒、吸毒之类的现象也非常多。在这儿，我也认识了不少"名人"，让我长了不少见识。此后，我因在校内吸毒被抓，后被送往戒毒机构。之后，我又去了青少年教习所。在这些机构中，我碰到了对我有如亲人般温暖的好心人，他们对我关怀备至，所以我觉得自己挺幸运的。

我在寄宿学校的一个室友，他妹妹也被送到一所寄宿学校，那是一所女校。室友告诉我，因为性别的差异，他们兄妹俩对寄宿生活的体验大相径庭。女孩会因想家而哭泣，男孩们却不分昼夜地纵情于音乐和派对。男孩和女孩对离家生活的体验和看法真是迥然不同。

现在我已经成年并结婚了。我以后不会让孩子离开我，家庭成员原本就不应该分开。家庭本应是家人们集结的纽带。我和妻子从结婚那天起，便坚定地持有这种观念。在塑造孩子的人生观方面，没有谁能取代父母的位置。在寄宿学校，老师们照看几百个孩子，每个孩子得到的关注并不多。全球顶级寄宿学校的师生比例是1∶8。然而，即便是采用了最佳的师生比，也只是运用于课堂教学，并不能顾及学生生活的各个层面。相比于课堂时间，学生在课外的时间要多得多，所以学生还是无法得到充分的关注。

父母在遇到是否要孩子离家读书的问题时，需要根据自身的价值取向多方面地考虑问题，再做出决定。毕竟无论何种决定，都会付出相应的代价。可以说，在很大程度上，孩子的未来掌握在父母的手里。

出国留学的竞争压力会比国内小吗

有些父母因为经历过艰辛或贫寒的生活，就希望孩子能少受些苦。因此，不少父母期望孩子到国外接受"快乐教育"，以为这样就能让孩子避免承受比如高考这样激烈竞争的压力。

然而事实上，竞争是人生无法避免的严酷现实。国外不同于国内，国内的竞争只限于应试领域，而西方大学尤其是名牌大学的竞争却是国际性的，涉及的领域也是方方面面的。

国外一流大学的招生率与中国名校的录取比率持平，入学申请者来自世界各地。国内大学的录取标准是清晰明确的，只限于一个方面——高考分数。西方大学却把学习成绩和考分视为最基本的衡量标准。对西方大学而言，衡量学生学业表现更为重要的标准是：观察学生课外活动的参与情况以评定其相关技能、领导力、主动性、对特定兴趣领域的热爱程度、团队精神、社会责任感、勇于承担风险的能力、处理失败的方式、个性、创造力等。在此，我想引用美国MIT招生网站上的内容逐一加以说明。

你与申请学院的适配度

你可以去咨询MIT任何一位负责招生事务的人，他们都会一致表达出这样的理念：考分固然重要，可是申请者和学院之间的适配度才是推动录取进程的关键。由此，我们也常会被问到何谓"适配"。以下是关于该问题的几个主要的评量指标和描述：

- 认同MIT肩负的让世界更美好的历史使命，愿意与之协同努力。

- 具备协作精神。

- 具备进取意识。

- 敢于承担风险。

- 具备实践性的创造力。

- 充满热情和活力，具备较强的求知欲。

- 具备MIT社群的特质。

- 具备权衡轻重缓急的意识。

"记住，没有哪一份个人资料能被奉为'最佳适配资料'，不管其中的信息显得多么出类拔萃。MIT要招收一个班的学生，就像要选1000个人组成一支登山队，准备一起去攀登一座有趣又崎岖的山。我们显然希望这支队伍的成员都受过良好的登山训练，耐力持久，对登山运动充满兴趣。与此同时，我们也期望每一位成员都能给队伍注入新鲜的血液。譬如，乐观的心态或幽默感、令人称赞的个人经历、天资卓越、爱好广泛、成绩卓著等。在此要强调的是，我们并不是想招一群一模一样、完美无缺的登山选手。我们需要的是一群各有所长的人，以使大家能共同携手，彼此欣赏和激励。"

这一段是最重要、最经典的关于美国顶尖大学录取学生流程的描述。

西方大学的申请流程更着重于学院文化，以及申请者与学院文化的适配度，所以大学里的每所学院都有各自内容丰富、翔实的介绍网站。网站对学院的核心使命、价值观、学院文化都有阐述。这些价值理念，对每所学院来说，就像是它们为自己的"登山队"所制订的征服目标。比如，MIT的目标是通过科技使世界变得更加美好，斯坦福大学的目标是通过创业或创新来为世界做贡献。

大学申请过程需要学生做大量的功课以便深刻认识自己，校方会要求申请者回答一系列的问题。比如，学生想通过求学收获什么，也会让学生对自身与所申请学院的适配度进行自我评估。我常会从申请海外留学的高中生口中听到这样的评述：申请进程的最大益处并不是最后能获准进入申请大学就读，其最有价值的地方在于通过回答申请表里的各项问题让他们做了一次深层次的自省，甚至有时还能发现些让自己和父母都感到吃惊的个人素质。

有对父母曾告诉我他们女儿的申请经历。在女儿申请海外留学之前，父母并不怎么看好女儿，因为女儿的学习成绩并不拔尖。然而，在协助女儿申请入读美国大学期间，父母帮着评点女儿的论文，从中发现了女儿身上他们以前从未知晓的天赋、梦想和兴趣。结果，女儿虽然没有被所申请的那所一流大学录取，却接到了不少其他优秀院校的录取通知书。

这就是我反对申请者让留学中介公司完全包办其申请流程的原因之一。信誉良好的中介公司会辅助申请者完成自我挖掘的过程，但不会告诉申请者如何才容易被申请学校录取。可是像这样的中介公司在中国少之又少。大部分的中介公司都是鼓吹自己手里掌握着录取"秘方"，只要客户愿意给他们支付丰厚的酬金，他们就能保管申请者能进到梦寐以求的大学里。为了让申请者顺利被学校录取，这些公司会让学生避开自我挖掘的步骤，这样有可能会让学生进入一所不适合他的学校就读。这样的结局是很不幸的，学生浪费了宝贵的青春年华，耗费了大量的金钱，换来的却是徒劳无益和心中的愁烦。

出类拔萃的独特个性

西方大学的入学申请过程并非程式化的模式，学校除了要参考申请者的学习成绩之外，还要求每位学生对自身的特点有充分的了解。例如，一位中国男孩对数学和自然科学很感兴趣也很擅长，同时他的钢琴和小提琴也演奏得相当不错，但他可能与其他中国男孩没有太大差异。对这位男孩来说，要让自己表现突出，除了在一大群与自己履历相近的申请者中成为数学和科学领域的尖子，还要成为他们中间钢琴和小提琴演奏得最好的人。这便使竞争变得更为激烈。我选取两份具有代表性的学生资料加以说明。

例一

这位男生来自香港，他是作为一名音乐天才被MIT录取的。13岁时，他就与世界级的交响乐团在纽约的卡内基音乐厅同台演出。与此同时，他创作的交响乐曲也被公认为具有世界一流水平。因为在作曲领域表现杰出，他被称为"亚洲巴赫"。同时，他对生物学也有着浓厚的兴趣，是这方面的优等生，他今后想从事医学研究，于是他在MIT主修生物学。尽管他的履历看起来属于典型的亚洲男生类型，可是在大量对数学和科学有兴趣并具备精湛乐器演奏才能的亚洲学生中，他还是显得出类拔萃，所以顺利地被MIT录取。

例二

某次面试期间，有好几位来自中国的奥林匹克数学竞赛金牌得主向MIT提交了入学申请资料。在被中国各地的MIT面试官面试之后，他们却无一获准通过。有好多人会追问，奥赛金牌得主都不能被录取，那还有谁能被MIT录取呢？这是因为，我们发现在已经招收的中国学生中，有一位曾在全球性奥林匹克科学竞赛中获得了有史以来的最高分。对MIT来说，只需要一位奥赛冠军来为"登山队"做贡献，况且已经招收了一位冠军中的冠军。当然，其他的申请者也很出色，可是无论他们对数学有多热爱，或者本身有多优秀，他们仍无法超越前面的那位冠军，所以便没能被录取。

多元化的学生构成

尽管西方大学没有明文规定对每类学生的配额限制，他们还是希望学生的构成能够多样化，所以不会出现哪个学院全都是中国学生或全都是欧洲学生的情形。也就是说，你孩子的竞争对手多半是来自中国的其他申请者。如果你的孩子与其他的中国申请者没有很大分别，他就很难在众多类似的申请者中脱颖而出。为了让大家更为具体地理解班级的学生组成，下面是从MIT网站上摘录的2013级毕业学生的相关数据。

性别：男 55%，女 45%

种族和国籍：美国公民和永久居民92%、非洲裔美国人9%、亚洲裔美国人26%、白人36%、墨西哥裔美国人8%、印第安人1%、波多黎各人2%、其他西班牙族群5%、其他/无回复5%、国际公民8%

地理分布：新英格兰13%、亚特兰大中部16%、东南部和波多黎各17%、中西部和平原地区13%、南部/西南部9%、西海岸20%、海外11%

被代表的州：美国国内48个州

被代表的国家和地区：全世界58个不同国家和地区

学校教育类别：公立学校70%、私立学校15%、宗教学校7%、外国侨民学校6%、在家教育1%

2013年总共有从856所高中毕业的学生来麻省就读。

其他西方名牌大学也有类似的统计数据。也就是说，如果你的目标是让孩子能被海外一流大学录取，孩子就得力争成为他所属类别或申请者里最拔尖的学子，所以竞争不可谓不激烈。唯一的区别就是他将在不同规则的指引下进行一场不同方式的角逐。

申请大学，就像相亲一样

丽丽很想嫁给她的大老板，因为他有名又有钱。她到处打听，想要了解老板到底喜欢什么样的女人。当她观察到跟老板约会的女孩子都穿红色裙子的时候，她就常常穿红色裙子，希望能够吸引老板的注意；她看到那些女人大部分都留着长头发，于是也把自己的头发留长；她听到老板在办公室听爵士音乐，于是去购买爵士乐光盘在办公室里放，虽然她喜欢的是古典音乐。通过对各种细节的关注，丽丽把自己打造成了她认为会吸引老板的那类女人。但是，老板最终却爱上了一个喜欢穿牛仔裤、听流行音乐、头发剪得短短的活泼女人。丽丽在心里纠结得咬牙切齿：我到底哪儿做错了？为什么老板会选她，而不是我呢？

晓云也有类似的经历。她把自己打造成男方会喜欢的女人，并成功地嫁给了心上人。但是结婚后，她却发现自己很不快乐。她这才明白，自己并不爱丈夫，婚前真正吸引她的只是丈夫外在的名誉和高收入。她常常问自己，很多人羡慕她嫁给条件这么好的丈夫，为什么自己还不知足，为什么不能就这样继续过下去？

其实，申请一所欧美著名大学的过程和相亲很相似。当申请者想尽办法要把自己打造成自认为学校想要的学生时，常常会惊讶地发现最终被"录取"的人完全超出想象。或者申请者想尽办法"入门"了，却会发现自己跟学校"不匹配"，然后内疚地责备自己不知足，劝自己要珍惜机会，继续坚持走下去。

在申请者和学校建立关系的过程中，很多结果都不是公式化的，不是凭数字能决定的，而是一个"相配"和互相吸引的感觉起决定性作用。中国传统的"门当户对"，还是有道理的。过了"门槛"以后，就需要看其他内在的品质是否匹配了。

在"相亲"的过程中，当周围的人催促孩子要去哪里就读、去哪个国家、去哪里工作时，申请者自己知道自己是谁，自己真正想要什么吗？要是他对自己还不了解，别人如何帮助他呢？要是他懵懵懂懂就被推着"入门"了，以后是否会怪罪别人只知道逼他前进，却不知道他想要什么呢？

作为父母和教育者，我们最重要的任务不是要孩子听话，给他们灌输知识，帮孩子进入名校，做我们要他们做的事业，跟我们喜欢的人结婚，而是做一面真实的镜子，帮助孩子发现自己、认识自己、欣赏自己，然后让他根据对自己的了解，为自己做选择、做决定，并为自己的决定承担后果。

你的孩子认识自己吗？

认识自己

申请者的真实故事

约翰尼和他母亲一起与我会面。他母亲是个典型的"直升机妈妈"，一直在他头上盘旋关注。她希望约翰尼能进入美国顶尖的大学，而MIT是她的首选。这位母亲甚至把儿子生活的每1分钟都做了计划，包括他应该参与什么活动，以及应该就读什么学校。

我们的谈话从约翰尼有着完美的数学SAT分数和最优异的成绩单开始。我们在一起谈了整整1个小时，他母亲控制着整个谈话过程，而约翰尼则在座位上坐立不安。每当我要问约翰尼一个有关他的兴趣爱好的问题时，他刚说出第一个词，他母亲就接过话茬来替他回答。她滔滔不绝地夸他有多聪明，他和MIT如何般配，他的成绩如何优秀……我告诉她我希望在学生身上发现一些品质，并建议他们去考虑一些问题，以确定MIT是否是约翰尼最恰当的选择。直到他们母子离开，我仍然没弄清楚是什么促使约翰尼要申请MIT，是什么激励他每天从床上爬起来面对学业。

另一位申请者想要进入美国顶尖大学，他的成绩在他的高中名列前茅。面试过程中，当我问他想学什么专业的时候，他面无表情地说："我不知道，我想我也许会去学当前的热门专业。"可见他的生活选择纯粹以经济发展情况和当前的社会潮流为依据。

在电影《死亡诗社》中，主人公托德是一个来自中产阶级家庭的优秀学生，家人倾其所有送他进入一所高级私立学校。从入学的第一天起，托德就明白，他必须要获得学业的成功，然后成为一名医生，以报答父母对他的"投入"和"牺牲"。然而，在影片的中间部分，托德爱上了戏剧。当他鼓起勇气尝试演出时，他真正的激情被唤醒了，他发现自己当演员很有天分，他爱上了表演。为了避免被父母发现，他在夜里悄悄地出去参加戏剧排演。然而，他的父母还是发现了他的"不务正业"，强烈要求他放弃。伤心的托德不愿意无奈地度过余生，于是以自杀了结了自己的生命。而那位以名言"Carpe Diem"（拉丁语，意思是"抓住今天"）传达对诗歌和生活的热爱、深深感染了学生的英语老师，因为托德的死遭到谴责，被驱逐出学校。在现实生活中，不知道有多少个"托德"只是为了完成父母的梦想，无奈或迷茫地生活着。

那些无奈地走过人生黄金岁月的"托德"们，与那些没有认真审视过自己人生的申请者们，都令人同情。

我的自我发现之旅

从小到大，我都是个乖孩子。我总是因为听长辈和老师的话、从来不违背他们对我的指令而受到表扬。我的生活中心是取悦那些对我来说很重要的人，为此宁愿隐去真实的自我和真正的期待。我擅长学习，通常学校里的亚洲好学生普遍选择医学专业，因为医生这个职业既受人尊重又能保证生活无虞，不太会受经济的影响。

我要读大学了，父母告诉我说，我应该为以后做一名医生开始做准备，于是我成了医学院预科生。到MIT后，我首先做的事情就是找到一份医学研究工作：在麻省机械工程系和哈佛医学院的优秀教授身边，用液体力学的主要理论来预测尿液的流向。在大学的前3年里，我与教授们合作撰写和发表了很多篇研究论文。

因为科研经历，我获得了进入美国顶尖医学院的好机会。但其实我从内心害怕到医院做研究工作，因为我难以忍受医院的氛围——空气里充满了疾病甚至死亡的气息。有时候，那种压抑的气氛会完全击垮我。与此相反，我通过参与很多业余社团活动发现，我喜欢和他人一起工作，共同为新的活动出主意，或者策划有趣、有意义的活动。不管我参加什么活动，通常我都会被推举到领导者的位置上。我的朋友和指导老师告诉我，如果我去从事商业，一定会做得不错，尤其是在销售和市场营销方面。

但我知道，如果我选择商业，我的父母会非常失望，他们想让我成为一名医生而不是销售员，因为后者并不是很受人尊重。整整3年时间，我都在选择中挣扎。最终我还是告诉父母，我决定毕业后从商。他们自然很失望，极力劝我打消这样的念头。但那时候我很确信，如果我去做一名医生，结果一定很惨。不是我不能胜任或者不会被医学院录取，而是在我接下来的人生里，每天都不得不去做一些我并不喜欢的事情。

所以，在做毕业论文时，我没有选择相对容易并且积累了很多研究经验的液体力学，而是找到一位在大公司做管理顾问的指导老师，研究考核和提高公司效益的方法。尽管之前我没有任何的相关背景，要更加努力学习来补充管理方面的知识，但我非常兴奋，经过努力，我的论文最后拿到了A+的成绩。

我从不后悔自己毕业时的决定。自我发现的过程让我明白，我的激情所在并不是特定的某一学科或者专门技术，而是去帮助人们提高他们的生活品质。充分发挥我的激情与我学什么技术没有关系。我不是在把大量的时间和金钱投入死气沉沉的专业技术工作之后才发现没有出路，而是顺从我的内心选择，去做自己真正喜欢的事情，从而获得了真正的自由，发现了真正的自己。

最终，我的父母动摇了，并支持我的决定。

下面是另一个MIT学生的自我发现之旅。

卡洛斯·普列托①——从总裁到大提琴家

1975年，38岁的卡洛斯·普列托（他是MIT1958级毕业生）宣布他将卸任芳迪多拉·蒙特雷公司（一家在业界居领导地位的墨西哥钢铁公司）总裁，并辞去多个国家商业组织的主席之职，这一消息令他的同事震惊不已。当他告诉他们，他想成为一个职业大提琴演奏家时，所有人都抱怀疑态度。他难道要在正当盛年时放弃已有的地位和成就吗？大家觉得他不过是休个年假，暂时不想工作，要去玩玩大提琴罢了，一年后肯定会回到他的办公室里来。

普列托的音乐家朋友们同样心存怀疑：他确实是个很有天赋的业余爱好者，但要达到专业水平还需要很长时间的刻苦练习，更不要说旅行、排练和音乐会所耗费的精力和时间了。他们也预言他必定会改变初衷，不久之后就会重返商业舞台。

但普列托的行动证明所有人都错了。

如今，他被公认为世界一流的大提琴演奏家。作为新音乐的推动者而备受推崇的他，说服一大批作曲家谱写新的大提琴演奏作品，并首次公演了其中的80多首。虽然他的工作步调已经有所放松，现在每年只开75～80场音乐会，而不是像以前一样每年100场，但他在2008年将出版他的第七本书。他这样讲述自己经历的这一切：感受世界著名音乐厅的表演，研究智人的语言发展史，或分析1978年以来的中国经济改革等，都是雕刻时光、感悟人生的寻常举动，并没有什么特别之处。他说："我利用在飞机上的长途旅行来读书和写作。"

摘自《科技评论》杂志，2008年5～6月

---

① 墨西哥当代大提琴演奏家。

自我发现之旅的关键是，要在某一个领域从事一项职业，不仅取决于自己是否擅长，更要问自己是否喜欢这项职业。每片雪花、每个指纹甚至每个人的视网膜图案都是独一无二的，作为一个人就更是独特的存在。现行的教育体制容易使学生习惯于模仿别人，走安全路线，因为这样更容易过上舒服稳妥的生活。然而，每个人生来并非是为模仿别人，而是发现他自己独特的样子，以描绘适合自己的蓝图。2008年10月，我有幸受邀参加北京市一些重点学校校长共同参加的一个会议，当时我被刘长铭校长所说的话深深打动，他说："当我们的学生被中国的历史和文化熏陶3年后，毕业后登上国际舞台，他们都能够站得稳，因为他们知道自己是谁、根在哪里、能够给世界带来什么，而不是盲目地去模仿别人。"

自我认知令人与众不同

2008年11月底，我在一个广播节目中听到，一位将要毕业的大学生向两位银行业的资深人事经理咨询如何在当前低迷的经济环境下找一份工作。人事经理的回答我非常赞同，因为那正是这些年来我一直提倡的。两位经理都说，在低迷的经济环境下，没有人会特别关注学历或智商，而更关注软实力——情商。在困难时，情商对成功而言更是必不可少的。而他们所提到的情商素质中，排在最前面的就是"自我认知"，这个素质能使一个候选者在缺乏方向和信心的人海中鹤立鸡群，引人注目。其他素质，比如忠诚、沟通能力、团队精神、首创精神、坚韧不拔，以及领导能力，也都被提及。不过，如果缺乏自我认知（其作用犹如控制一艘船的舵），其他技能就没有了方向和焦点。

当公司想要裁减员工时，第一批要走的就是那些曾在短时间内频繁换工作的人，不管他换工作是为了短期财务收益还是因为缺乏方向感；另外，就是那些在其岗位上不快乐，总表现出消极情绪和牢骚满腹的人。而在困难时期不断提升的，则是那些明白自己是谁、知道自己想要什么的人，因为他们不管境况如何，始终不屈不挠。时局艰难，但他们总是保持乐观向上的态度，因为他们在一步步地实现自己在心中已然建构好的蓝图。当未来飘摇不定时，大家都在寻找不失自信的人，而不管他的年龄、经验和教育背景如何。身处充满不确定因素的时代，大家的心因恐惧而颤抖时，那些知道自己是谁、想要什么，确信困难时期终将过去的人，将影响他身边的其他人，并引领他们至安全地带。

在前面的故事中，令人遗憾的是那些父母，他们原本是帮助孩子明白、接纳和拥抱真实自我的最佳人选。然而，他们却让自己的孩子远离梦想，无法按他们自己喜欢的方式过上幸福美满的生活。这些父母或许是因为过去的负面经历，或许是因为他们在追随一种计划好的、流行的社会思潮，总之，他们要么随波逐流，轻信某些所谓能带来稳妥舒适生活的良方，以为这样就能过上幸福美满的生活，要么就将他们自己关于美好生活的想法强加在孩子头上。归根结底，是父母的心态出了问题。

父母的责任

自我认知从哪里来呢？美国一所大学进行的一项研究表明，一个人自我形象的树立，80%要归功于伴他成长的周围人群所反映给他的信息。而这些人当中，影响力最大的就是其父母。一个人从小自我形象的树立，其重要性是成长过程中的其他任何人或事无法比拟的，它会以种种潜在而巨大的力量影响其生活决策。在这个过程中，父母担负着极其重要和神圣的任务——尽父母的本分，首先观察、研究、理解并接纳自己，然后观察、研究、理解并接纳孩子本来的样子。

目前，社会上普遍接受的做法很令人遗憾——把自己的孩子和其他优秀的孩子做比较，以此来督促他们，希望能使他们像那些"榜样"一样优秀。事实上，对于孩子建立自尊，这样做会起到相反的作用，甚至会引起他们的叛逆。因为他们会感到，在父母看来，他们永远也不会做得足够好。实际上，父母越是肯定孩子的独一无二，他们越想成为自己本来的样子，也就是做真实的自己。

我们越是清晰、准确地向孩子传达真实的自我信息，就越能让他们得以自由释放，从而树立正确的自我形象。

我大学毕业时，我的朋友珍还在大学学习物理。她才华横溢，在我离开波士顿之时，她正准备攻读物理学方面的硕士学位。后来当我听说她已经中途放弃物理领域的研究课题时，我大为吃惊。若干年后，我在印度的新德里与她重逢，她正在致力于帮助最贫困的印度乡村女性获得受教育的机会。印度女性因为社会等级低而受到歧视，没有机会接受教育。珍身穿便宜的印度棉布衣服，风一般地冲进旅馆，她看上去容光焕发，神采奕奕。我问她是否后悔放弃物理学专业，她回我以满足的一笑，说："不后悔。我现在做的是我生来就该做的。"她的话道出了"自我认知"的全部奥秘。

征服你的面试官

当申请了美国著名的大学后，申请人可能还需要参加一个面试。很多申请的同学一听到"面试"两个字立即被吓到，头脑里说不定已经浮现出了一个"恐怖"的场面：在一个阴森的大礼堂里，一群身着礼服、表情古板、语速胜似闪电的教授在前排正襟危坐着，他们用高深的数学和物理问题对面试者进行连环轰炸，而那个倒霉蛋已经被吓得瑟瑟发抖，被一连串问题弄得目瞪口呆……

放轻松！那只是电影中的场景，现实生活中的面试可不是这样。

面试官，或者说教育辅导员，是美国各大学的毕业生志愿担任的，他们负责面试其所在地区的申请者，并将他们对申请者的印象写成报告交给院校招生办公室。面试这个程序，能有效帮助美国院校对面试者有更加全面深入的了解。对于MIT来说，学校希望看到申请者在学业上的表现，但更想看到申请者的整体情况。因此，只要条件许可，MIT的教育委员会希望能为每一位申请者提供一次面试的机会。MIT分布在世界各地的3000多名毕业生承担了在家乡或所居住地区面试申请者的工作。我与先生作为MIT的毕业生，已经承担这个面试任务多年。对于我们而言，能与年轻而充满活力的人面谈是一件很享受的事情。

我强烈建议申请者积极参加面试，这不仅能帮助大学锁定他们最感兴趣的学生，也能帮助申请者更深地了解所申请的学校。根据统计，2010年申请MIT的学生中，只有1.4%的人没有参加面试。

面试时，很多申请者都会感到恐惧和紧张，甚至误以为面试官会用高深的数学问题来考问他们。其实完全不是这样的。面试官的成就感不是来自于筛选和恐吓年轻的申请者，而是在于能结交有趣的年轻人，并帮助他们认识自我。因此，申请者请放轻松，坐在你面前的并不单单是一位面试官，更有可能是你潜在的朋友和导师。

每一次我都会尽量让我的面试变成一次有趣的约会。我常居北京，因此我面试的学生大部分来自这个城市或者邻近的区域。我喜欢在当地的咖啡馆、餐厅、书店或者图书馆与申请MIT的同学们见面。当然，如果申请者所在的城市没有MIT的面试官，我也很高兴在即时通讯软件（如Skype）上对他们进行视频采访。

不过，面试不是必需的申请环节，如果申请者所在的区域并没有面试官可以提供面试，招生委员会会注意到这一点。无法面试并不是申请者的责任，而是MIT今后应注意的地方。

通常情况下，面试会持续1个小时左右，不过，面试官有权将面试控制在30分钟到2个小时之间。在面试前，你说不定会一遍遍在家里预演可能被问到的问题，或者向亲朋好友和网络"大虾"们取经。在这里，我有一个建议：仔细考虑一下哪些事情最能向面试官传达你的激情与梦想。曾经有一位申请者带来一个活动清单用来清楚地说明自己的兴趣、爱好。请不要怀疑这样做是否太标新立异，你完全可以这么做，只要那些活动是你真正参加的。

准备好面试了吗？那么，再选一套你喜欢的、符合面试场景的衣服。不需要打扮得过分夸张，得体就行。面试中最重要的一句话就是：做最真实的自己。

面试像一场约会，而约会的最终目的，我觉得是一场"婚姻"。在面试的过程中，看起来面试官代表大学在考察申请者，但实际上申请者也正通过面试官来了解大学。选择自己喜欢的学校与专业学习，就像是一场"婚姻"。毕竟理智的人都不太愿意花上一大笔"彩礼"（学费）与一位虽然富裕但毫无吸引力的人结婚吧？要判断是否是一段"好姻缘"，申请者需要判断自己与学校的文化和传统有没有共同点。从哪儿最能得到准确的结论呢？没错，就是坐在对面的面试官。他们在这所学校待了4年，一举一动都有一股"MIT味儿"。通过和他们交流、接触，感觉自己和眼前的面试官是否"相匹配"。如果得到的答案是肯定的，那么，没错，这所学校不会让你失望的。

在MIT的官网上，也有一段寻觅"意中人"的画像：

（1）与MIT的使命一致，愿意让世界变得更美好。有许多办法让世界变得更美好，我们不会期望一个15岁的申请者能治愈世界上的疑难杂症。游说参议员改变不良政策是改变世界，给一个小孩补习数学同样也是改变世界。

（2）有团结合作的精神。MIT的精神核心是合作，在所有的研究所你都可以看到这一点。MIT的很多学术任务都要求小组合作完成，跨部门的实验室也很常见。"开放课程运动"在MIT非常强大，学者做学术研究的宗旨就是为了能发布和共享研究成果，因此合作的氛围是MIT学术社交的重要组成部分。如果你喜欢单打独斗地工作，这也很好，但你在MIT的日子可能不会特别高兴。

（3）积极主动。在MIT，机会比比皆是，但是学生要懂得抓住，对于那些懂得主动利用身边优势的学生而言，MIT的资源是无比丰富的。

（4）有冒险精神。MIT喜欢那些有成功的野心与计划，但也不怕失败的人。只有承担过生活中各种风险的人，才能真正习得应变的能力。因为风险虽然常常导致失败，但它同样也会带来成功。最有创意和野心的人知道失败是生活的一部分。如果你持续保持专注和不放弃，梦想最终会实现。

（5）富有创造力。MIT是一个积极的、锻炼动手能力的地方。创新是有风险的，但尝试新的事物往往是成功的最佳途径，可以将理论知识运用到现实世界。MIT的拉丁语校训的意思是：心和手。也就是说，你不应该只享受思想，也应该享受动手做试验的乐趣。

（6）保持好奇心和兴奋（我们以前将其简单概括为"激情"，但现在"激情"已经变成一个时髦的词，并丧失了最基本且朴素的含义）。概括地说，就是你应该将精力投入到那些你真正感兴趣的事情上。选择时，注重的是质量而不是数量。你不必为了考上大学而去做很多对你其实并无意义的事情。

（7）有MIT的气质。MIT由各行各业优秀的人组成。这里的人互相照顾，为他人解决困难，鼓励他人积极工作，为梦想发挥自己最大的潜力。我们期待有这些优秀品质的人加入我们。

（8）有平衡能力。"努力工作，努力玩"是我们的口号。想要在MIT获得成功，你必须懂得优先考虑你真正看重的事情（请告诉我们一件你因为真正感兴趣而努力去做的事情），这个问题无关技巧性，请理智、诚实地回答。

（9）请记住，没有人——无论是多么优秀的申请者——与MIT是绝配。当我们录取新生时，就如同我们在为一个1100人的团队挑选队员，他们要一起攀登非常有挑战性的山峰。我们希望同行者受过专业的攀登训练，有耐力、有激情。同时，我们希望每个人都能为团队增添一些有趣的元素，无论是非凡的气质、幽默感、令人信服的个人经验，还是个人的天赋、才智、兴趣和成就等。需要强调的是，我们不是要寻找很多完美的登山者，我们寻找的是一个富于应变的团队，队员之间能相互激励。所以，不要把与你同时期申请的同学当成对手，你们是队友。

无论是申请MIT、哈佛大学、耶鲁大学，还是其他美国大学，你会发现，每所学校对于申请者，都有一个自己的"匹配"标准。你可以通过学校的官方网站或前辈的经验之谈来了解你所感兴趣的学校，而前去与你的面试官"约会"是最佳途径之一。

申请美国名校的学生，很多人都会痴迷于一个问题：高校录取有一个精准的公式吗？其实，美国大学的招生不是一个简单的事情，可以说，申请高校的过程，是一个让申请者找回自我、破茧成蝶的机会。

在MIT的官网上有这么一段话：

有些申请者在面试时试图将自己克隆成理想的MIT学生，就是那些SAT能拿800多分的人。幸运的是，羊克隆之后仍然是羊。我们真心希望能看到真实的你，那个追求你喜欢的事情，用你独特的方式不断成长、有改变、能承担风险、能从错误中学习的人。MIT不是一个化装舞会，你不应该装扮成别人的样子，你应该利用那不可替代的4年成长为自己最想要的样子。你仅仅需要向我们展示你愿意尝试。

由此看来，当你获得机会与高校面试官面谈时，只要做最真实的自己。但真实不代表不懂礼仪和不加修饰。我有一个清单，可以帮助申请者了解"怎样做到最有礼仪的真实"。

面试前申请者需要做的事情

（1）提前几分钟到达面试地点。面试官大都是工作繁忙的人，他们通常是牺牲个人休息时间来承担面试任务的。因此，即便你因为不可预知的交通堵塞或其他因素迟到了，使得面试延时或者改期，这在浪费面试官时间的同时，绝对也会影响他们的心情。所以，在这个你试图给面试官留下好印象的关键时刻，这算不上是个好开始。

（2）仔细研究你申请学校的历史和它的独到之处。这样你就不会向面试官询问学校的一些基本情况，否则会让他们觉得你并不了解这所他们全身心热爱的学校。既然如此，你为什么要申请呢，仅仅因为学校的名气吗？

（3）搜索你的面试官的信息，看看能否找到你与面试官之间的共同兴趣点。也许你找不到任何线索，但也有可能让你有一些意外的收获。你们共同的兴趣点是一个很好的谈话切入点，也能让你在面试时具有一定的主动性。

（4）多微笑吧！

（5）对自己有信心。面试官与你交谈时，要展现出你的兴趣和参与热忱。

（6）尊重面试官。

（7）用英语清楚地说话。

（8）你可以带一张富有创意的"成就吹嘘表"，如此可以绕过一些没有新意的自我介绍步骤。让我印象最深的一次自我介绍是，有位申请者带了一个五颜六色的3D作品集。

（9）准备一些能体现你个人特色与智慧的问题，以下是一些例子：

• 我是一个狂热的爵士音乐迷，玩萨克斯是我的爱好。在MIT是否有机会让我在专业学习之余，加入高品质并有足够演出机会的爵士乐队，可以使我发挥萨克斯特长？（将你的爱好和感兴趣的研究领域填进去，并提出一个深思熟虑的问题）

• 我想学习生物工程专业，并想尽早接触到实际的实验项目。我知道，MIT的大卫·科赫综合研究学会承担了一些尖端的与干细胞相关的项目，而约翰·霍普金斯大学的某某学院也做了一些有趣的研究。那么，与约翰·霍普金斯大学相比，MIT的本科生接触到这些项目的难度在哪里？

• 现在MIT最热门的专业是什么？您为什么会这么认为？从最热门专业的变化来看，您觉得这是一种什么趋势？

• 您在MIT最美好的回忆是什么？MIT对您有什么影响？

还可以问其他一些更好玩或者正面的问题，或者一些更严肃的问题，这表明你已经仔细阅读过学校官网上的内容。

面试者不要做的事情

（1）迟到。如果已经迟到，那就不要浪费更多时间去解释。

（2）让父母陪着你参加面试。面试官想要了解的是你，而不是你的父母。请记住，如果你准备在国外独自学习和生活至少4年，那么，拒绝成年人的帮助、自己独立参加面试将会是一个很好的开始。

（3）太过紧张或害怕。紧张是情有可原的，我通常会花一些时间帮助紧张的面试者放松，这样我们可以在宽松、开放的气氛中聊天。只有当你感觉放松时，你才可以将最真实、最优秀的自己展现给面试官。

（4）与第3条相反，太"自来熟"，自认为面试官是你的挚友。面试官会努力让你感到放松，但这与好朋友的关系是有区别的。所以请不要询问一些过于私人的话题，比如，您的收入是多少？配偶的工作是什么？除非面试官主动提及，否则这些你都应当避免。

（5）讨论学校排名、学生成绩排名、毕业生收入的统计数据等。这显示出一种不健康的人生观和价值观，非常不利于团队协作。

（6）傲慢地讨论你的成就，无论它是多么伟大和惊人。相信我，所有面试官都见过很多拥有独特的天赋和才能但依然谦虚的申请者。你的傲慢只会显示你自我认知和赏识他人能力的缺失。

（7）带一些昂贵的礼物给面试者。面试者最终会将其返还给你，因为那是不合适的。

（8）尝试在面试中用汉语交谈。如果你已经决定要在英语环境下学习，你需要证明你能用英语思考和交流。在面试过程中使用汉语证明两点：一是你对将要发生的环境变化有抗拒；二是你的英语水平还不足以支持你去留学。无论是哪点，都不利于你获得面试官的印象分。

（9）问一些肤浅的问题，以下是一些例子：

• 我在MIT是不是需要说英语？

• 在MIT学习是不是真的很辛苦？

• MIT的食堂里有没有中国食品？

约见面试官并不是你留学路途中唯一一次面谈，之后你也许还会有签证面谈，与大学校长、导师、银行职员等各种机构的人面谈。以上建议，相信对你还是有用的。

为高考状元美国落榜洗"冤"

中国某高考状元申请美国11所名校被拒，这一事件曾引发广泛争议。在中国，不管用哪种标准衡量，高考状元都是一项至高荣誉。媒体的"热切关注"，将这名学生置于极为尴尬的境地，身心所受到的伤害可想而知。

在中国，社会各界对于"高考状元美国落榜"事件存在着两派截然不同的观点：一方谴责美国大学的拒录行为，认为这是对中国年轻学子赤裸裸的歧视；另一方则认为，该事件暴露了中国高考体制未能选拔出世界一流学生的尴尬事实。

事实上，我认为这两种观点都有失偏颇。这名高考状元虽是中国教育体制的产物，但同时，他确实也是一名优秀的学生。在这场争论中，有两个重要的事实被众人忽略了。

第一个事实是，国外高中生申请美国名校本科生的录取概率很低，困难程度远超研究生申请。

出现这种情况的原因主要在于，美国政府为本国高校提供经济资助和助学贷款，这些资金都来源于美国公民为子女教育缴纳的税款。可以说，美国的大学都是在本国纳税公民提供的帮助下逐渐成长壮大起来的。因此，作为一种倾向性政策，接受本国高等教育的机会大部分都预留给了美国公民。

这样一来，留给其他国家申请者的录取名额非常有限，用"千军万马争过独木桥"来形容绝不为过。我从来不羡慕我那些在麻省理工学院录取办工作的朋友，因为他们每年都要面临极为头痛的选择。

第二个事实是，这个学生十分出色。

高中生申请美国大学的过程非常复杂，耗时漫长。学生不仅要参加托福考试，飞去中国香港或者新加坡、韩国参加两次SAT考试，还要让就读的高中学校提供留学申请所需的成绩单，让老师和教授们写推荐信，自己再翻译成英文。与此同时，还有无数的英文论文、作业样本、英文面试等待着他。正因为如此，许多准备赴美的孩子会选择放弃高考，因为鱼和熊掌无法兼得。

而这名高考状元通过自己的努力，最终出现在美国各名校的"录取候选名单"中，这意味着他不光学业出色，情商、品商和逆商指数都很高。最后他的申请被拒，虽然遗憾，但并不能成为他个人能力与才华的反证。拒绝录取他成为美国高校的损失，但同时也成全了清华大学。

这一事件在中国引起了各方媒体的高度关注，这位高考状元在尴尬之余进行了自省，总结了自己"申请美国名校被拒的6个原因"，但我认为其中5个存在常规性的理解不当。下面我对这6个原因一一进行解读，希望对其他计划申请美国高校的学生能有些帮助。

（1）错过了最佳申请时间。其实，这不是一个十分重要的问题，因为只要在截止日之前申请都没问题。我认识很多国内学生，他们直到高三第一学期才开始考虑留学申请。实际上，许多学生在进入中国的大学后才听说可以去美国攻读学士学位，于是在国内完成大一学业后才开始申请留学。

在某些重点高中里，有10%～20%的毕业生会在毕业后到国外留学，在这样的氛围下，许多学生在高一时就放弃了高考的念头（美国大学要审查九至十二年级的学业成绩），早早参加一些课外活动，为进入美国的好大学做准备。其实没有必要这样做，只要申请者表现出对某个领域有强烈的兴趣，并且在该领域获得一定成绩，足以证明其具备这方面的专长就足够了。提前准备对最终的申请并不具有决定性意义。

（2）SAT成绩不够理想。这位高考状元在SAT考试中获得了2240分，这已经是不错的成绩了。学生可以登录College Prowler的网站查询自己的成绩在具体某所大学的申请者中是否属于正常范围。只要成绩在正常范围之内，就没必要花很大精力去考高分。实际上，在SAT考试中取得很高的分数反而会让校方觉得你是参加了培训班，而其他人可能没有。刻意追求SAT高分而不去准备其他更有意义的事情会对申请有负面影响，因为申请者这样就腾不出时间在其他领域获得独特的成就。

（3）**AMC/AIME成绩不够高**。AMC相当于美国奥林匹克数学竞赛，许多国际奥数比赛的选手都来自于这些比赛。但在申请中，参与并获得高分甚至获得了奖杯都不重要，重要的是申请者是否对数学充满热情，花了多少精力去展现这种热情，以及你想通过参加比赛展现什么，是指导老师给予你心灵的启迪，还是在这个过程中你学到的某些更重要的东西。

片面地认为成绩不够好，便误解了AMC比赛的意义，而落入中国式竞赛的窠臼。比起AMC考试中过低的分数，真正影响到入学申请的是学生在参加比赛的过程中暴露出自己兴趣散乱，对所钻研的领域没有足够的专注力。

（4）**不懂包装自己，不知借鉴他人成功的推荐信**。这也是一个常见的错误认知。推荐信必须具备两个关键点：可信度和识别度。一个众所周知的事实是：在中国，除了一些历史悠久、诚信办学的大学之外，大多数推荐信都是由学生撰写，教师只是签名。基于这一点，美国高校招生办的负责人倾向于（不管这种做法是对还是错）录取那些在申请过程中显得更为诚实可信的学生，因为诚信是美国每所一流大学对学生的基本要求。借鉴甚至挪用他人成功的推荐信显然非常不可取。当然，具备可信度并不是推荐信的全部，推荐信的最终意义在于介绍申请人并不自知的独特之处。除去这两点，推荐信到底能起到多大的作用值得商榷。

（5）**全才不如专才**。我同意这个观点。每一年美国高校招生办负责人面前都堆满了数以千计的申请者资料，这些申请者的SAT成绩都很好，所做的每件事情都很完美，难分高下。这时，一争高低的关键就在于你是否够独特。我曾听哈佛大学录取办某位老师半开玩笑地指着一个学生叫"兰花小子"，因为那个学生所做的每件事情都与兰花有关，这正是他的独到之处。记住，假如你觉得自己很特别并且什么都擅长，那么正好相反，你并不特别，甚至可以说很普通。在美国，人们用"门门都通，样样稀松"来形容这样的人。介绍自己，最难的不是包罗一切你会的东西，而是知道取舍，突出最独特的自己。否则，你传递给人的信息就是你没有足够的自省和自知意识。

（6）不应该申请全额奖学金。这个观点是不对的。在美国，有8所大学给所有学生提供need-blind助学金，它们是哈佛大学、耶鲁大学、普林斯顿大学、麻省理工学院、威廉姆斯学院、阿默斯特大学、达特茅斯大学、明德学院。其他大学则会在录取过程中明确声明其优先录取条件（即同等条件的申请者，放弃奖学金可能将被优先录取），且这些大学中，只有很少一部分会为留学生提供奖学金，不管你来自中国还是津巴布韦。

以就读美国麻省理工学院为例，每年的花费，包括学费和生活成本，估计超过52000美元。大多数家庭无法支付这样大的开支，因此，60%的大学生靠财政援助支持。这里的"潜规则"是，假如你被麻省理工学院录取，学校就不会让经济困难成为你学习路上的绊脚石。我毕业于麻省理工学院，我会捐钱给我的学校以资助校友们完成学业，因为我曾是学校财政援助的受益者。将这些热心的援助简单地理解为奖学金，有失偏颇，也不符合捐助者帮助需要经济援助学生的初衷。因此，高考状元由于申请全额奖学金而导致申请名校失败这一说法，根本无法立足。

申请美国大学最好的信息来源不是报纸、中介公司或者那些曾经在美国上过学的熟人，其最好也最准确的信息永远来自于学校本身。学校的网站上有大量申请所需的信息和数据，这些都能帮助你又快又好地完成整个申请过程。并且，独立申请的经历还能帮助学生提高英语理解能力，这也是学生在接受美国教育时所必需的。然而我认为，整个申请过程所带来的最大收获是提供了一次自省的机会，让申请者明白自己的优缺点，明确自己的梦想与人生规划，这些都是单纯的考试所无法带来的。

附录 1 给父母和孩子的推荐书目

给父母的书籍

个人成长：《德兰修女传：在爱中行走》《赐我甘露：德兰修女嘉言品读》《荒漠甘泉》《母亲的使命》

男性：《我心旷野》《镜子中的男人》

婚前辅导：《踏上红地毯》

婚姻：《爱就是彼此珍惜》

沟通技巧：《爱语暖心田》

性别差异：《男人需要尊重，女人需要爱》《男人来自火星，女人来自金星》

爱情银行存款：《爱的5种语言》

解决冲突：《爱里说诚实话》

界线：《过犹不及》《界线对谈：谈判艺术的技巧》《为婚姻立界线》

管理怒气：《愤怒，爱的另一面》

性爱：《亲密之爱》

外遇：《窗外依然有蓝天》

原生家庭：《家庭会伤人：自我重生的新契机》《改变带来医治》

育儿：《6A的力量》

了解孩子，接纳孩子：《按天性培育孩子》

管教：《为孩子立界线》《勇于管教》

男孩：《培育男孩：塑造下一代男人》

女孩：《爱女儿爱爸爸》

性教育：《如何和孩子谈性》

育儿经：《盖茨是这样培养的》《有奉献精神的父母培养大人物》

批判性思维教导：《批判性思维：带你走出思维的误区》

给低幼孩子的书籍

（1）0～2岁

《晚安，月亮》

《拍拍圣诞节的小兔子》

《和甘伯伯去游河》

《火车快跑》

《胡萝卜种子》

《菲菲生气了》

《肚子里有个火车站》

《我不知道我是谁》

《鳄鱼怕怕牙医怕怕》

《糟糕，身上长条纹了》

《小熊宝宝绘本》系列

《彩虹翻翻书·你来猜猜趣味认知》

《大象小不点》

《可爱的身体》

《亲亲小桃子》

《小睡熊波波》系列

《埃米尔和露露》

《阿波林的小世界》

《小猫当当》系列

《鼹鼠的故事》

《花园宝宝》

《小老鼠》绘本系列

《小蝌蚪找妈妈》

《我爸爸》

《我妈妈》

《我想要爱》

《爸爸和我》

《五味太郎绘本》系列

（2）2～5岁

艾瑞克·卡尔的所有书，从《好饿的毛毛虫》《好忙好忙的蜘蛛》开始

《我的感觉》系列

《大卫，不可以》系列

《奥莉薇》系列

《搬过来，搬过去》

《猜猜我有多爱你》

《尼尔森老师不见了》

《玛德琳》系列

《雪人》

《迈克·马力甘和他的蒸汽挖土机》

《100万只猫》

《莉莉的紫色小皮包》

《沼泽天使》

《下雪天》

《阿虎开窍了》

《爱花的牛》

《约翰·亨利》

《小黑鱼》

《奇卡奇卡砰砰》

《雪花人》

《让路给小鸭子》

《彼得兔的故事》

《警官巴克尔和警犬葛芮雅》

《好奇的乔治》系列

《三只小猪的真实故事》

《野兽国》

《卖帽子》

《老鼠牙医——地嗖头》

《极地特快》

《亚力山大和可怕的、恐怖的、不好的、非常糟糕的一天》

《疯狂星期二》

《妈妈的红沙发》

《七只瞎老鼠》

《好脏的哈利》

《中国绘》系列

《弗朗兹》系列

《托马斯和他的朋友们》

《巴巴爸爸》

《轱辘轱辘转》

《DK儿童目击者》系列

《玛蒂娜》系列

《不一样的卡梅拉》系列

《幸福宝宝益智启蒙绘本》

《你真好》

《小威向前冲》

《父与子》

《世界上最好的爸爸》系列

《敌人派》

《生气汤》

《生气的亚瑟》

《爱与友谊》

《1999年6月29日》

《7号梦工厂》

《它们是怎么来的》

《我的野生动物朋友》

（3）5~7岁

陆可铎的所有书：《你很特别》《绿鼻子》《你所需要的》《爱你本来的样子》《你是我的孩子》

刘大伟的所有绘本：《国王的盛宴》等

《树墩子学校的故事》系列

《浣熊亚当和小霸王格隆菲》

《贝贝熊》系列

《欢乐谷的动物们》系列

《爱心树》

《青蛙和蟾蜍》

《小小熊》

《亨利和玛奇》

《戴高帽的猫》

《吴姐姐讲历史故事》

《面具小鸡布莱兹》系列

《旁帝经典·大翅膀》系列

《我不是完美小孩》

《萝铃的魔力》

《黄气球》

《格林童话》

文字书、初级读物

（1）7～8岁

《一千只纸鹤》

《一百条裙子》

《爸爸小时候有恐龙》

《石狐》

《白雪公主和七个小矮人》

《牧羊猪》

《又丑又高的莎拉》

《街区里的新小子》

《爷爷的旅行》

《大森林里的小木屋》

《神奇树屋》系列

《神奇校车》系列

《周末与爱丽丝聊天》系列

《天空之城1：风中群岛》

《神奇的收费亭》

（2）9～10岁

《秘密花园》

《一猫二狗三分亲》

《黑暗在蔓延》系列

《纳尼亚传奇》系列

《好心眼儿巨人》

《傻狗温迪克》

《半个魔法》

《小间谍哈瑞特》

《汉姆山》

《林肯：一部传记画册》

《狼群中的朱莉》

《柳树间的风》

《这群人会飞：美国黑人民间故事》

《红城王国》系列

《天使雕像》

《兔子坡》

《时间的皱纹》系列

《大科学家的小故事》系列

《大河之源》

《长袜子皮皮》

《原来如此，世界运转的秘密》

《维尼熊历险记》

《绿山墙的安妮》

《大火》

《我昔日的拉斯卡尔》

《尼姆的老鼠》

《蓝色的海豚岛》

《通往特拉比西亚的桥》

《手斧男孩》

《汤姆的午夜花园》

《心灵故事：提升心灵的爱的故事》

《我爱吕西安》

《威斯汀游戏》

《洞》

《圣诞颂歌》

《时代广场的蟋蟀》

《黑鸟水塘的女巫》

《随风而来的玛丽阿姨》

《夏洛的网》

《黄金罗盘三部曲》

《十万个为什么》系列

《失落的一角》

《失落的一角遇见大圆满》

《万物简史》

（3）11～12岁

《女水手日记》

《不老泉》

《阁楼墙的背后》

《被称作鸟人的凯瑟琳》

《安妮日记》

《走出沙尘》

《地海巫师》

《记忆传授人》

《滚滚雷声，听我呼喊》

《魔戒》系列

《霍比特人》

《回家》

《福尔摩斯》

附录2 其他多媒体资源

古典音乐（给孩子介绍古典音乐）

《动物狂欢节》（CD）

音乐历史（视频）：优酷等视频网站上有很多相关内容。

电影

（1）关于英雄

《面对巨人》（*Facing the Giant*）

《蜘蛛侠》（*Spider-Man*）

《勇敢的心》（*Brave Heart*）

《角斗士》（*Gladiator*）

《特洛伊》（*Troy*）

《国王的演讲》（*The King's Speech*）

《奇异恩典》（*Amazing Grace*）

《灵魂冲浪》（*Soul Surfer*）

《雨果》（*Hugo*）

《想飞的钢琴少年》（*Vitus*）

《地球上的星星》（*Taare Zameen Par*）

《叫我第一名》（*Front of the Class*）

《闻香识女人》（*Scent of a Woman*）

《心灵捕手》（*Good Will Hunting*）

《放牛班的春天》（*Les Choristes*）

（2）关于家庭

《铁拳男人》（*Cinderella Man*）

《居家男人》（*The Family Man*）

《遗愿清单》（*Bucket List*）

《弱点》（*The Blind Side*）

《幸福来敲门》（*The Pursuit of Happiness*）

《人生遥控器》（*Click*）

《灵魂冲浪》（*Soul Surfer*）

《英勇无畏》（*Courageous*）

《小孩不笨》（I & II）（*Not Stupid*）

（3）关于婚姻

《消防员》（*Fireproof*）

《冒牌天神》（*Bruce Almighty*）

附录3 蒋佩蓉的采访视频

新浪育儿：

《要不要送孩子出国留学》（2009/8/21），网址是 http://baby.sina.com.cn/tv/jiangtang3.html。

优米网：

《怎么当好家长》（2011/11/3），网址是http://chuangye.umiwi.com/2011/1103/46659.shtml。

《如何培养一个具有竞争力的孩子》（2011/11/4），网址是http://chuangye.umiwi.com/2011/1104/46882.shtml。

《礼仪在面试中独占鳌头》（2011/12/02），网址是http://chuangye.umiwi.com/2011/1202/50690.shtml。

《难念的经，看我怎么念（妈妈经）》（2012/5/10），网址是http://chuangye.umiwi.com/2012/0510/69741.shtml。

《优秀的孩子如何培养》（2012/5/11），网址是http://chuangye.umiwi.com/2012/0511/69944.shtml。

《儿童礼仪教育》（2012/5/15），网址是http://chuangye.umiwi.com/ 2012/0515/70125.shtml。

《仰望星空》栏目：

《如何让孩子健康快乐成长》（2012/1/5），网址是http://www.tudou.com/programs/view/T_ArTTxK6go/?resourceId=85414268_01_08_02。

河北卫视读书栏目：

《佩蓉的妈妈经》（2012/6/5），网址是http://v.huanqiu.com/culture/201206/20120606025337.shtml。

《父母必读》杂志：

《家长如何自我成长》（2013），网址是http://v.youku.com/v_show/id_XNTA0ODkxNTc2.html。

《MIT前中国总面试官蒋佩蓉谈"留学生回国"》（全英文），网址是http://v.youku.com/v_show/id_XNDEyMDg3NzE2.html。